公司法务

第二辑

一份企业管理的法律方案

中国公司法务研究院

中国公司法务研究院 主编

图书在版编目（CIP）数据

公司法务. 第二辑／中国公司法务研究院主编. —北京：知识产权出版社，2016.9
ISBN 978-7-5130-4484-4

Ⅰ.①公… Ⅱ.①中… Ⅲ.①公司法—研究—中国 Ⅳ.①D922.291.914

中国版本图书馆CIP数据核字（2016）第227510号

责任编辑：齐梓伊　　　　　　　责任出版：刘译文
封面设计：张　悦

公司法务（第二辑）

中国公司法务研究院　主编

出版发行：知识产权出版社 有限责任公司		网　　址：http://www.ipph.cn	
社　　址：北京市海淀区西外太平庄55号		邮　　编：100081	
责编电话：010-82000860转8176		责编邮箱：qiziyi2004@qq.com	
发行电话：010-82000860转8101/8102		发行传真：010-82000893/82005070/82000270	
印　　刷：北京嘉恒彩色印刷有限责任公司		经　　销：各大网上书店、新华书店及相关专业书店	
开　　本：787mm×1092mm 1/16		印　　张：11.25	
版　　次：2016年9月第1版		印　　次：2016年9月第1次印刷	
字　　数：288千字		定　　价：40.00元	
ISBN 978-7-5130-4484-4			

出版权专有　侵权必究
如有印装质量问题，本社负责调换。

《公司法务》是国内第一本专注于公司法务发展的高端连续出版物,定位于"一份企业管理的法律方案",创办于2010年,原随《法人》杂志定向发行,现由法制日报社中国公司法务研究院携手知识产权出版社、全球企业法律顾问协会（ACC）、上海交通大学凯原法学院、中国外商投资企业协会优质品牌保护委员会等机构重新打造,全年出版六辑。关注公司法务领域的重大趋势、热门议题、实务探究以及公司法务职业群体的成长,是国内媒体关注和研究公司法务领域的先驱者。

法制日报社中国公司法务研究院成立于2014年,旨在成为：中国公司法务界最具影响力的学习型交流母平台,搭建国企、外企、民企三方学习和交流的资源共享平台；搭建中国大陆公司法务界走出去,实现与全球公司法务界对话的服务私享平台；搭建公司法务界、法律服务界、政法及政府部门、科研机构和传媒界多方资源整合和利益分享平台。推动公司法务在企业内部的战略地位提升,带动公司法务职业群体的成长成熟,向国家有关立法部门建言献策,最终促进企业的健康快速发展。

如您对《公司法务》有任何意见、建议、关于文章的评论或者合作意向,请发邮件至marybetter@126.com。

[CORPORATE LEGAL AFFAIRS]

公司法务

编辑委员会（按姓氏笔画排序）马丽　西小虹　杜春　杨力　李剑　肖黎明　辛红　林志炜
周立涛　季卫东　秦玉秀　郭俊秀　唐功远

总编辑　肖黎明
副总编辑　辛红

执行主编　马丽
副主编　乔楠

编辑　范学伟　季子峰　辛颖　汲东野

电话/传真（010）84772560　84772782

中国公司法务研究院

秘书长　肖黎明
副秘书长　辛红
秘书长助理　马丽　范学伟　乔楠
办公室主任　季子峰

电话/传真（010）84772562，84772558
地址：北京市朝阳区花家地甲1号　邮编：100102

战略合作伙伴

上海交通大学凯原法学院
北京国际仲裁中心（北京仲裁委员会）
中国外商投资企业协会优质品牌保护委员会
全球企业法律顾问协会
上海市企业法律顾问协会
泉州市公司法务研究会
中国首席法务官俱乐部
法务人俱乐部

目录

【人　　物】冷静、沟通，与奈斯派索同行
　　　　　　——专访雀巢（瑞士）高级法律顾问贝尔纳斯科尼
　　　　　　　　　　　　　　　　　　　　文 / 全球企业法律顾问协会　译 / 马丽　1
　　　　　　李成林：紧跟大时代脚步的法律人　　　　　　　　　　　　文 / 王映　3

【专　　栏】新手上路商务谈判　　　　　　　　　　　　　　　　　　文 / 黄瑞　6
　　　　　　如何给董事长写报告　　　　　　　　　　　　　　　　　文 / 杭东霞　8

【特别关注】总法律顾问在不同类型企业中的地位与发展　　　　　　　　　　12
　　　　　　公司法务在合规管理中的地位和作用　　　　　　　　　　　　　22

【ACC聚焦】诉前"武装"董事会：捍卫董事会行为，保护机密信息，管理风险
　　　　　　　　　　　　　　　　　　　文 / 爱德华·T.保利斯三世　译 / 马丽　29
　　　　　　技术争议的国际化解决方式　文 / 杰西·M.莫利纳　加里·L.本顿　译 / 王宇茜　35

【知识产权】施耐德如何对"傍名牌"釜底抽薪　　　　　　　　　　　文 / 彭飞　45
　　　　　　知识产权保护的闭环化布局　　　　　　　　　　　　　　文 / 刘来平　48
　　　　　　美国专利保护布局实践　　　　　　　　　　　　　　　　文 / 王宁玲　52
　　　　　　知识产权战略布局的实施新特点　　　　　　　　　　　　文 / 赵杰　55
　　　　　　互联网公司在版权保护中的角色升级　　　　　　　　　　文 / 黄汉章　57

【投资并购】"一带一路"法律调研与风险管理　　　　　　　　　　　文 / 唐功远　60
　　　　　　"一带一路"国际律师联盟构建　　　　　　　　　　　　文 / 兰才明　64

【国际贸易】EPC/交钥匙模式在国际工程承包中的滥用及应对　　　　文 / 宋玉祥　66
　　　　　　自贸区内企业的法务需求　　　　　　　　　　　　　　　文 / 申昊　71
　　　　　　企业跨境业务中亟须注意的中国海关法律风险　　　　　　文 / 周和敏　74

【金融法务】新一轮压力下的不良资产处置
　　　　　　——AMC与银行寻求创新突围　　　　　　　　　　　　　文 / 辛颖　79
　　　　　　前海金融企业的法务需求　　　　　　　　　　　　　　　文 / 傅宇　82
　　　　　　不良资产与法务应对　　　　　　　　　　　　　　　　　文 / 任才博　84
　　　　　　应对不良资产的"全链条思维"　　　　　　　　　　　　文 / 张加文　87

【网络安全】欧盟和爱尔兰网络安全和数据保护新趋势
　　　　　　——兼论中国在信息化时代的当务之急　　　　　　　文 / 周力思　90

【争议解决】内地判决如何在香港得到执行　　　　　　　　　　　文 / 蒋阳兵　叶森　97
　　　　　　商事争议解决案件管理之术　　　　　　　　　　　　文 / 余孝海　100
　　　　　　商事争议解决案件胜诉技术分析　　　　　　　　　　文 / 文理明　103

【案　　例】在弱势中求胜
　　　　　　——中石化经典胜诉案例分享　　　　　　　　　　　文 / 孙晓青　108

【法务管理】如何建立法务激励机制　　　　　　　　　　　　　　文 / 陶光辉　111
　　　　　　公司律师参与重大决策的机制构建　　　　　　　　　文 / 杨关善　115
　　　　　　国有企业重要决策法律审核的路径选择　　　　　　　文 / 檀中文　120
　　　　　　内外部律师合作的道与术　　　　　　　　　　　　　文 / 罗奇志　125
　　　　　　公司法务的内外兼修　　　　　　　　　　　　　　　文 / 王宇　127
　　　　　　法务主战场：合同管理　　　　　　　　　　　　　　文 / 付希业　130

【法律与科技】
　　　　　　3D 打印法律问题探讨　　　　　　　　　　　　　　文 / 许志斌　132

【改革前沿】
　　　　　　司法改革应慧眼识拙、化拙为巧、积巧为功
　　　　　　——公司法务人员不是司法改革的旁观者　　　　　　文 / 郭卫华　135

【调研报告】
　　　　　　2015~2016 中国反商业贿赂调研报告（上）
　　　　　　　　　　　　　发布方 / 中国公司法务研究院　方达律师事务所　141

【资　　讯】
　　　　　　法经大势　　　　　　　　　　　　　　　　　　　　165
　　　　　　会议与论坛　　　　　　　　　　　　　　　　　　　167
　　　　　　声　音　　　　　　　　　　　　　　　　　　　　　168
　　　　　　政策与法规　　　　　　　　　　　　　　　　　　　169
　　　　　　大案速览　　　　　　　　　　　　　　　　　　　　170

冷静、沟通，与奈斯派索同行
——专访雀巢（瑞士）高级法律顾问贝尔纳斯科尼

始终保持诚实和开放的态度，不要怕利用你的时间将事情做到最好。沟通，沟通，再沟通！和你一起工作的人将会更加尊重你。

曼努埃拉·贝尔纳斯科尼（Manuela Bernasconi）
雀巢（瑞士）高级法律顾问

■ 文 / 全球企业法律顾问协会
  译 / 马丽

一杯加奶的雀巢奈斯派索咖啡（Nestlé Nespresso coffee）开启了雀巢（瑞士）高级法律顾问曼努埃拉·贝尔纳斯科尼（Manuela Bernasconi）的一天，而且按照她全天的工作需要，可以再加一些浓缩咖啡。当然了，她喜欢品尝奈斯派索（Nespresso）咖啡的所有品种。

你也许会认为，处于世界上最大的食品、饮料和保健公司的枢纽位置，结合她在Nespresso咖啡里忙碌的职位，这将促使她在焦急、匆忙、狂乱中操作并完成一切工作。然而，这并不是她的风格；贝尔纳斯科尼经常会采取一种平和的方法去选择工作质量而不是数量，这样，事情往往首次就能做好。

"人们在业务中通常希望能快速地得到答案，但我认为欲速则不达，尤其是面临一个敏感事件或者一个复杂问题的时候更是如此，"她说，"最好能多花一些时间，确保一开始就能给出100%正确的答案。"

贝尔纳斯科尼在瑞士一个名叫提契诺州（Ticino）的小城镇里长大，它位于瑞士南部地区，其名声在地中海地区颇具影响力。提契诺州的主要语言是意大利语，贝尔纳斯科尼就精通意大利语，还有法语和德语，这三种是瑞士的官方语言。还有一种是罗曼斯语，它仅仅是一小部分人讲的方言，贝尔纳斯科尼说，这是拉美后裔的语言。"怎么形容呢！对于瑞士本土语言，"她说，"我不会说，但我妈妈经常说！"

在卢加诺长大，贝尔纳斯科尼见识了她的律师父亲工作时的激情，她从小就耳濡目染法律方面的专业讨论和专业术语。这影响她决定选择与父亲相同的职业，并决定考进瑞士巴塞尔大学。在那里，她学习了五年课程，主要方向是法律，毕业后她曾在多个岗位实习，并准备参加瑞士律师考试。

"我很高兴地说，在大学我非常喜欢我的法律专业。"她说，"我从未放弃过我的律师梦，但是有时候你所想的和你所做的是两个不同的事——你会发现不是自己想象中的那么享受。但是，这不适合我的情况。我很享受这一切。"

虽然已经在雀巢瑞士公司工作了八年，但是对目前的角色她觉得仍然相当新鲜，她一开始从事公司法务事务，而后，更多的是以一个业务操作员的身份在雀巢公司法律部门的多个岗位继续工作，她说，处理业务终端的工作令她有些失落，但在大约一年前，当高级法律顾问的位置空出后，她便去申请了这份工作。

现在，对贝尔纳斯科尼来说，她的典型的一天可能会涉及会见大量的客户和内部业务伙伴；监督与协助业务洽谈；处理管理危机问题；时刻关注新产品开发；有时甚至在午餐时间骑自行车穿过沃韦瑞士雀巢公司总部后面的葡萄园，葡萄园属于离日内瓦大约一个小时火车里程的小镇沃韦（Vevey）。她相信团队合作，并表示作为一个团队的一部分——即使团队规模很小——在为不同情况提供分析判断方面具有重要的价值。

"一般来说，在市场条件下的律师团队，作为企业的一部分，我们是核心价值观的守护者，但我们不必另起炉灶，"她说，"有时候，团队成员可以凭借他们之前的经验，提出事情解决办法，这是你在最初可能想不到的。正是这种交流，使得团队如此重要。"贝尔纳斯科尼还担任瑞士奈斯派索执行管理委员会委员，每月召开一次会议，她说，这让她有机会看到奈斯派索的流水线正在发生什么。

"奈斯派索在欧洲的第二大市场是在瑞士，而我大部分工作是处理奈斯派索商标问题，"她说，"目前在奈斯派索工程中一个惊人的项目就是大回收行动，而且这是我们回收计划的25周年（2016年）。所以，我们的确要把这个活动推广出去。"

虽然瑞士是一个小国，但它没有巨大的文化差异。位于欧洲的中心，它是美食、人物、风景和工业的融合体。她说在瑞士不是每个人都喜欢滑雪——她自己就喜欢骑自行车和游泳——而实际上这儿有如同山和雪一样多的棕榈树和湖前的咖啡馆。"正是这种搭配，使得它如此引人入胜。"

"瑞士是一个生活品质非常高的国家，我们在沃韦的雀巢办事处正在庆祝150周年——如果它在同一地方存在那么久，是不是意味着什么呢？我们在这里成立，而且将一直在这里。希望它永远不会改变。"

（本文由全球企业法律顾问协会提供版权）

认识曼努埃拉·贝尔纳斯科尼：
——我推荐给有志律师两样东西：学习了解财务和会计，无论你选择法律的哪种领域。这样，你就可以在工作中处于领先地位而不是在工作中再学习。
——始终保持诚实和开放的态度，不要怕利用你的时间将事情做到最好。沟通，沟通，再沟通！和你一起工作的人将会更加尊重你。
——从小我就一直在使用"Daylong"防晒霜——一种雀巢品牌！我也很喜欢圣培露苏打水，另一个雀巢品牌。

李成林：紧跟大时代脚步的法律人

40岁到新西兰留学，回国后专注于涉外领域法务实践，并成为基础设施建设和PPP的专家，他的人生轨迹是给年轻人的最好指引。

李成林
中国铁建股份有限公司国际集团高级法律顾问

■ 文 / 王映*

"对法律人来说，如今是一个世界经济秩序重建的大时代。"多年的海内外从业经历，让李成林对国际经济贸易规则变化十分敏感。现在，身为中国铁建股份有限公司国际集团高级法律顾问的李成林，对于中国企业"走出去"的相关法律政策问题，尤其是基础设施建设和PPP（Public-Private-Partnership）领域有着深入的研究和丰富的实践。

跟随着时代转折的步伐，李成林经历了数次职业经历的转变，从法官到高校教师再到企业法律顾问，角色变迁的背后是长久不变的好奇心和持续不断的学习力。

面对《法人》记者，李成林始终保持着平和的语速和诚恳的笑容："我们这一代人曾经面临的问题是如何赚钱生存，而我们也保持着对世界的好奇，并不断学习和了解。现在的年轻法律人面临着新的机遇，多花一点时间在专业领域，将会具有很强的优势。"

"大时代"中的法律人

"文革"中成长起来的李成林在进入法学院学习之前，并不太真正清楚"法律"到底是什么。

---
* 王映，《法人》杂志记者。

"刚进入大学的时候,我对法律的理解仅仅停留在警察和法院。"20世纪80年代初,李成林进入黑龙江大学开始学习法律,而当时他对于历史和哲学抱有着更大的热情。"当时法学院所教授的,更多的是苏俄法律教育,很多基础理论都是无产阶级专政。"

法学院毕业之后,李成林进入法院从事了四年审判工作,"这四年的经历让我对司法组织架构的内部运作有了比较深的了解,真正了解到了司法理念和思考方式。"

随着最高人民法院提出"八五"期间法院人才培训规划,来自全国各地法院的一批人才被委托到几所高校的法学院进行专业化培训。而李成林就是其中一员,在当时"法官职业化"的政策鼓励下,他于1989年前往北京大学开始攻读民商法硕士。

然而,由于当时政策背景的转变,李成林在完成硕士学习之后没有再回到法院,而是进入了山东政法大学,开始了在宪法、刑法和公司法领域的教学工作。"我们这代正好处于转折时期。经历过'文革'时期,紧接着是中西方文化理念剧烈冲突时期,后来还经历了与国际融合的大潮流。"

2000年,李成林前往新西兰访问,在中国加入WTO的大背景下,他对国际法产生了巨大好奇,随后在当地接受了两年普通法系的法学教育。这段时间不仅让他对国际经济法有了深入学习,也再一次扩展了他对法律本身的理解。

"之前对苏俄法律体系和大陆法学都有学习,所以面对普通法系的学习和实践并没有预想到会有多大的不同。"但实际学习后,李成林却体会到了完全不同的法律理念,其中对法律本质的理解差异以及人权保护状况给他带来了很大冲击:"比如无罪推定和程序正义,我尝试着从历史和哲学的角度去理解和认同,得到了很大的启发。"

在新西兰的求学生涯结束后,李成林进入了当地的石油企业工作,主要负责海外石油管道项目,涉及兼并收购、合同谈判等业务。也是从那时起,他在业务实践中接触了基建领域,并在此领域逐步走向了专业化。

在外只身求学工作六年后,为了与国内的家人团聚,李成林回到北京。

专注涉外法律

在新西兰求学工作时,李成林就关注过当地一些国有企业私有化项目。而在回国之后,他先在中国通用技术公司海外部门从事法律工作,在此第一次接触了PPP概念:"此前参与过一些电站EPC(Engineering Procurement Construction,工程总承包管理)项目,后来在国外做了很多高速公路的BOT(Build-Operate-Transfer,建设—经营—转让)项目。目前,我们的业务主要集中在基础设施建设,比如EPC工程总承包管理、投融资业务等。"

对于如今PPP项目在国内推进得如火如荼,李成林观察,从政府角度来看,除了看重其投融资作用,更多还是对改善企业治理结构、工作效率有所期待。而他也同时强调,PPP项目从政策角度看风光红火,但还需要在落实中保证公平公正和契约精神,同时更要解决理论与实践的矛盾:"PPP项目周期长,这与民营资本希望短期受益的冲突是比较明显的,而同时民营资本资金来源也存在很大困难。"

而这些问题在中国企业走出国门的过程中也同样存在,身为基础建设行业大型央企的法律部门领头人,李成林有着很深的感触。

"我国企业走出去很多也是在一些周边新兴国家,基础建设相对落后同时也缺少资金。而我们在这些国家的项目大部分也是政府项目，毕竟基础设施项目在多数国家都还是由政府垄断。"李成林举例，目前海外项目主要集中于电站、道路特别是高速公路项目，高铁的项目相对较少。

谈及海外业务的困境，李成林直言："首先就是项目风险。"而这其中排在首位的就是政治风险。

"多数项目所在地都是欠发达国家，总体来讲政治上不太稳定，宗教文化差异导致了很多障碍，而且其国内自身的种族冲突和内部战争影响很大。"李成林以利比亚战争为例，2011年时很多中国企业都从当地撤出，但是工程项目投入不可能带走，势必会遭受巨大损失。"新政府来了之后，如果还要重建就肯定要和新政府再谈判，对于原来的合约是否认账还是问题。所以对于政治上的不可抗力等都要进行评估。"

另一个主要风险在于法律风险，李成林解释道，一些国家法律制度本身不完善，而即使有法律，在实践中得到执行的可能性和执行的程度也十分复杂。除此之外，当地居民对环境的抗议以及政府的腐败都是影响海外项目进展的重要因素。

"这就要求我们进行国别法律研究并进行前期项目评估，对政治法律的风险提出意见。"对于这项工作的开展，李成林强调与当地的法律服务团队、律师和顾问咨询的合作，对于项目设计、投标报价、税务等问题进行提前咨询。

不过实践过程中，一些中国企业往往会考虑到前期风险评估的高成本而不愿意投入。李成林对比其国内外的从业经验，感受到相较于外资企业对合规和风险预防的重视，中国企业对项目本身更为重视，这也导致了法律意见所占地位有所差距。

"没出现风险的时候都觉得没有风险，对于许多国内企业来说，要在跌了跟头之后，才能够更重视法律合规的作用。"李成林强调对风险防范的前期投入高，后期法律风险成本就低。

在李成林看来，无论是走向海外还是推进PPP项目，中国企业都已经站在了起点上，能不能最终走到目的地，需要法律人进一步推进政策真正落到实处。

对世界充满好奇心

"很多时候，法律工作者做事情之前都要谨慎考虑风险，但是在生活中，我更愿意跟随好奇心尝试更多事物。"也正是这份乐于冒险的好奇心，让李成林在生活中始终保持着"无龄"的态度。

40岁到新西兰留学时，李成林也担心过是否自己年龄有些大了，"但是当你进入课堂里，看到各个年龄层的学生都有，心里就不再有障碍。喜欢什么、对什么感兴趣那就去做什么。"而在课堂之外，李成林尝试了帆船等许多运动，他甚至还学会了海上救援。

刚刚迈入知天命之年的李成林，如今有了更多属于自己的时间来关注和思考自己感兴趣的问题。他笑言："我是个很容易开心的人，也许就是傻一点更容易满足。"

工作之余的时间，李成林更喜欢带上家人一起去从事他们喜爱的体育运动，夏天骑马、冬天滑雪是他现在最大的爱好。

在最近的一次研讨中，李成林发表了以"青年律师专业化向海外发展"为主题的演讲，在他看来，如今的法律人有着更好的国际化学习和实践环境。"年轻的法律人正在经历一个中国在世界经济法律秩序中话语权变化的大时代，所以要有学习的动力，多花一点时间在专业化上，早点下手将有很大优势。"

新手上路商务谈判

新手上路如跑马拉松，用好的奔跑方法坚持一路前行，你只为遇见更喜欢的自己，就没法不远超那些因应付而掉队的同行人。

黄瑞

中国通用咨询投资有限公司原总法律顾问，北京仲裁委员会仲裁员，中国政法大学企业法务研究中心研究员，中房协调解中心调解员。有二十年公司法务工作经验，熟悉重大项目法律咨询及仲裁诉讼案件处理。

■ 文/黄瑞

凡事开头难？不仅是一片空白的开头，还要表现得貌似久经沙场才难；不仅要貌似资深，还要真的在万元级的锱铢斤两谈判中以言为刀划定得失风险，这更加难。

新手律师代表公司法律部，独自参加商务谈判，不论内心多么紧张，既要表面上显出老成持重，还要让业务人员或客户感到惊喜，有望后续合作，从此打开局面、积攒口碑，可能吗？当然！但要付出心力，提前做足功课。

要做什么功课？有没有秘诀？兵法曰：知己知彼。新手高手，不过深浅不一的三手功课。

功课一，充分知晓商务交易安排。当事人、相关方是谁，相互之间的谈判目标和地位如何，经过怎样的路径，将达成何种目标商务结果；简言之，谁和谁，干什么。

功课二，全面梳理法律谈判方案。法律人的应用题，不仅是业务人员问及的问题；如果结合商务交易，进一步明晰有什么风险、如何应对、哪些纳入合同、怎样约定，就无法不令业务人员感受到吸引力了；如果还能结合合同条款，准备多个轻重差异的备选，那么更是魅力十足了。

功课三，识别核心关切及利益平衡点。有意识地换位思考，明白双方有差异的核心关切，才能把握并体会到交易筹码和谈判的艺术，发现各方利益平衡点，并在实战中说服对方达成妥协和共赢。

公司律师的时间，是每个从业者最公平的资源。笑在职场马拉松30公里以后的，都是从起跑就养成让工作时间效用最大化的小伙伴。同为新手上路，如果以没有明显失误为工作标准，以六七十分为目标分数，在马拉松的前1/3貌似节省时间占了便宜，但是，六七十分的效果通常是应付或应对具体个案后，极少获得知识经验、特别是人品口碑的积累和沉淀。执此态度，即便是长期稳定的公司律师，实际上招引新的优质业务服务的机会也有限。新人的首次合作表现，往往被业务大脑定格在谈判中是否有一个更专业的表述、一个更自信沉稳的眼神，或者一个更灵活兼顾的条款建议；当然，这些零星偶然可不都是真的幸运惠顾，真相往往是背后大量的不为人知的功课和付出。

法律人的每一次服务，都是自我最有效的推广。一次商务谈判的后续需求，是一发不可收拾般源源不断，还是就此"永别"、杳无音信，其实缘由早滋生于前次合作中。不以为然的公司律师会嬉笑反驳，怎么可能，明明后来每次遇见那个业务人员，都笑眯眯地打招呼呢，从来没有不满和批评呀。真相往往是，直接承担经营销售的业务人员，最懂得经济高效，只要有权选择，精明的业务人员一定会选择更有价值的法律服务，避免费时无效的法律人员介入。

而提前做足功课的新手律师，不仅可以在商务谈判中展现更专业的职业魅力，令后续的业务需求络绎不绝，树立自己的专业口碑，提高个人品牌辨识度；更重要的，还可以因为前期功课积累，从业务人员及谈判对手处学习到更多的知识、经验、见识和多元思维，从而将工作产出的过程，同时变化为现场学习吸收的机会，大幅度提高同一工作的效用和深度，并通过接二连三的类似体验，有效积累具体行业、领域的商务经验和交易惯例。如此这般，几年下来，想不成为专家都难。

凡事皆有利弊。新手之优势，在于养成良好的工作习惯，提前认真做功课，上场充分互动创造，事半功倍是必然。与已经以应付为习惯，项目结束后数月已印象模糊的情况相比，只要肯投入、善用心，貌似的多付出，其实必然有更大的回报。

新手上路如跑马拉松，用好的奔跑方法坚持一路前行，你只为遇见更喜欢的自己，就没法不远超那些因应付而掉队的同行人。况且，别人是否掉队其实和你无关，你只要做好自己，就一路可以看见更好的风景，和这风景中越发健美的自己。

如何给董事长写报告

一份好的报告可以让决策者仅凭这份报告就做出合适决策，让配合者明白工作职责。要想写出这样的报告，法务们需要反复练习、深入体会并掌握一定的写作技巧。

■ 文 / 杭东霞

杭东霞

华东政法大学国际法法学学士，东南大学工商管理硕士。曾任专职律师，大型国企集团、外企集团法务负责人，主持和参与多起A股上市公司再融资、无锡尚德境内境外破产案件，处理多起境外重大仲裁案件和集体诉讼案件，现为均瑶集团法务总经理，兼任仲裁员。

写报告是法务最基本的技能，然而娴熟掌握该项技能需要反复练习、深入体会并掌握一定的写作技巧，总体而言，好报告并不要求文采出众，但一定要逻辑清楚、条理清晰；同时写作者要站在读者角度来放置报告内容；用语要简练、流畅、书面化，同时易于阅读；要能做到"行文简浅显"，通篇专业术语并不一定有助于理解和陈述。笔者将从法务实务出发分享请示、汇报类公文（以下简称"报告"）的写作技巧。

报告题目要直击汇报主题

报告的题目不能太长，但要把全文的诉求点明。纠纷处理类的报告题目要包含主体、纠纷类型和阶段，比如"某某起诉我集团商标侵权案首次开庭情况汇报""某某等诉我公司质量集体诉讼应对方案请示""我集团应收款诉讼追讨方案请示"等。对于非诉讼类的报告题目建议包含标的公司名称、项目定性和报告类型，如"对某某公司财务投资方案汇报""某某公司高管持股方案汇报"等。报告题目的关键词要明确，同时要使用与商务部门立项报告中一致的关键词，如标的公司简称、收购项目简称等。法务如为了追求法言法语而采用不一致的关键词,会不方便读者阅读,也不方便未来对材料的检索。

报告的架构安排要为读者服务

法务提交的材料通常会是某一具体案件的汇报、某一重大投资方案的请示、某一具体操作方案或者公司法律风险的提示等,无论何种内容都可以归纳为以下四个板块(见表1)。

表1 报告架构的四个板块内容

章节	内容(不完全例示)
一、背景介绍	案件原被告及诉求;项目投资背景和目的;方案出台目的和要求;某一事务操作现状。
二、案件争议、投资要点	案件争议焦点和法院审判预判;投资标的公司主要情况和价值分析;方案具体路径和利弊分析;该事务法律风险揭示、分析。
三、难点、建议、工作流程	具体答辩理由和证据收集等工作;是否投资的倾向性意见、风险提示和后续安排;方案实施的流程安排;规避措施的实施办法。
四、明确领导决策事项和回复时间	列明需要领导决策的内容、反馈截止时间,需要其他部门提供配合的,要明确提出要求。

好的报告架构必须条理清楚,板块之间除了有时间顺序外还要有逻辑关系,要让读者可以清楚全面了解待决策事项的关键节点。第一部分的背景介绍建议简单明了,直接介绍时间、事件和当事人即可。第二部分也不要事无巨细地陈述所有内容,建议仅把关键事实和时间节点列示;详细的尽调报告、工商资料、诉状等可以作为附件。第三部分体现的是报告人的具体解决思路,要明确说明实现路径和操作方式,尤其要注明每一个路径或方案的利弊分析,使读者在决策时有足够的参考依据。第四部分是对读者的工作要求,特别是工作中涉及其他部门配合的要具体提出要求;情况特别复杂的,可以建议组建专项小组并明确牵头部门。

报告要精选内容并选择适当的形式

报告并非越长越好,因为董事长们日理万机,每天要看的材料很多,从他们的角度只想看到一个归纳了所有关键问题和解决思路的报告以供其决策,很少有愿意把中层分析归纳的活也干了的董事长。所以不管实际工作有多复杂,报告最多不能超过三页纸。要达到这个目的,除了文字要简练外,更重要的是内容选择要得当。对于新手而言如何选择合适的内容放入报告的确是一个难点,笔者推荐通过列时间表筛选内容的办法来解决。时间表样式如下(见表2)。

表2 汇报事项时间表样式

时间	事项	文件载体	主要内容
2015年1月2日	双方成立合资公司	合资合同	出资约定、章程
2015年7月	第一次董事会	董事会决议	**投资事项表决
……	……	……	……

上述表格是在报告之外做的功课，报告人可以根据时间顺序将每一事件列明并将文件关键内容予以列示。无论是诉讼案件还是投资项目，这一表格可以帮助报告人厘清思路并不会遗落所有的关键事项。报告人可以归纳表格的关键事项并选择性地放入报告，这个表格还有助于报告人时隔很久以后迅速复习案件内容。

如善于运用表格和图表会使报告更简练更直观。比如持股关系就可以通过股权架构图表现，主体多、交易关系复杂的案件也可以通过关系图来表现，公司经营情况和资质情况可以列表示明。如图1所示为例举。

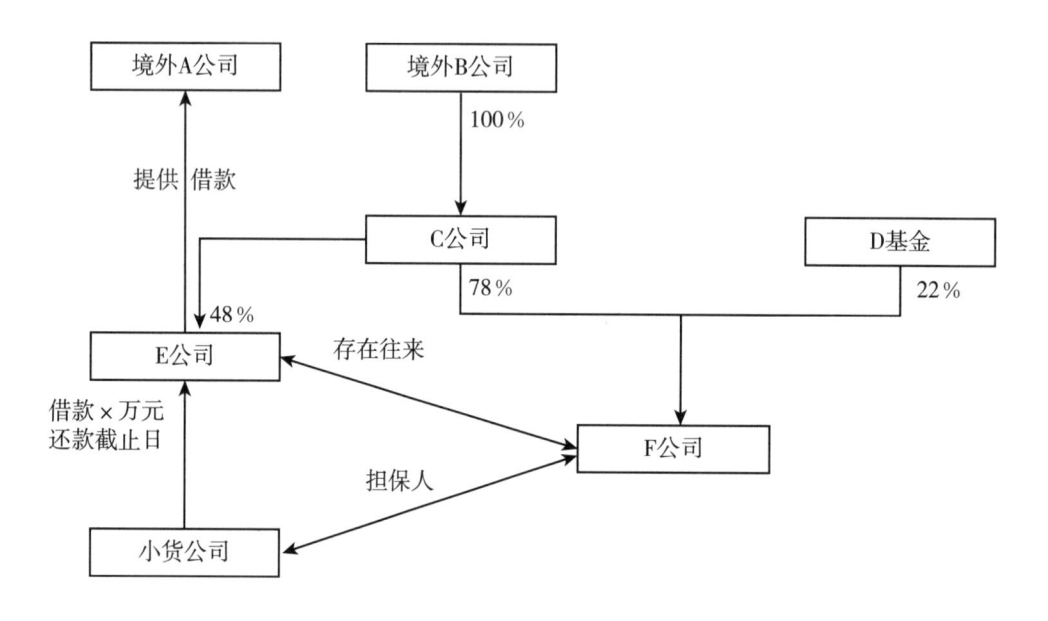

图1 公司经营情况和资质情况

报告的文字表述要书面化、简洁和前后一致

报告的属性是公文，所以文字表述首先应书面化，杜绝口语，比如"某年某月甲公司和乙公司在广州签了买卖合同，甲公司卖10吨拉丝给乙公司"这句话在报告中就建议写为"甲公司与乙公司于某年某月签订了《买卖合同》（签订地广州），约定甲公司向乙公司出售10吨拉丝"，公司名称要与其公章和营业执照登记的名称相符，合同名称也要与合同本身一致。

其次文字表述要老道简练，比如"股票期权和限制性股票两者之间最大的区别在于激励对象获取股票的时间不同，公司授予的权利不同。股权期权方式激励对象可以在未来一个特定时间以特定价格购买公司股票；限制性股票方式，则是直接授予激励对象股票，但该股票有限制性，仅可以在未来某一时间进行转让"，这句话就可以改写为"股票期权和限制性股票之间的主要区别为权利人取得股票的时间和相应权利的不同。股票期权的权利人可在未来特定时间以特定价格购买公司股票；限制性股票权利人被直接授予股票，但仅能在未来特定时间转让"。

最后，善于用简称，同时全文中指向同一个主体的代称要一致，不能出现几个不同的说法。对于具体主体可以用简称，比如"美国埃尔森物资有限公司"即可以简称为"埃尔森公司"。对于具体项目表述也可以用简称，比如"甲公司拟通过换股和增资方式投资四川乙公司的项目"可以简称为"甲公司投资项目"。但是所有的代称必须保持全文一致，比如"美国埃尔森物资有限公司"如设定简称为"埃尔森公司"，则在下文中就不能再出现"美国公司""埃尔森有限公司"的代称；同样对于报告人所在公司应统一称为"我公司"，不能同时出现"我方""我公司""我集团"等多种代称。

报告质量的高低取决于报告人解决问题的能力

上文所述的技巧可以提高报告的质量，但决定性的因素还是报告人解决问题的能力。这种能力体现在报告人能否提出切实可行的处理方案，这需要报告人详尽地了解背景情况、辨析争议焦点所在、根据所在公司情况做出有操作可能的解决计划。高质量的报告无法闭门造车，必须建立在与法院、仲裁、标的公司等相关主体的有效沟通基础上；解决计划还需要专业能力和实践经验的支撑；还需要法务有财务、证券等综合性的知识储备，同时法务也要善于利用审计报告、鉴定报告等资料。作为法务，报告中不能仅仅从法律角度来诠释问题，还应从所在公司经营、战略、财务等多角度进行考虑；除了提出对应具体问题的解决技巧外，方案还应有一定的战略高度；在分析解决路径利弊时，除了经济利益外，对于公司声誉、行业影响、与政府部门关系等多重因素均应考虑。

总之，高质量的报告不可能一蹴而就，好报告是需要多次练习和修改而来的。一份好报告可以让从来没有接触该事项的人通过阅读就可以知晓所有关键，也可以让没有相关专业知识的人读懂焦点所在，更可以让决策者仅凭这份报告就可以做出合适决策，让配合者明白工作职责。

编者按：

5月21～22日，第五届中国公司法务年会（华南会场）在深圳成功举行。会议主办方为中国公司法务研究院、中国国际经济贸易仲裁委员会、中国海事仲裁委员会、深圳市律师协会、深圳市蓝海现代法律服务发展中心、香港中国企业协会法律专业委员会。本届会议以"交锋：公司法务的力量与愿景"为主题，会议从总法律顾问的地位、企业合规、法务成长、内外部律师合作等视角，探讨当前政治、经济发展新常态下公司法务发展的新需求、公司法务工作的新挑战。本辑特别关注精选会议的精华内容与读者分享。

【年会精选】

总法律顾问在不同类型企业中的地位与发展

【按语】

不同类型企业平等竞争的法治环境不可或缺

西小虹　颂虹控股有限公司董事长

目前，国企占整个经济规模的1/4左右，承担国家税收的一半。民企创造中国60%以上的GDP，解决90%的新增就业。全国5000万人以上的就业机会来自外资企业。无论是国企、外企还是民企，同样值得尊重。

十八届三中全会指出，公有制经济财产权不可侵犯，国家保护各种所有制经济产权和合法权益，坚持权利平等、机会平等、规则平等。四中全会要求健全以公平为核心的产权保护制度，五中全会鼓励引入非国有资本参与国有企业改革。不同主体在现实中是否真正平等？

没有规矩不成方圆。一个不同类型企业能够真正平等竞争的政策环境、社会环境和法治环境不可或缺，不同类型企业总法律顾问如何在这个过程中发挥作用？面对我国经济发展进入新常态的显著特征，不同类型企业总法律顾问如何把挑战变成难得的发展机遇？

【分享一】

中央企业：

事先准确把握商业机会与法律风险的关系最难

王春阁　招商局集团有限公司总法律顾问

招商局集团是洋务运动的产物，成立于1872年，目前是国务院国资委管理的53家大型骨干央企之一，总部设在香港，总资产1.1万亿元，管理资产6万亿元，2015年总利润823亿元，在央企中排名第四，已连续12年被国资委评为A级企业。旗下有金融、交通基础设施建设与经营、地产与园区开发三大类业务，拥有招商银行、招商证券、博时基金、招商局国际、招商蛇口、招商公路、招商局船厂、招商物流、中外运长航等著名子公司。

招商局集团60%资产在海外

招商局集团是一家国际化较早的企业，海外资产占总资产的60%，遍布于美国、澳大利亚等主要国家。近几年积极参与一带一路开发建设，先后在斯里兰卡、吉布提、坦桑尼亚、多哥、澳洲、土耳其等地并购了十几个港口，并参与了白俄罗斯中白工业园开发，为中白工业园的主要管理者。中白工业园面积近100平方公里，是我国在一带一路开发中最大的投资项目。

因集团总部设于香港，是最早走出去的央企之一，也是第一个在香港上市的红筹股公司，招商局集团很早就设立了法律工作机构，初期主要是协调社会律师为上市公司处理相关法律事务，并协调处理诉讼案件。2006年在国资委的推动下设置了总法律顾问，由集团一位副总经理兼任，2010年起设置了专职总法律顾问，为央企中较早设置法律工作机构和设置总法律顾问岗位的企业之一。

"一带一路"战略影响深远

目前我国经济进入L型发展阶段，并且成为新常态，具体表现就是经济下滑严重，煤炭、电力、建材、有色金属等行业产能过剩，因此国家提出了"一带一路"发展战略。

"一带一路"战略实施以来，其影响之大，进展之快，超出了预料。概括来讲，"一带一路"战略的重要意义有如下几点：

一是扩大我国对外开放的范围，从以前侧重向东、向海开放转为向欧亚大陆国家开放，形成东西全方位开放，以获得更大的开放空间。

二是克服我国国内发展不平衡的问题，从以前向东、向南发展转为向中西部发展，通过"一带一路"战略的实施带动资源配置向中西部倾斜。

三是作为一个大国和强国，一方面，从战略上必须兼顾陆权和海权，两个方面都要有所依托；另一方面，也要达到帮助沿线国家经济发展，实现共赢的目的。

"一带一路"战略的实施，将实现三个方面的功能：一是通过西伯利亚通道、欧亚大陆桥、输油管道、泛亚铁路、沿线港口建设，实现互联互通，进入欧洲腹地。二是通过与沿线国家的产能合作，帮助沿线国家建立工业生产能力，同时输出我国的过剩产能。三是通过与沿线国家进行人文交流，扩大中国文化在世界上的影响。

经济形势下滑违约事件增多

经济形势下滑，可能会使企业投资风险加大，也会使企业经济纠纷案件增加，作为企业的总法律顾问，应密切关注投资风险，并警惕由于经济形势下滑带来的合同违约问题。招商局集团相关下属公司已出现了多起因经济下滑引发的违约事件，主要是国外买方弃船引发的纠纷和取消订单引发的纠纷，也有部分商融通项目因融资方经营状况恶化而无力偿还借款。这些都是对企业总法律顾问提出的新的挑战。同时，"一带一路"战略的实施也给企业总法律顾问带来了新的机遇。

随着国家"一带一路"战略的实施，有大量的中国企业将走出去在沿线国家或地区投资。"一带一路"沿线国家多为发展中国家，经济状况落后，法制建设不健全，对我国企业来讲，走出去既是机遇，也是挑战，机遇与风险并存。相当多的企业对沿线国家的法律制度还不甚了解，也缺乏相关人才，法律风险防范就成为一个应予以高度重视的问题。

防范境外投资风险是总法律顾问职责

"一带一路"投资，既有政治风险，也有法律风险，同时也存在着经营上的风险。做好防范投资风险的措施，许多方面都离不开总法律顾问，甚至可以说主要是总法律顾问的责任。

1. 构建境外投资风险管控体系。

对于投资企业而言，建立专门机构来进行风险管理十分必要。境外投资项目受企业统一的风险防范体系的管理，并将其贯穿投资到运营的全部过程。明确境外投资项目应符合国家主管部门关于境外投资的特别监管要求，关注投资所在地区的政治、经济、社会方面的风险情况，在条件许可的情况下，需聘用权威中介机构提供或出具的投资地区风险评估报告，需特别关注、评估拟投项目与我方企业管理、企业文化无法成功对接的风险，提出应对措施。

2. 建立风险评估机制。

根据前述制度建议，在投资阶段，海外项目决策必须进行专项风险评估，而且还需聘用专业机构针对境外的具体情况出具相应的风险评估报告。在运营阶段，境外项目应受到公司风险管控体系的日常监控，定期接受投资主体的管理审计，持续对海外项目风险进行评估，及时发现问题，提早解决问题，避免重大风险事故的发生。

3. 依法依规经营，尊重当地法律秩序。

坚持依法合规经营，遵守市场秩序，避免不诚信、违法违规操作、无序竞争等行为，在国际市场树立良好的信誉。同时，还要注意处理好与当地政府和议会的关系；妥善处理与当地工会的关系；密切与当地居民的关系；尊重当地风俗习惯；依法保护生态环境；承担必要的社会责任；懂得与当地媒体打交道；学会和当地执法人员打交道。

建立比较完整的法律工作体系

作为总法律顾问，比较有成就感的是，集团经过多年努力，已经建立起了一个比较完整的法律工作体系。集团法律事务部现有工作人员7人，全集团现有专、兼职法律工作人员169人，其中专职83人，兼职86人。13个一级子公司中有9个公司设立了法律工作机构，10个公司设置了总法律顾问。7个法制建设重要子公司全部设置了总法律顾问，总法律顾问中有6人为专职，其中5人为法律专业人员。

此外，法律团队处理了大量经济纠纷，为集团挽回了损失。因1992年前后经济过热，集团及下属企业投资较乱，累积了大量纠纷案件，加之资产优化工作中的涉诉项目，总标的额100多亿元。法律工作机构的主要工作，就是处理诉讼、仲裁案件。先后处理过广州京光广场、北京新中港大厦、北京帝京花园、中山金斗湾、西安华商酒店等纠纷案件，为集团挽回或避免损失几十亿元。

此外，还带领工作团队协助专业中介

机构完成了多次公司上市、公司并购业务。

但是，目前企业总法律顾问制度还有诸多不完善之处，开展工作还有很大难度。目前央企总法律顾问制度存在的不足：

（1）目前央企中总法律顾问的专职化、专业化率仍远远达不到国资委要求的标准，多数央企总法律顾问仍为非法律专业领导兼职；

（2）国资委要求要把总法律顾问列为企业高级管理人员并且由董事会聘任写入公司章程，多数央企仍未落实；

（3）国资委要求的总法律顾问参加企业董事会会议等决策性会议在有些企业还难以落实；

（4）有些单位总法律顾问的职责权限难以对应，总法律顾问承担的责任大于赋予其的权限；

（5）即使有些企业已将总法律顾问列为高级管理人员并写入公司章程，但多数总法律顾问是总经理助理级别，在公司中话语权不够，参与决策层次低，难以发挥应有的作用。

企业法律工作人员与社会律师不同

企业总法律顾问的作用主要在于既要协助企业经营决策者处理好商业机会与法律风险的关系，发挥商业行为的主动性，又要做好法律风险防范工作，防止出现重大经济损失。

企业法律工作人员与社会律师最重要的区别，是企业法律工作人员所从事的工作，主要是事前防范，防患于未然；而社会律师主要的职责是事后补救，帮助企业维权。因此，对于企业法律工作人员来讲，如何在事前正确把握商业机会与法律风险的关系，是一个最重要的问题，也是最难把握好的一个问题。

一个优秀的总法律顾问，不但能够发现一个商业行为存在的法律风险，同时还要能够提出降低或避免法律风险的措施，保证好的商业机会不会错过，并交易成功。

因此，在工作中，总法律顾问不但要向决策者指出某商业行为的法律风险，还要努力找出降低或避免这种风险的措施，以供领导判断风险和做出抉择。如果只是一味地指出法律风险，认为这样不行，那样也不行，决策者就会无所适从，甚至会认为法律工作人员只会碍事，不能提供有力的保障。

央企法治建设只能加强不能削弱

2014年8月12日，国务院发布《关于取消和调整一批行政审批项目等事项的决定》，实施了近20年的国有企业法律顾问执业资格考试被取消，在社会上引起了不小的反响，有人以为企业法律顾问工作被削弱了。在去年年底召开的中央企业法治工作会议上，国资委副主任王文斌强调说，中央企业法治工作队伍建设只能加强，不能削弱。这次会议还明确公司的全面风险管理和合规管理要划归到法律工作范围，拓宽了企业法律工作的外延。

国资委自成立以来，历经中央企业法制工作三个三年目标的实施，企业法治建设工作取得了巨大的进展。2014年，国务院国资委制定了新的中央企业法制工作五年规划及总体目标。

规划明确改革的目标和任务为：进一步完善国有企业总法律顾问制度，探索实行董事会聘任总法律顾问，健全总法律顾问参与重大决策工作机制等制度。重点措施及出台时间：规划提出了修订《国有企业法律顾问管理办法》这一重要措施，并预计于2016年至2017年内完成。

2016年是"十三五"开局之年，也是全面打造法治央企的起步之年，国资委下发了《关于全面推进法治央企建设的意见》，要求中央企业法治工作在促进企业完善法人治理、保障企业合规经营等五个方面实现突破性进展。

今年6月，中办国办印发《关于推行法律顾问制度和公职律师公司律师制度意见》要求深化律师制度改革，其中谈到了要积极发展公职律师、公司律师队伍，构建社会律师、公职律师、公司律师等优势互补、结构合理的律师队伍，各级党政机关普遍设立公职律师，企业可设公司律师，参与决策论证，提供法律意见，促进依法办事，防范法律风险。针对公职律师、公司律师的职业特点，明确其法律地位和权利义务，研究公职律师、公司律师制度与政府法律顾问、公司法律顾问制度的衔接问题，理顺公职律师、公司律师管理体制机制。

公司律师制度的建立，必将更加有利于企业法律顾问工作。公司法律顾问中具有律师资格、法律职业考试资格的人员，将可获得公司律师执业证书，以律师身份代理本企业法律纠纷案件，处理本企业法律事务。

【分享二】
跨国企业：
法务内部地位与社会地位息息相关
刘凤鸣　美国通用电气全球副总裁、通用电气大中华区总法律顾问

跨国企业总法律顾问面临的挑战既有公司业务发展所带来的风险，也有来自外部环境诸如经济形势的变化、监管的变化所带来的方方面面的挑战，而公司法务人员具有什么样的地位和发展空间，既与其自身素质、所处的行业、发展阶段有关，也与公司所在的文化环境、法律制度、法务人员整体的社会地位息息相关。

美国监管趋严导致合规大要案增加

作为一家跨国公司的总法律顾问，在美国通用电气集团，面临的挑战主要来自以下几个方面：

第一，美国通用电气集团（以下简称GE）是个多元化的企业。全球40%的电力由通用电气制造的设备产生的，每两秒钟在世界的某一个地方，就有一架飞机是用通用电气生产的发动机起飞的。GE的产品在全球180多个国家和地区被大量使用。如果大家到医院体检要做CT、核磁或超声，很可能会用到通用电气的高端影像设备。GE照明业务从爱迪生时代就有了。现在通用电气的百年家电业务已经卖给了中国海尔，今年6月交割。通用电气的金融板块曾经是全球最大的非银行金融机构，按照资产规模，可以在全美金融机构排进前十。去年，公司决定把金融板块绝大部分的资产剥离出去，回归制造业。最近我们又成立了一个新的业务集团，专注数字化业务。公司的定位是"数字化工业公司"。GE每个业务板块在中国市场都有，我们在中国有几十家合资公司，有上百家法律实体，可以想象，在这样一家企业里做法务工作是挺有挑战性的。

第二，世界的经济环境的变化带来了新的挑战。美国经济从2008年至今一直处于低迷状态，欧洲至今没有走过低谷。由于经济不景气，公司业务人员的担子会相对加重，股东、董事会、董事长、CEO也通常会通过不同的渠道给营销人员施加压力。为了实现业绩指标，业务人员有时会想方设法通过各种可能的方法和渠道达到目标，以前不想做不敢做的事，现在可能就会跃跃欲试，这往往会给企业带来很大的潜在风险。公司法务人员在这样的环境下需要妥善处理灵活性的业务需求，在原则性的法律层面必须保持清醒的头脑。

第三，2008年以来的金融危机对社会经济造成的影响十分深远，主要国家的监管机构纷纷加大监控力度。比如，美国金融监管机构就出台了很多相关法律，其中最有名的一个法案是"Dodd Frank"法案。这些法案为金融机构设置了诸多更为严厉的合规程序。为了满足有关法案的需求，GE在过去的七八年间，聘请了大量的法务和金融方面的合规人员，花费了巨大的精力以满足监管机构的严格要求。事实上，GE下决心剥离曾是公司最赚钱的金融业务板块与美国政府严格的金融监管

是有直接关系的。

在过去的几年里,不断增强的监管力度导致相当多的大型跨国企业卷入合规大案、要案,包括许多老牌企业,像是摩根大通、劳斯莱斯、巴西石油、西门子。特别是最新的合规案,大众汽车柴油机清洁指标造假案中,有机构测算,单就政府罚款一项,大众就可能面临高达180亿美元的处罚,加上其超过30%的市值损失,大众汽车由于本次合规事件的损失总和可能超过800亿美元。这些事例给我们的警示就是,一家历史悠久的老牌企业也有可能毁于一旦。

这些大案要案与经济不景气,以及监管部门严厉执法是有直接关系的。通用电气这样的公司,同样面临这些风险。这些挑战对法务人员来说是很严峻的。但同时,这又是一个机遇。这些压力对我们公司法务人员是有积极意义的。没有这样的压力,企业首先想到的可能就不是法务,预算不给你,雇员也不给你。但现在没有别的选择,为了防范监管风险,企业就会加强内部监管部门的力量。对法务人员来说,可以说,这是我们的春天。企业本来不想给你的资源现在要给你了,我认为大家要充分利用这样的机会,我们要告诉企业的高管,风险在哪里,为什么在这种情况下要加大控制风险的投资。

法务的地位取决于内外双重因素

对于公司法务所处的地位问题,我认为,影响法务地位的因素是众多的,公司在不同的发展阶段,其法务人员的地位也会发生变化。不同的行业,或处在同一行业不同产业链上的企业,其法务人员在本公司的作用和地位也不尽相同。

但总的来说,公司法务人员的地位,我认为主要是由两个方面来决定的:一是法务人员自身的能力。其教育程度、实践经验、职业操守、沟通能力、领导力和团队精神,更重要的是对问题的分析、判断能力;在重大公司业务上是否能为所在的公司,为董事长、CEO等高管提供有价值的咨询和建议。自身因素是第一位的。

二是外在因素。企业所处的环境包括企业的性质,是国有企业、私营企业还是外企,这些都决定了法务人员在企业内部

的作用。从大的方面讲，我们所处的文化环境、法律制度以及法务人员整体的社会地位，决定法务人员在所在企业内部的地位。

我主要服务过三家企业，都是美资企业。美资企业的法务人员地位类似于美国律师在美国社会的地位。美国大型企业里，法务高管地位很重要，如果看一家大型上市公司的年报，公司前五位收入最高的人员里面大多会有一位是法务，也就是总法律顾问。原因很简单，公司在评价人员地位的重要性时，要从社会角度来看，要想找一个在社会上有经验和影响力的人，把他请到企业内部，需要提供相应的待遇。如果公司提供的待遇（包括职务、薪酬）与你要聘用的律师在公司外的待遇相差太远，人家就不会到你公司来。

美国的法务人员在公司内部的地位也是经过了很多年的演变，20世纪80年代是个分水岭。之前，美国公司法务人员的地位是不如现在的，往往隶属于某一个行政部门。公司律师的主要责任是帮助企业高管和外部律师事务所资深合伙人沟通。20世纪80年代后开始变化。这方面在美国有很多论述。

相当一部分人认为通用电气在这个领域里起了领头羊作用。GE前总法律顾问Ben Heineman先生是这方面的先行者。Heineman先生现在在哈佛法学院专门研究法律职业问题。GE公司要雇公司律师的话，一般不从学校直接雇，而是从外部律师事务所找有经验、有社会影响的合伙人，高薪聘请这些人进来；这些人再高薪聘请下面的人，实现公司法务人才的良性循环。通用电气曾经拥有全美国最大的法律部，现在仍然是最大的法律部之一，律师和合规人员加起来大概2000人，在中国也有100多人。这个因素就决定了法务人员在公司内部的定位。

法务人员主要的职责其实并不一定是合同审查和谈判，对于大型美资企业来说，在总法律顾问的职责中，商业谈判及合同管理只是其关注的领域中的一部分，还有公司战略的制定和执行，公司合规文化的建立，公共政策立场的把握，诉讼和争议纠纷的解决，政府关系的维系，及其他特殊专业领域策略的把控，比如并购、反垄断、知识产权保护等，同时，公司法务也是公司信誉的维护者。这些方面都是很重要的。在公司决策过程中，几乎所有的重大战略决策，都有总法律顾问的参与。我在GE之前，在微软公司大中华区做了14年。当初微软大中华区成立战略决策委员会，四人之中，我就是成员之一。

总法律顾问在GE是举足轻重的。通用电气现在有十几个业务板块，总法律顾问的地位是处在公司的最高层。我同时是通用电气全球副总裁，GE在全球30多万员工中，处于这个地位的不足200人；我也是GE法律合规部门2000多人当中，唯一的一位华人全球副总。这就决定了我和法务部门在GE大中华区的地位。

另一点值得提一下的就是总法律顾问与公司高层，特别是和董事长、CEO、CFO的个人关系。这些公司高管与总法律顾问是否相互尊敬、信赖，会直接影响总法律顾问及法务部门在企业的地位。

再有一点是，公司法务人员地位的建立和维系，离不开外部律师的大力支持。没有外部律师给你提供法律分析，单凭自己的法律部门很难满足公司业务的要求。如果外部律师可以给你提供优质的法律意见，可以经过分析转给你的高管，良性循环建立起来，法务在公司的地位也就有保证了。我认为这是相辅相成的东西。

最后，我认为公司法务人员除了做好公司法务工作，还有一个很重要的社会责任。我们行业目前有一个很重要的任务，就是尽快确立行业从业人员的职业道德标准，建立一系列培训机制和监管机制，这有利于帮助我们尽早成为在企业里有影响力的精英团队，并对社会和经济生活产生积极的影响。每位法律从业人员都有这样的责任，希望大家多多思考、早日推动这个机制和标准的形成和完善。

对 话

主持人：西小虹　颂虹控股有限公司董事长

嘉宾：王春阁　招商局集团有限公司总法律顾问

刘凤鸣　美国通用电气全球副总裁　通用电气大中华区总法律顾问

张伟　万科集团法务部总经理

【对话一：法务人员知识的长短板】

西小虹：作为企业总法律顾问负责人，有两个工作要时刻关注，一是体系建设，二是团队建设。从法律部门来看，法务普遍的知识技能强项是哪些，知识技能的短板又有哪些？

王春阁：企业法律工作人员结构、知识结构和社会律师不太一样，社会律师往自己的专业方向发展，但在企业里很难有太强的分工，人少或者忙起来就不分工，大家都上。总法律顾问一定要既懂得法律，也懂得企业管理，像社区医生，什么情况都会处理，各方面的知识都应该具备。普通的法务工作人员，我主张尽量有发展方向。对于企业法律顾问而言，企业管理知识和法律知识方面各占50%，如果有所欠缺的话，在企业可能不太好做。

刘凤鸣：我基本同意王总的见解。我认为首要的能力是对问题的分析和判断，我觉得没什么东西可以取代基本技能，这是我在招募人员时最看重的。你毕业于哪个学校，有什么经验对这个有直接影响，但不是全部。有些人本科学校一般，自己经历很坎坷，但对一个问题的判断和分析能力决定着他最终能否留在公司。比如美国的法学院，着重培养的是分析解决问题的能力，至于专业本身，以后再慢慢学。外部律师都知道，你接的单是全新的，在很短时间内变成专家，这是可学的。

越来越多的法律工作人员，不管是知识产权专家，还是房地产专家，除了法律技能外，还要具有企业管理经验，具有如何跟人打交道的经验。过去律师可以说我就是这方面的专家，有问题可以找我。现在的公司要求你不仅做出判断，而且有能力通过人际关系说服对方，不管是业务部门的同事还是高管、CEO、董事长，如果你无法说服他，无法起到作用。直接相关的可能是书写和语言表达能力，如果这方面不行，那是硬伤。宏观角度来说，这是企业管理经验，微观角度来说，是沟通能力。

评判一个人好不好，还要看基本的道德观念怎么样。如果判断问题时，觉得可以打各种各样的擦边球，可以在灰色地带游刃有余，这些人会对法律工作带来很大的风险。我最近面试一个人，他跟我讲他的经历，让我对这个人的职业道德很担忧。他曾经为台湾公司做了一年，但该公司没有相关的证照，法务人员能够为一家没有证照的公司服务一年多，这本身就是很大的问题。道德观念是评判招募人员、培训人员很重要的一个侧面。

张伟：我认为首先，关注一个人的诚信品德问题；其次，没有完美的人，但可以有完美的团队，通过多元化、合理的分工和配合，可以打造完美的团队。

去万科之前，我在联想工作。我发现，今天面临的很大困惑是，企业的很多员工都是大学一毕业就招聘到公司里，他们的长处很明显，对公司比较忠诚，非常理解公司业务。比如，我们有几位同事都在万科工作了十几年，他们经历了这个行业从小不点到今天这么大的规模，对于一个企业来讲，这种人才是宝贝。但他们也存在明显的短板，尤其是在专业技能上有缺陷，比如起草文件，不管分析的好坏，单从排版、布局、行文方式就可以看出在专业技能方面的训练不足。一份备忘录，全是从结论到结论，没有告诉我们依据是什么，这个结论怎么推导出来的。实际上，这个备忘录包含了他自己的很多主观判断在里面，别的同事看到会一头雾水。这个现象不仅反映在万科，也是很多公司法务人员的共同弱点。我来万科后，新人基本上从社会招聘，大多数来自律师事务所、法院，这些新鲜力量的加入让团队的能力更加丰富和全面：新同事加入后，老同事分享行业经验，新同事过往都没有地产业的经验，但会分享他们的专才，让老同事每天都有提高，有茅塞顿开的感觉。经过一段时间的磨合，部门能力会变得更加全面。

【对话二：如何选择律师】

西小虹：三位老总在选聘外部律师时最看重哪些？目前外部律师存在有待改善的问题是什么？为了使外部律师事务所给企业提供更好的服务，在分工细化和竞争激烈的情况下，各位有什么忠告和建议？

王春阁：每家企业的法务部门跟外部律师事务所打交道都比较多。我最看重的是律师事务所的敬业精神，一开始你并不了解这个所，打交道多了，会了解律师是否敬业、律师素质以及律师事务所的专业性。我们公司有白名单，也有黑名单。如果律师事务所不在名单中，邀标的机会会减少。当然，律师的信誉和为我们服务的质量，也是很重要的。有待改善的问题是，有的合伙人律师在招揽业务和案源时讲得挺好，实际工作中却言行不一致，最主要的问题是合伙人律师往往不亲自出面办理业务。

刘凤鸣：在公司里，我最看重的是"打铁还需自身硬"。不管是作为律师还是总法律顾问，某一方面要非常专，你得是这个领域的专家。总法律顾问不仅要能处理公司各个方面的法律问题，同时在某一个领域也要足够深，这样，在你考虑问题时会比较全面，这当然是相对高的要求。找外面的律师事务所时，要判断的是律师的深度是不是比我深，广度是不是比我广。当律师坐下和总法律顾问谈的时候，他谈的东西都是你知道的，那就不需要律师再说，律师了解、知道的应该是总法律顾问深度和广度不够的地方，这才是律师带来的价值。若外面律师事务所效率太低，大量时间还花在法律顾问已经知道的事情上，会徒劳无功。

另外，很多律师特别在乎自己业务的全面，他为了把事情写全面，本来半页纸可以写清楚的东西，非要写到五页纸。总法律顾问在某个领域做到一定程度，应该都会有大概的判断：这个律师可以在这个领域帮到我，我以后会找他，企业总法顾问往往希望在最快的速度内给出最核心的建议，但律师事务所往往忽略这一点，他们认为做得越全面越好，其实企业并不需要这样。

张伟：我们非常看重的，一是律师的法律意见和方案的可操作性，这方面是律师的短板，他们的法律专业往往非常强，写的东西和给出的意见提示风险的内容很多，但没有解决方案，这是比较痛苦的事情。公司律师和外部律师是共生关系，外部律师做得好，会提高公司律师在公司内部的话语权，但外部律师没做好，就会直接损害我们在公司的权威和工作的开展。

二是我比较在意律师事务所的内部管理体系，包括分配方式。比如，我们有一个项目100多亿元规模，主要在中国境内，境外有一点。我们请了某个大所，大所拿到后开始在全国各个分所组织团队，从团队名单看都非常棒。但在项目执行过程中，发生很多磕磕碰碰。从客户角度来讲，我希望我们的外部律师只给我一个端口，有一个人能讲明白，统一协调，这样我们管理起来很简单。但在这个项目中，我们发现需要同时面临这家律师的上海、深圳、广州等很多办公室，好像我们同时聘请五六家所在做这个项目。我们公司律师要负责布置工作，要协调他们各个分所之间的关系，甚至还要解决他们的争端。这样的局面下，我们感到很痛苦，因为这本来不是我们的工作。所以，我特意留意了一下，发现他们各个分所之间之所以斤斤计较，是因为他们的分配方式，在他们现有的分配机制下，没有人愿意为大家出面担当在收益上不能得到体现的事情，所以他们把问题推给客户，而不是在事务所内部消化掉。

【对话三：职业生涯梦想】

西小虹：作为总法律顾问，各位职业生涯非常成功，你们还有什么梦想？

王春阁：中央企业的法律顾问是靠国务院国资委推动出来的，现在企业也开始自觉推动了，但自觉性没那么高。我在招商局的成就是把招商局的体系建立起来，缺陷是我们的法律工作人员在工作中还有一些困难。我们所有的央企都存在这个问题，总法律顾问在公司里的地位，在参与决策的机会，总法律顾问意见的重要性等，现在仍没有达到国资委的要求。国资委已经做了三年法治建设规划，去年国资委出台中央企业法治工作五年规划。我希望可以看到早日实现。

刘凤鸣：分析我过去三四十年的经历，十几年在法学院学习、教书、搞研究，有十几年在律师事务所做律师，做了将近二十年的企业法务领导。从律师角度来说，我没什么特别想做的，我学了一辈子法律，想做一点和以前不一样的事情。中国的法律教育还是很重要的，虽然每年都有很多法学院的毕业生，毕业生的质量却有点每况愈下。我曾经很自豪的一点是自己学法律，这是一个很好的职业，但现在最难找工作的毕业生是学法律的，庆幸的是我的孩子没听我的劝告去学法律，不然现在找工作就麻烦了。我们是改革开放第一代学法律的人，将来怎么办，如何通过某种形式传递给我们的下一代。我认为有意义的事就是可以到一些法学院给学生谈谈律师的基本技能是什么，法律顾问面临的挑战是什么，通过律师的作用如何影响企业的决策，如何影响社会变革，让学生重新燃起热爱职业之火。

张伟：这个问题比较个性化。我40多岁，也会面临一些困惑，有时候不得不思考。我觉得，我们国内的法治环境无论怎么发展，法律人员都不会像美国那样位高权重，这是由我们国家的体制以及资源配置体系决定的。在中国，最重大、最核心的问题不是在规则之内解决，而是在规则外解决的。对于以规则为生的法律人来讲，从一开始我们就被边缘化了。我觉得认清这一点后很坦然，对于个人而言，只有破局。方向就是横向发展。我现在向公司提出了一个继任者计划，准备悉心培养两三个候选人，希望两三年内把他们调教出来接任我现在的位置，我自己去做业务。

【年会精选】

公司法务在合规管理中的地位和作用

【按语】

合规的内涵需要明确

陈威华 中国南方航空集团公司总法律顾问

在企业里，合规是很时髦的话题。不同行业企业对合规有不同的认识，国资委谈到总法律顾问要统领合规业务时，我们法律部门组织了全部门大开会，发现谁也说服不了谁，意见很多，大家对它的认识很不一致。有一种观点，"反"字头都是合规内容，比如反垄断、反腐败、反商业贿赂，这是合规最主要的内容。

合规的提出和做得比较成熟的是在金融行业，金融行业是独立的合规体系。合规在我们或者不同行业里的定义完全不一样，现在说起来，我们谈的"合规"与金融行业谈的"合规"不是一个内涵。我们经常谈到依法合规经营，从字面理解，法是外部强制性要求，规是企业内部的规章制度、流程、行为准则，"合规"的内涵包括什么，大家在思想上并不统一。应该如何定义"合规"，"合规"要做什么事，这些定义明确了之后，我们才有办法往下继续走。

【分享一】

法律管理助推中建合法合规地快速发展

秦玉秀 中国建筑工程总公司副总法律顾问

中国建筑工程总公司（以下简称中建）的主要经营业务是地产开发和建筑工程，在最新世界500强排名中位列第37位。中建去年营业收入是8800亿元，利润是477亿元，在国内各个省市以及海外几十个国家都在做投资和建筑工程的施工工作。

一个企业的法务管理在企业发展、合规中能起到多少作用，效果好不好，我认为取决于三点。一是外部原因。国家的法治环境是企业法务能在企业中发挥多大作用的关键因素。30年前，我从学校毕业进入中建时的一件事一直印在我的脑子里：当时主管我的领导问我是哪个学校和专业？我回答了之后，他说学校不错，专业也不错，就是学早了一点。我问他早了

多久，他说早了100年。

从那时到现在，30年多年过去了，外部法治环境的巨大变化是大家公认的，这正是企业法务管理发展至今非常关键性的因素。

二是企业的管理水平，企业制度是否法制化。企业管理若规范，法务管理在企业做合规管理、风险防范工作会做得比较多。如果一家企业管理混乱，法务管理不可能管得好。

三是法务管理能否做得好，取决于队伍和体系的建设。企业经营永远是高速行驶的汽车，永远追求经济利益。在企业里做法务，做的就是如何防范风险，而不是随便碰见个沟就踩刹车，如果那样企业发展肯定不会快。而帮助企业平稳快速地往前发展，企业发展得好，法务在企业中的价值就能得到认可，这是一个良性的运作。

中建的法务主要做了几方面的事情：中建2009年整体在国内上市，作为上市公司，首先要保证上市公司的所有决策、运行规则、会议召开、管理架构都合法合规，这是上市公司必须做到的，法律人员做了非常多的工作，保障上市公司的合法合规。我们在企业规章制度上下功夫，是不是有体系，并且有不同层级的管理制度的架构，我们称之为制度树。首先，章程、规则等有稳定的规划，后面的层级是管理制度、管理规定，然后是细则、指引、手册，随着层级的降低，变化性比较强。有些规定会经常改变，越往上，层级越稳定。法律人员要保证企业合法合规地平稳发展。

前不久国家审计署进驻中建，我看他们拿着要做离任的所有清单，里面基本内容就是制度体系、流程管理、节点里是否有记录和内容，尤其是通过信息化的手段记录，做国家审查审计以及合规性管理会方便很多。在制度性方面，我们法律参与了非常多的工作。

对于一个企业来说，非常重要的还有授权管理。分级分类的授权，每个层级的领导根据业务范围不同，给予不同的权限，这都要有非常清晰的列表。除了授权权限安排，我们有A、B角连签，A的管理领导有管理权限、决策权限，我们会保证他的授权在合法合规的权限范围内行使。B则根据不同的事项分别跟A同时行使，在保证分级的授权上保证B角的控制。中建有一个很完善的授权管理控制，每个人能签什么，不能签什么，权限很清晰。

对企业来说，合同管理是每天都要遇见的。法律管理从合同前端订立到终端解决贯穿始终，如果有突发事件，法律系统会集中运转，快速解决合同中发生的问题。中建的主业是地产和施工，整个合同的履约过程比较长，有的三四年，在履约的过程中，我们推出了项目法律顾问，即在项目上由法律顾问、法律联络员控制项目的合法合规。这样，一方面给企业创造效益，规避风险，另一方面是为了配合业主，把项目履约完成后，双方达到共赢的结果。

在投资板块，从立项、评审、履约、事后评价，法律部门一直跟投资部门一起参与管理和控制。

在海外业务方面，中建走向海外已有40年，国外的法律环境要求更严格，目前已经建立法律管理体系，并派驻几十个法律人员做风险控制和合规管理，控制法律风险。

法律人员还有一项重要的职责是案件处理。经济形势的变化导致中建从去年开始出现大量的案件，其中80%~90%是债券类案件，原因是业主现金流出现困难，导致付款困难，这给我们带来很大的压力。中建对案件管理设有案件策划、案件考核、案件总结以及律师管理，律师库中有可用律师推荐和禁用律师推荐，已经建立起完善的诉讼管理体系。知识产权业务也有管理体系、管理制度、管理规划以及管理流程。

在企业合规管理中，标准化和信息化是很重要的两个手段。标准化方面，各部门都有操作手册，全系统统一使用，保证各项业务合法合规地运转。信息化方面，所有合同网上电子化操作，中建现在有1000多名法律人员，工作开展、人员管理都在信息平台上开展。标准化、信息化的手段，有助于企业在合法合规的管理下快速发展。

【分享二】
高素质法务人员扮演越来越重要角色
徐茜　华大基因董事会秘书、法律总监

华大基因是国内测序龙头性企业，可以防治、降低出生缺陷、肿瘤等重大疾病。进入企业工作后我曾经问过自己，企业法务和律师的区别在哪里，只有找到两者之间的区别，才能更好地为企业做合规管理，发挥更大的作用。最直观的区别是服务对象，这也决定了律师要抓住法律的特性，企业法务要关注行业的特性。

进入企业后，我有很深刻的感觉，要判断企业法务是不是好的法务，他是否熟悉跟行业相关的法律规定，是否熟悉不同国家的法律以及行业相关知识，特别是在生物医药行业。以华大基因为例，每一个入职员工，一定要知道什么是DNA、RNA，如果没有相关行业基础知识，相应的风险可能无法发现。对于更高级别的法务岗位，必须了解行业的竞争对手、企业核心竞争力、行业的壁垒和专业布局，只有掌握这些才能为企业的融资并购提供相应的法律支撑。

除了知识结构的差异，律师跟法务在能力上也有不同的侧重。律师可能把法律意见书交给客户时，他的工作算是完成了。而对法务人员来说，提供法律意见只是开端，还需要对法律风险进行评估，参与其中，根据企业的偏好和特点，采取有效措施落实法律意见。法务除了风险判断能力还要有很强的管理和执行的能力。比如2015年9月新《广告法》颁布后，不少律师事务所会推送法规培训，但这些法规能否真正落实在企业中，需要法务做大量工作。

由于服务对象、知识结构和能力要求的不同，决定了高素质法务人员，尤其是总法律顾问，在企业合规中扮演越来越重要的角色。我本身担任董事会秘书职位，在跟其他上市公司的董事会秘书交流时发现，大部分的董事会秘书财务背景或者业务出身比较多，最近这一两年来，法律背景出身的董秘越来越多，这是上市公司进行合规管理的一个重要体现。国资委明确要求央企和省属重点国有企业全面建立总法律顾问的制度，说明法务在管理中的影响越来越大。

业务上的合规，即我们通常意义上的合规，包括起草审核公司的合同、法律文书、商务谈判以及解答法律咨询，对公司经验管理的咨询进行可行性分析，法务需要积极地参与到讨论论证过程中，识别企业经营推广中的风险点。通过诉讼、仲裁、调解的方式维护公司的合法权益，避免和挽回公司的损失。

目前，华大基因已经把法务培训加入到员工培训中，我们每个月或者每两个星期推送给员工一次，我们不是简单说法条，而是结合销售、业务人员反馈的信息，编写成简单易懂的文字让他们学习。

除了常规的工作，法务人员还可以发挥更大的增值作用，比如在战略上的布局，通过融资并购为企业创造价值，维护企业核心竞争优势。几年前我们走出去并购美国一家上市公司，并购前，测序全部由国外垄断，并购完成后，把相应的知识产权划归到公司，现在世界上只有两个国家的三家公司可以生产测序仪，非常荣幸我们是其中一家。此外，在公司治理、反不正当竞争、"走出去"战略等方面，企业法务都可以大有可为。

【分享三】
从法律大数据看互联网＋法律变革与融合的力量
赵宪明　猎律网首席创始人、
中律科技集团董事长

猎律网是2014年12月正式运营的，访问量每天是3000万~5000万。以下报告是大数据分析的结果，可从另一个角度看合规。

一、网络诈骗大数据分析
（一）报案数量人均损失均大幅增长

大数据显示，每年网络诈骗报案数量呈快速增长趋势，尤其2013~2015年网络数据诈骗报案数量直线上升，特别是2015

年相比2014年增长了1835件,增长率为7.96%。

从人均损失看,在2014年到2015年,虽然网络诈骗报案数量只增长了7.96%,但是人均损失却增长了146.67%。

从地域看,2015年被举报的网络诈骗案发生的城市前十名分别是北京、广州、深圳、上海、沈阳、重庆、成都、武汉、郑州和东莞,可见经济和互联网活跃度高的地方容易产生网络诈骗案。

2015年网络诈骗涉案金额位于前十位的城市分别是北京、济南、上海、沈阳、天津、郑州、深圳、苏州、广州和成都。

从受害者分布的地区来看,广东省是受害者最多的地区,涉及诈骗案件3040起。其他受害者较多的城市大多为中部城市。从受害者人均损失的角度来看,济南的人均损失最高,高达16479元,远远高于全国5106元的平均损失。此外,山东省也是受网络诈骗较严重的地区,当地部门应该加大网络监督。

(二)80后、90后成网络诈骗主要对象

大数据显示,2014年网络诈骗最大的受害人群数量是90后,占比为52.2%,其次是80后,占比为36.8%,70后占比7.8%,00后占比为0.7%。

2015年网络诈骗受害者90后占51.7%,80后占比34.1%,70后占比8.7%,00后占比2.3%。80后、90后占据了受骗者的将近九成左右。而从受害人的年龄分析来看,2014年15岁及以下的青少年占比为0.7%,尚不到1%,而2015年则一跃达到2.3%。这表明网络诈骗对青少年的危害日益增加。

从诈骗类型看,2014年、2015年受害群体受到诈骗的主要原因是虚假兼职、虚假购物、退款欺诈、网游交易、网上赌博、视频交友和金融理财,80后、90后在使用网络游戏、社交软件时,诈骗分子瞄准他们的也比较多。

从不同类型网络诈骗受害者的年龄段来看,80后、90后占据了9成左右。在虚假兼职、虚假购物、退款欺诈和视频交友方面,90后受害者多于80后受害者。

大数据还显示,男性比女性更易受骗,男性比例为68.3%,但女性人均受骗金额更高。

男性在虚假购物、网游交易、网上赌博、视频交友等网络诈骗类型中的被骗比例远远高于女性。特别是在网络赌博诈骗中,99%的受害者是男性。而在虚假兼职网络诈骗中,男女受害者比例相差不多。女性只有在退款欺诈和消保欺诈这两种网络诈骗中,受害者人数超过男性。

(三)虚假兼职成网络诈骗最主要类型

哪些原因造成网络诈骗?根据对PC端的报案统计,虚假兼职占比最高,为30%,其次是退款欺诈(18.2%)、网上赌博(16.8%)、金融理财(11.7%),高额资金利息或者中奖利息都是诈骗的源头。

在PC用户报案中,2015年尤其是在上半年,网购退款欺诈"集中爆发",很多受骗者被所谓的"客服"所蒙蔽,轻信假客服电话,误入退款骗局,在骗子发来的钓鱼网站上提交了身份证号、网银等敏感信息,最终银行卡被盗刷。

手机用户报案中,虚假兼职仍然占比最高,占24.8%;其次是虚假中奖,占18.4%;伪基站欺诈占11.9%;因为能够模仿京东、天猫、淘宝的地址,账号被盗比例不小,占7.5%,这些诈骗手段占报案总量的62.6%。虚假中奖虽然是"老掉牙"的手段,却依然连年高居网络诈骗前列。

(四)近六成诈骗信息通过社交工具传播

从2015年网络诈骗信息传播途径看,社交工具占比59.2%,电商网站占比31.9%,搜索引擎占4.6%,分类信息网站占4.3%。

在社交工具里,QQ占比位于第一位,为85.2%;其次是旺旺,9.66%;微信是第三位,占4.5%;微博占0.8%。在电商网站这个渠道中,淘宝占比最高,达77.7%,其次是天猫和京东。2015年"双十一"活动,令淘宝商城支付宝交易额再创新高,然而疯狂的网购背后,部分商家大做文字游戏,巧立名目,使得淘宝网站存在着不少的欺骗信息。

二、中国婚姻法律问题报告

2015年中国婚姻法律问题大数据报告显示，近五年来，中国离婚率直线上升。2013年全国依法办理离婚手续的共有350万对，比上年增长12.8%，为离婚人数增长最多的年份，且离婚率增长幅度最大，在2012年的基础了增长了3个千分点。

从世界各国的离婚率分布来看，中国的离婚率排在第三位，处于靠前位置。中国的离婚率虽然不断攀升，但它并没有达到一个极端的高度，也没有对社会的稳定造成影响。中国不断增长的离婚率在目前看来仍然是一种合理现象。

离婚的主要原因，通常为"感情不和"，经过二次筛选，有真的感情不和，还有双方协商一致达成的感情不和，为了达到买房买车的目的。一方有家暴恶习占19.6%，家庭经济问题占10.1%，不肯抚养子女的占6.4%。

值得注意的是经济纠纷在离婚原因中所占比重，从2010~2015年直线上升，而且经济因素在婚姻稳定性中也占了一定的比重。

从夫妻之间债务类型看，共同债务占91%。由此可见，家庭经济纠纷也是夫妻感情破裂的"一大祸害"，其中擅自处分夫妻共同财产和一方在外欠下大量债务这两个问题最为突出。在夫妻擅自处分的共同财产中，法院一般会判决擅自处分无效。

报告还显示，从民政部经过筛选和调研后的数据来看，第一次婚姻出现第三者的比例，女方占20%，男方占21.5%，双方都有的是8.6%，总体出现第三者的比例超过了50%，离婚的很大一部分原因都是由于婚内不忠导致的。随着社会不断开放，人们的观念也发生着改变，时下流行的社交软件也对出轨起着"推波助澜"的作用。

三、从法律角度看P2P问题平台

P2P网贷问题平台近三年来大幅增加。2013年全国只出现了76家问题平台，到2014年全国就出现了275家，增长率高达262%；到2015年是896家，增长率仍然高达226%。

2015年P2P问题平台主要以关站失联为主，即通常所说的"跑路"，占据所有问题的63.92%，25.96%的平台出现提现困难，9.68%的平台因为运营问题而主动清盘，其余的是由于国家监管力度加强而"落马"。

从2015年问题平台发生数量看，每月都较多，最多的时候是六七月，其次是12月，都超过100多家。

涉及P2P网贷平台的没有专门的法律规定，对P2P借贷的相关规定主要分散在《民法通则》《合同法》《公司法》《担保法》《中小企业促进法》这5部法律中。在运用相关法条时首先要承认P2P平台的居间地位，再运用相关的法条解决相应的问题。具体到P2P平台而言，平台作为居间人负有审慎审核义务。

四、股权纠纷法律问题大数据分析

通过中国法院网公布的民商事典型审判案例，我们查找出2013~2015年1030件股权纠纷案例，通过分析、整理，得出以下数据。

2014年6月至2015年发生股权纠纷的公司最多，大多数是有限责任公司，在采取的股权纠纷样本中，其中有限责任公司占据了82%，而股份有限公司只占据了1%。股权纠纷所涉公司类型中，有限责任公司所占比重大，这与市场中有限责任公司数量多有很大的关联。

大数据显示，大部分股权纠纷发生在股东人数5人以下、注册资本1000万元以下的有限责任公司。

在公司股权纠纷类型中，数量最多的前三类分别是股权转让纠纷、股东资格确认纠纷和股东知情权纠纷。其中股权转让纠纷占比接近一半。可见股权转让纠纷是公司纠纷类型中最常见的纠纷类型。

大数据显示，意思表示错误、合法性争议、合同条款约定不明是导致股权转让纠纷发生的最主要原因，因而在现实中股权交易的风险也主要集中存在于以上三个方面。这些纠纷通过交易前充分、有效的尽职调查都是可以避免的。

股权纠纷原因还包括损害第三人利益、为其他目的而签订合同、不能实现预期目的等。

五、继承纠纷法律问题大数据分析

继承纠纷是指继承人之间因继承权的确认以及遗产分配等问题而发生争议。在社会实践中主要存在两种继承纠纷,一是非侵权纠纷,二是侵权纠纷。

2015年,一审婚姻家庭纠纷案件1 548 493件,占到一审婚姻家庭继承案件94.7%;继承案件86 751件,占到一审婚姻家庭继承案件的5.3%。离婚案件数量保持增长,继承案件数量下降,但是其中的法定继承和遗嘱继承案件保持增长。

继承纠纷产生争议最多的是法定继承纠纷,占据68.81%,其次是被继承人债务清偿纠纷,占据11.89%,遗赠纠纷排在第三,占据15.35%,紧跟其后是遗嘱继承纠纷,占2.05%,最后是遗赠抚养协议纠纷,只占1.90%。

六、劳动争议法律问题大数据分析

劳动争议是现实中较为常见的纠纷。大数据显示,近年来中国的劳动争议案件受理数量处于逐年递增的趋势,2012年我国的劳动争议案件受理数量为60.56万件,之后逐年增长,2015年案件受理数量已经达到了惊人的78.69万件,增长了29.9%。

在2013年以前,仲裁调解的案件数量多于仲裁裁决案件,从2014年开始,仲裁裁决案件数量和仲裁调解案件数量基本持平,从2015年开始,仲裁裁决案件数量已经多于仲裁调解案件数量。

猎律网通过随机筛选全国各地劳动仲裁委员会以及法院有关劳动争议的1000份裁判文书,发现在劳动争议案件中,综合的劳动争议案件占到了一半以上(55%);紧随其后的是劳动合同纠纷案件,达到了41%;而社会保险纠纷案件所占比例最少,只占到了4%。在社会保险的具体案由中,工伤保险待遇的纠纷占到了77%。

在2015年劳动争议纠纷的争议类型中,追索劳动报酬纠纷占83%,确认劳动关系纠纷占8%,劳动合同纠纷占9%。

在这1000份劳动争议案件裁判中,用人单位败诉的案件有540件,用人单位胜诉的案件有260件,在剩余的200件案件中,劳动者的部分诉讼请求未得到支持。

从2015年劳动争议案件主体构成看,企业用工主体占到了很大部分,占比73%;事业单位中的劳动合同工也经常会产生劳动争议。

七、民间借贷纠纷法律问题大数据分析

据最高院统计,2011年全国审结民间借贷纠纷案件59.4万件,2012年审结72.9万件,2012年民间借贷纠纷案件发生量开始大幅度增长,同比增长22.68%;2013年审结85.5万件,同比增长17.3%;2014年审结102.4万件,同比增长接近20%;2015年审结将近142万件。

民间借贷纠纷已经成为继婚姻家庭之后第二大民事诉讼类型,诉讼标的额也逐年上升,这些情况表明民间借贷纠纷频繁发生,应当引起足够重视。

猎律网通过对中国法院网公布的判决书整理分析发现,在2013年至2015年中,民间借贷案件数量逐年增加,2013年,民间借贷案件数量占审结民商案件数量的42%,到2015年达到惊人的73%。

通过498份民间借贷案件判决书分析,自然人之间的借贷案件数量占91.97%;自然人与企业之间形成的借贷案件数量占6.63%;小贷公司的借贷案件数量最少,占1.4%。由此可知,在自然人借贷中,借贷主体主要是亲朋好友。

而从2015年每月网贷行业运营平台数量看,在民间借贷方式中占比很大的网络借贷平台数量每月持续增长。截至2015年12月底,网贷行业运营平台达到了2595家。互联网金融的持续发展给网络借贷增加了新的动力,但网络监管制度

的缺失使网络借贷纠纷更加频发。

八、房产纠纷及合同文书下载大数据分析

猎律网还对中国房产纠纷法律问题进行了大数据研究,通过随机筛选,检索出2015年度最高人民法院审理的220件涉及房产纠纷案件,其中房屋买卖合同纠纷占到36.4%;紧随其后的是房产开发经营合同纠纷,占32.7%;建设用地使用权合同纠纷和租赁合同纠纷案件分别为16.4%和11.8%。

在2015年最高院审理的涉及房产纠纷的案件中,民事申请再审查案件占到了绝大多数,达78.2%;二审案件和民事提审案件分别占到了15.5%和4.5%。

猎律网随机抽取了120份北京市涉及逾期交房案件的判决书。通过分析发现,法院裁判引用的法条依据主要为《合同法》第114条和第107条,分别占到了50%和36.6%。

猎律网在对合同文书的下载进行分析发现,从2015年1月1日~2016年1月10日,买卖合同、劳动合同、租赁合同、委托合同的社会需求量很大,占据所有合同的50%以上。按合同的内容性质划分,债权债务类合同和婚姻家庭类合同排名靠前。

合同的下载量与人们经济生活中容易发生纠纷的领域相呼应。据统计,2014年全国法院受理借款纠纷案件的数量达到1 753 767件,位列第一位,比第二位的离婚案件高出435 023件。

在对法律在线咨询大数据分析发现,婚姻家庭、劳动人事、日常民事的咨询量所占比重较大,其次为房产土地、借款金融、刑事行政。

年轻人上网咨询获取帮助的领域,排名依次是婚姻问题、劳动、日常、借款,婚姻咨询中,婚前、婚后的咨询非常大,说明中国婚姻的现状问题。上网进行法律咨询的人群中,20~29岁是主力军,30~39岁是大案子,更多是年轻人承担义务主体。

法律需求发布地区来讲,广州市非常活跃,然后是浙江、山东地区。从法律咨询分布数据来看,法律咨询占比重较集中的地区是江浙沪地区,咨询量加起来近20%。北京作为首都,法律咨询量占4.81%,法律需求也是非常之大。

在对法律新闻的大数据分析中,法律法规类新闻是媒体报道最多的一类,其次是依法治国新闻和刑事案件的新闻报道。2015年刑事类案件新闻的报道中,报道最多的就是非法集资罪。

此外,在法官、检察官和律师的收入对比上,中华全国律师协会的律师收入数据显示全国律师的平均收入是每年16万元人民币。法官检察官年收入平均为6.5万元,与律师的收入差距过于明显,而且与国外相比,我国法律职业之间收入分配严重失衡,这造成我国法官检察官辞职率较高,由此可见进行工资制度改革迫在眉睫。

全球企业法律顾问协会（（Association of Corporate Counsel，简称ACC）是在美国注册的非盈利机构（NPO），成员为企业内部具有正式员工身份的企业法律顾问。ACC的主要工作是向企业法律顾问提供教育培训等服务，为企业法律顾问提供法律资源库，创造国际交流平台，促进企业法律顾问之间的横向交流，维护企业法律顾问及所在企业的合法权益。

栏目特邀主持机构：全球企业法律顾问协会

摘要

■■ 怎样武装你的董事会。确保新的董事会成员意识到他们的责任和义务，持续地对他们进行培训。

■■ 避免利益冲突。注意你所在行业合规和诉讼的发展形势，以便当调查发生时，你们的董事会不会两眼一抹黑。

■■（在会议中）占有一席。总法律顾问是董事会和管理层之间的桥梁，应该与董事们建立紧密的工作关系。

诉前"武装"董事会：捍卫董事会行为，保护机密信息，管理风险

作为企业法律顾问，如果不能捍卫董事会的正当行为，其他法律工作做得再好也难以得到决策层的欢心。若要降低董事会及其成员因职权行为而招致的诉讼风险，做好诉前"武装"董事会的工作必不可少。

■ 文/爱德华·T.保利斯三世
译/马丽*

在今天的商业环境中，诉讼已经不可避免，它的代价是金钱或者声誉损失，也有可能两者兼有。诉讼风险来自政府监督机构、审计人员、股东、原告律师以及游说团体对公司合规情况的监督。美国联邦政府和州政府的调查和执法机构——包括美国证券监督委员会和美国司法部——正在不断增加。尽管美国领域外的股东诉讼很罕见（虽然海外诉讼在不断增长），但

爱德华·T.保利斯三世（Edward T. Paulis III）
苏黎世（北美）财产和伤亡保险公司副总裁、助理总法律顾问。保利斯拥有霍夫斯特拉大学法学院法学博士学位和哥伦比亚大学商学院工商管理硕士学位。保利斯也是全球企业法律顾问协会（ACC）诉讼委员会主席。可以通过 edward.paulis@zurichna.com 联系保利斯。

* 马丽，《公司法务》执行主编，法制日报记者。

监管审查（尤其在欧洲）和商标侵权诉讼仍是值得董事会关注的活跃领域。

不同国家监管者之间的跨境合作也在增多。2016年1月，经济合作与发展组织（OECD）的31个成员国达成协议共享跨国避税方面的数据。虽然美国没有签署该协议，但是美国《海外账户税收合规法案》（FATCA）有类似的宗旨。尼日利亚最近也采取了一系列措施以改善投资者环境，加强对商业活动的监管，包括签署协议，以遏制与美国和阿拉伯联合酋长国之间犯罪资金的流动。这些监管者在跨境合作方面的努力并非孤立的事件。

尽管那些赞成（或反对）日益增加的针对董事会决议的监管行为和诉讼的人试图证明各自的立场，但这不是本文讨论的重点。事实是为此进行诉讼辩护的代价会给企业带来显著的经济和声誉损失，机密和敏感性档案可能会因此公开化，诉讼时间和精力的投入会让员工、管理层和董事会分心。在诉讼逼近之前，有远见的法务部会让董事会成员为潜在的责任做好准备，这样他们能更好地应对未来的诉讼，保存机密或敏感信息，最小化声誉风险，并利用机会减少开支或在早期化解诉讼。

让董事会做好准备的责任直接落在了法律部的头上。面对如此诉讼风险时，如何准备好你的董事会，以及采取何种措施限制董事会的潜在风险？笔者将就此做出分析，首先会从商业判断原则说起，然后我们会进入准备董事会的其他要素，其他主题讨论见链接1。

商业判断原则

虽然美国州与州之间的规定不同，但商业判断原则的基本前提是，它假定公司董事会是在知情、善意以及为公司最大利益着想的基础上行动。董事会没有违背忠实义务，法院会尊重董事会的判断。对商业判断原则更完整的案例法描述见链接2。

尽管一些欧盟国家对商业判断原则或类似原则有系统规定，但是更多的国家并没有这方面的规定。从国际上来看，国与国之间在公司法、董事会架构和董事职责和责任方面有很大程度的不同。很多没有商业判断原则的司法管辖区会要求董事履行注意、勤勉和忠诚义务。

商业判断原则推定董事会会尽注意、勤勉和忠诚义务，运用商业判断原则的目的非常简单，不希望法院代替董事做出商业判断，个别例外情形除外。这样，在公司采取谨慎风险措施的情况下，商业判断原则的推定可以保护董事免受不利结果。推定一旦适用，举证责任将被移转至对董事会决议提出质疑的一方。为反驳推定，质疑一方必须证明董事会违反了受托义务，比如注意义务、诚信义务以及避免利益冲突的义务。

捍卫这个推定对董事会来说非常重

■ **链接1：保护商业判断原则推定的有利条件**
- ◆ 培训你的董事会
- ◆ 慎重制作董事会记录
- ◆ 避免利益冲突
- ◆ 了解商业风险
- ◆ 确定商业趋势
- ◆ 在诉讼前提前制定程序
- ◆ 就诉讼风险培训董事会的其他考虑
- ◆ 出席董事会会议
- ◆ 保护特权和机密性
- ◆ 推动公司文化建设
- ◆ 审查公司治理文件
- ◆ 讨论董事补偿和保险条款

■ **链接2：特拉华商业判断原则**

商业判断原则是特拉华对董事经营管理权的确认（见Zapata Corp. v.Maldonado, 430 A.2d at 782.），所谓商业判断原则，是这样一种推定，即公司的董事所做出的经营判断，是在获得足够的信息的基础上，善意而且有正当的理由相信该判断符合公司的最佳利益。对该决定，只要不是滥用裁量权，法院就应该尊重该董事的商业判断。另外，举证责任由认定董事的判断是错误的当事人负担，该当事人有责任证明他有足够的事实证据可以推翻上述推定。

要。为举证的需要,必须采取明确和适当的行动以表明董事会是在知情、善意和为公司利益最大化着想的基础上行事。那么,法务部应该怎样建议董事会去展示他们已经充分行使了合理的商业判断呢?

保护商业判断原则推定的有利条件

(一)培训你的董事会

董事会应当对自己的职责以及如何履行职责有一个深刻的理解,比较好的第一步举措是对新入职董事成员进行入职培训,对现有董事会成员进行持续培训。公司的总法律顾问或者外部法律顾问可以每年或董事会认为适当的频率定期对董事会进行培训。

除了对董事会进行培训外,法律顾问可以审查董事会的程序和做法,如有必要的话,提出具体意见和建议改进董事会的行为以更好地展示他们进行了商业判断。

(二)慎重制作董事会记录

在问题出现之前,董事会就要慎重地思考,并对每一个问题的处理和解决方案进行记录。正确创建和维护董事会会议记录可以提供董事会进行商业判断、遵守受托义务,并履行监督公司内部控制义务的证据,记录包括董事会做出的决定,以及确定行动项目和所分配任务的责任等细节。根据你所在的司法管辖区的规定,你的董事会可能被允许依据管理层和外部专家的证明和报告做出决议,董事会记录不应该仅仅反映所引用的文件,还要清楚地指出未来要参考和检索的文件。另外,把参考的证明和报告作为董事会记录附件会更好。

适当地准备会议记录可以为董事会提供对抗诉讼风险的保护,法务部在培训董事会、制定流程、监督董事会级别的交流和记录符合上述流程方面发挥关键作用。一些做好董事会会议记录的基本原则见链接3。

你的董事会也应该考虑利用"董事会入口"(board portal,一款APP),以在安全的环境中管理交流和记录。"董事会入口"优点包括通过一个单一加密和密码保护的平台入口随时随地访问董事会记录。平台本身可以实施文件保留和销毁制度,必要时,会简化诉讼事件中保存董事会记录的程序。

董事会成员不应该在邮件中讨论敏感问题,也不该保留自己的谈话记录,而应该以会议记录作为讨论和决议的唯一证据。

■**链接3:董事会会议记录的基本原则**

◆董事会会议记录是董事会理解和考虑董事会层面问题的事实记录,反映在演示文稿、文件和报告中,还会在董事会做出决议前进行查询和探讨各种选择。合理地创建和维护会议记录在董事会实施商业判断时发挥重要作用,好的董事会会议记录做法包括以下内容:

◆会议后指派一个人立即起草会议记录,记录会议应该慎重和勤勉,大部分是事实陈述,避免评论和发表意见。

◆会议记录应该包括出席董事会会议的名单,以及是否达到法定人数,之前会议的记录是否被批准,讨论中提出的问题,做出的决议和做出决议的依据。

◆除了出席、提议、支持提议以及因为可预见的冲突弃权事项外,避免在记录中使用个人名义。

◆有律师在场的特权沟通,或在董事会中的保密讨论应在会议记录中记载,但沟通和讨论的内容不宜公开。

◆董事会成员在会议上所做的笔记应在会议后收集并销毁,程序应该到位以保证合规。

◆会议记录应该在记忆消退前,尽快修改并审阅。应以可能会把记录作为诉讼证据进行阅读的第三方的视角进行审阅。

◆把参考的报告和文件作为会议记录附件,或者确定它们有足够的特定性,可以很容易地识别,如果有必要的话,也可以很容易地制作。

◆会议记录草案可以在下次董事会会议开始时进行审批。

◆最终的记录应当储存在可以定位和检索的位置。所有先前的草案,包括评论和修改都应该根据规定的文件保留政策销毁。

（三）避免利益冲突

当考虑诉讼时，董事会应该从公司股东的角度做出决议。利益冲突的存在会引起对做出决议者的质疑。存在利益冲突的董事会成员可以也应该回避投票和讨论，以避免给人造成可能违反忠诚义务的印象。

为了确保对商业判断推定的保护继续发挥作用，当一个冲突出现时，必须对冲突充分披露，记录在会议记录中，以及中立董事会成员对该问题的表决结果。最好的做法是让有冲突的董事回避讨论，并放弃投票。而且，有冲突的董事也不应该试图去影响投票结果。如果屈服于有冲突董事的要求和恐吓，那么一个独立的、没有私利的董事会会发现他们已经违背了自己的忠诚义务。

（四）了解商业风险

董事会不需要在公司运营中所面临的所有风险方面变成专家，董事会有权信赖管理人员提交的报告和信息，获知风险，相信管理人员已经将风险防范措施采取到位。董事会已考虑过的风险必须记录在案，因为风险是不断进化和改变的，常规的更新是必要的，以满足董事会履职的需要。

（五）识别行业发展形势

作为公司的法律顾问，你是最适合的人选，应将对公司有影响的行业发展和诉讼趋势以及随之而来的董事会面临的风险告知董事会。由于对各行业的监管和可能的不当行为的调查仍然是政府监管机构的重点，如今的董事会在风险管理方面的责任越来越大。董事会的责任包括监管公司风险管理，即识别、评估、检测和执行风险防范措施以化解商业风险。企业风险并不局限于内部风险和控制，还与外部事件和条件，以及合规努力相关。你应该让董事会鼓励企业在风险理念和偏好中加入全面的风险管理方法。

（六）在诉讼之前开发程序

在距离程序被需要很早之前，董事会成员和管理层就应该在咨询总法律顾问办公室后制定程序，当政府启动调查或诉讼开始后，采纳并执行流程。

已经有很多著述讨论"诉讼保留"（litigation hold）的做法，以及需要知道公司的数据所在。就像上面所提到的，从这个目的来看，"董事会入门"是管理董事会级别记录的有效方法。在需要这样的诉讼保留之前，公司应该建立一套全面的记录管理政策，规定什么样的文件应该保留，什么样的记录应该被销毁。董事会必须明白预期要与政策相符。

此外，董事会应当审查公司的危机管理方案，该方案应当定期更新。危机管理方案可以解决在不同的场景中，公司及其员工应当采取什么样的行动。对董事会来说，一个蓝图或者行动列表是很有价值的工具，而思考公司和董事会如何应对各种情况的过程，可以让董事会学习和预先考虑对公司最好的行动路线。

准备董事会的其他注意事项

在采取措施保护商业判断原则外，你还可以做其他的事情去培训你的董事会应对未来调查或诉讼带来的潜在风险。

（一）在谈判中占有一席

公司律师的配备足以预先考虑潜在的问题，并就公司可行的选择给董事会提出建议。为了完成这个角色，总法律顾问应该与董事会成员和管理层形成紧密的工作关系。对总法律顾问来说，参加董事会会议，就具体事项向董事会汇报并不少见，包括并购交易、常规问题、影响和损失较大的公司诉讼。在重大事件的形成阶段提供法律咨询可以避免昂贵的失误和降低风险。在董事会会议期间，很多公司要求法律顾问在场，或至少可以随时能够找到。除了就具体事宜向董事会提出建议外，总法律顾问可以提供影响业务及其战略目标的趋势和大事见解。

由于董事会记录需要巧妙的起草以满足董事会的法律义务，以及让记录能够提供的保护最大化，撰写那些记录的责任应该落到法务部的头上。同样地，公司秘书的主要职责包括确保董事会符合它的法律和受托义务，公司秘书应该属于法律部门的一个职能。

（二）保护记录和会谈的特权和机密性

作为公司的法律顾问，知晓什么样的会谈触发保密信息的需求是义不容辞的责任。法律触发包括与待决或潜在诉讼相关的律师—客户特权（attorney client privilege）或者工作产品原则（work-product doctrine）。公司可能需要保密的其他信息包括个人非公开信息，商业战略或者商业秘密。将此类信息标识为特权或机密。

需要提醒的是，从业者应该充分了解你所在的司法管辖区对公司记录和会谈提供的保护。比如，在一些管辖区，律师—客户特权的可用性是有限或不存在的，总法律顾问必须认识到不同管辖区的差异，向董事会提出相应的建议。甚至，在那些可以主张特权的司法管辖区，也可能会因为疏忽放弃特权，还有可能为了与当局监管者合作以换取宽大处理而故意放弃特权的行使。

当适用特权保护的时候，对会谈性质的简明描述以及主张特权或机密性的依据将会为未来针对事实的裁决提供证据。比如，一家公司的总法律顾问向董事会同时提供法律意见和商业意见，虽然法律意见会受特权的保护，但商业意见并不受保护。所以，会议记录标签中仅仅写上"律师—客户特权交流：×××事件"可能会招来更严格的审查，而"律师—客户特权交流：总法律顾问就×××事件向董事会提供法律意见"这种写法会更好些。用后一种方式标记会谈和档案，包括部分会议记录，表明当时已经了解会谈性质，意图拒绝或限制此类讨论公开传播。

会谈或者会议记录还必须表明所涉信息已经被保护起来。在会谈的情形中，会谈要限制在那些需要参与会谈的人中；在董事会记录的情形中，非董事会成员和应邀列席会议的人员应在机密讨论期间暂时离开，该情况应在会议记录中注明。有时这被称为"高管会议"或"闭门会议"，目的是让董事会公开地讨论某些保密事件，同时保持会谈内容的保密性。所以，与董事会合作时，应制定使用闭门会议的明确规则。对董事会来说，闭门会议是非常重要的工具，缺少书面记录会导致滥用，并会损害董事会记录的证据价值。

（三）推动公司文化建设

虽然没有具体的数据支持，但一些诉讼风险确实可以通过推行公司文化得以避免或减少，这些公司文化包括推行高道德标准、不鼓励过度冒险和采取风险管理措施。公司文化必须有明确的政策和流程支持，"从头到脚"地完全支持。此外，应该推行不奖励冒险的赔偿制度，并获得董事会的批准。例如，为了拿下合同而行贿外国官员就是过度冒险的行为。很多国家有关于反商业贿赂的法律，包括《海外腐败行为法》（美国）、《贿赂法》（英国）、《海外贡献（管制）法》（印度）。尽管当地公司代表认为这只是"我们在这里做生意的方式"，如果他们知道行贿的行为不光是公司难以容忍的，还违反了强制法律，那么公司卷入贿赂丑闻的风险可能会降低。

当一个高道德标准的文化被嵌入公司的肌体内，管理层和员工都会竭力遵守法律和道德义务。没有人或公司是完美的，一家有道德文化的公司可以避免许多没有道德文化的公司会面临的潜在的问题。

（四）审查公司的治理文件

治理文件（Governing documents）有多个名称，比如美国的章程（bylaws），或奥地利的宪法（constitution）。不管它们在你所在司法管辖区的名称是什么，治理文件是基于公司的创立而产生，通过不时地修订，规定公司、董事会和股东运行的规则。

完全避免诉讼是非常困难的，同时在多个司法管辖区应诉更加复杂和昂贵。2013年，特拉华州衡平法院维持了"专属法院"（exclusive forum）制度的效力，该裁决被美国其他一些州遵循，包括纽约州和加利福尼亚州。在允许专属法院的州，该条款要求与一家公司内部事务相关的诉讼要在指定法院进行。在一定程度上，如果您的管辖区认可专属法院条款，可以考虑是否利用该规定限制"法院挑选"（forum shopping），避免多个法院做出不一致判决的风险，并降低在多个司法管辖区的诉讼成本。其他的规定可能很快会到位以支持专属法院条款的可执行性，比如规定获得股份的股东必须明确表示接受专属法院条款。

还要考虑在你所在的司法管辖区，是否有类似的规定规范公司与客户以及供应商之间的交易。目标是尽可能确保争议可以在一个特定的管辖权区域进行审理，限制法院挑选，在针对一件事有多个索赔的情况下，让争议在一个法院得以解决。

章程中另一个需要考虑的条款是如果股东起诉公司，未能获得法院的支持，那么股东要承担公司在该诉讼中所付出的应诉费用。尽管有所争议，但是该费用转移的效力得到了法院判决的支持。那些反对费用转移条款的人直指该规定可能浇灭股东提起合法索赔诉讼的热情。尽管这可能是他人眼中的合法。

（五）讨论补偿和董事/高管的保险

在补偿概念中，公司支付或报销对董事会成员个人提起的诉讼的费用，有的公司还支付董事会成员因此遭受的损失。由于董事会成员以个人身份也不能免于被诉，美国的许多州允许公司向董事会成员，以及管理人员和董事进行赔偿，当他们在履行职责过程中以个人的名义被诉时，赔偿可以也应当不局限于报销诉讼费用（potential exposure），还应当包括调研和律师费用。

除了获得补偿的权利外，董事会成员还可以有保险政策的保护，与诉讼相关的费用和损失全部或部分由第三方保险公司承担。这样的董事或高管保险可以由董事会成员获得，它可以限制董事会成员的诉讼风险，以及公司在补偿条款下的风险。董事责任保险的保险费用由公司承担。在存在巨大风险的事件中，保险制度提供一个有价值的第三方资金来源，降低公司承担补偿责任后的财务损失。董事会成员应多了解董事高管保险范围条款，有问题或疑惑之处可以向法务部咨询。

许多国家都允许补偿和保险条款的使用，但你应该留意你所在司法管辖区的一些特别规定，据此向董事会提出相应建议。一个常见的不同是违法指控是否必须排除在保险范围外。不同的司法管辖区还会对董事补偿保险条款有自己的限制。

补偿条款和董事高管责任险以及相应的限制，应当被预先讨论，并被每一位董事了解。

结论

尽管董事会级别的诉讼和调查频率持续增长，采取适当的措施可以让这类事件的负面影响最小化。在诉讼现实到来之前"武装"董事会，包括就公司和董事会面临的广泛风险对董事会进行培训，促使董事会创建解决风险管理问题的治理文件，执行文件规定，在最大化董事会的防御能力的同时最小化风险。

一个既了解其受托责任又采取措施化解风险的董事会，能够更好地捍卫董事会的行动，保护机密信息，在调查和诉讼风险发生时候管理好风险。

（本文版权由全球企业法律顾问协会提供）

公司法务 | 35

全球企业法律顾问协会（（Association of Corporate Counsel，简称ACC）是在美国注册的非盈利机构（NPO），成员为企业内部具有正式员工身份的企业法律顾问。ACC的主要工作是向企业法律顾问提供教育培训等服务，为企业法律顾问提供法律资源库，创造国际交流平台，促进企业法律顾问之间的横向交流，维护企业法律顾问及所在企业的合法权益。

栏目特邀主持机构：全球企业法律顾问协会

摘要

■■
成本显著，效果不佳——诉讼解决跨国纠纷成本昂贵，不利于创新，因此应当成为解决跨国纠纷的最后选择，而非第一选择。

■■
主场优势不大——精明的外国相对方可能坚持在其本地进行诉讼，让美国当事人后悔不迭。

■■
中立方——国际仲裁机构在世界多地均有运营，并提供公平的争端解决方式。

■■
最佳方式——对技术公司来说，诉讼并非总是最适当或效率最高的争端解决方式，仲裁解决争端同样有效。

技术争议的国际化解决方式

在跨国技术争端解决中，国际仲裁非常有吸引力，但其最大的优势常常被忽略。国际仲裁不仅能提供公正、专业的跨国争议解决程序，而且其裁决在多个国家具有受到国际法保障的可执行力，这是美国或任何国家和地区的司法判决都不具备的。

■ 文／杰西·M.莫利纳　加里·L.本顿
译／王宇茜 *

不到十年前，联合国的一个针对技术和全球化的前沿性研究定义了改变全球竞争的几个主要趋势，其中包括：知识创造和扩散的速度加快；贸易自由化；生产全球化和分工化；集成价值链重要性增加；跨国公司在生产和分配中作用增加；随着培训、交流、交通方面的不断创新提高和基础设施的完善，竞争要素发生变化。

现今，随着亚洲——特别是中国、韩国、新加坡——和其他新兴的发展中地区GDP的显著增长，全球商业发展的成果已得到广泛展现。中国、印度和巴西尽管经历了最近的经济难题，经济总量却仍跻

---
* 王宇茜，中国政法大学民事诉讼法方向硕士研究生。

身世界前十之列。特别是中国自适应外界贸易战略后，经济地位迅速提高，与美国、印度争夺世界经济产量头把交椅。这些国家越来越多地运用、发展、制造和出口技术，贸易的增长也带来了跨境纠纷数量的增加。

国际贸易纠纷的实质性增长、美国法院所受的制约、美国法院判决范围的局限性激发了对具有创新性的国际技术争议解决途径的需求。与外国供货商、买方、合作方和投资方进行诉讼或寻求在外国执行美国法院判决已经成为美国技术公司的日常工作，而二者都并非明智之举。

任何有谈判优势的外国相对方都会坚持拒绝由美国法院对争议进行管辖。许多美国技术公司误认为不会发生争议或外国法院的司法环境和程序与美国法院并无区别，因此不明智地同意了对方此项要求。然而实践中，技术公司却在外国法庭面临着法律、文化和技术上的多重挑战造成的严重负担。除了面临外国法律、程序、语言和其他文化差异外，在外国——特别是一些独裁主义国家或发展中国家进行诉讼的当事人还可能发现外国审判人员缺乏对正当程序的尊重或缺乏针对知识产权案件等涉技术案件的经验。在许多国家，审判受到地方保护主义、偏见或司法腐败影响的情况也并不罕见。

即使在美国法院诉讼后再谋求裁判在外国的执行也不能避免这些法律和文化上的问题。当事人希望能在外国迅速执行美国法院判决，但他们会发现美国法庭的判决并不能合法地在外国得到承认，而且几乎难以得到执行。没有任何国际条约能够保障美国法院裁判在外国得到执行，因此裁判执行与否完全取决于其本国法律，而不同国家的相关法律则大有区别。一般来说，诉讼必须重新进行。

要让美国法院的判决得以执行并非易事，即使外国相对方在美国境内有营业机

杰西·M.莫利纳（Jesse M. Molina）
全球焦点视界有限公司（FocusVision, Worldwide, Inc.）总法律顾问，美国仲裁协会ADR服务中心前主管，领导其美国和国际技术实践小组。
联系方式：jmolina@focusvision.com。

加里·L.本顿（Gary L. Benton）
硅谷仲裁调解中心主席，美国仲裁员，国际仲裁员。Pillsbury Winthrop Shaw Pittman律师事务所及Coudert Brothers律师事务所前合伙人，某网络安全公司前总法律顾问。
联系方式：gary@garybentonarbitration.com。

构或资产也是如此。在美国进行复杂的诉讼成本高昂、过程烦琐、花费时间较长、诉讼效率低下。根据美国知识产权法律协会（AIPLA）的最新调查，在美国，一个典型的专利案件诉讼经济成本为200万~600万美元，取得终审判决需耗时三至五年不等，与外国当事人进行诉讼更将增加实质性支出。而且由于技术行业的全球覆盖性，仅在一个国家进行诉讼往往远远不够。（见链接1：苹果-三星纠纷）

现今，数以千计的技术公司面临着在世界各地法院进行的跨境诉讼。诉讼成本高昂，耗时很长，而且诉讼结果往往令双方都不满意。技术公司越来越多地寻求其他更为有效的争议解决方式。

许多公司将调解和国际仲裁作为一种程序选择。这些替代性争议解决方式已被广泛应用于其他产业领域的跨国争议解决。替代性争议解决方式应用在技术领域有以下三个新特点：

首先，技术公司认识到诉讼成本较大，且对创新有消极影响。相比争议发生后直接诉诸诉讼，这些公司现在试图将争议解决视为商业活动的一环。陷入纠纷时，他们首先进行善意谈判并寻求调解，只有在必要时才引入对抗性程序。

其次，外国公司因其谈判优势和商业头脑，坚持排除通过在美国诉讼的方式解决纠纷，这使技术公司陷入两难。当纠纷无法以谈判或其他和解程序解决时，外国相对方经常坚持要求在其所在地进行诉讼或由其所在地仲裁机构仲裁。美国当事人则可能因这些争议解决方式对外国有偏见而蒙受不利。目前，国际仲裁机构在世界各地提供仲裁服务，一些新兴机构也能够借此公正、中立地解决纠纷。

最后，许多美国技术公司在争议解决程序的选择上取得了更多经验。这些公司意识到美国法庭无法解决世界各地的争议，而且在一些案件中诉讼结果未必令其满意，也未必能够得到执行。这些公司开始运用调解和国际仲裁这些解决国际商事纠纷的利器。

调解和国际仲裁以其及时、高效、灵活和低成本的特点成为技术公司的最优选择。这些程序是解决跨国纠纷的利器。国际仲裁的独特优势在于仲裁裁决能在外国得到执行，但当事人必须审慎选择合适的仲裁程序、仲裁规则和仲裁员，这要求当事人在缔约和争议发生前后对程序选择做出谨慎考虑。

跨国替代性争议解决程序（ADR）的变革

跨国替代性争议解决方式（ADR）正在经历变革。美国的ADR被认为与其称之为"替代性"（alternative）争议解决方式，不如说它是"适当的"（appropriate）争议解决方式。这种名称的变化反映了一种观念，即认为这些争议解决方式与其他方式相互补充，各有利弊。公司高管和法律顾问经常对ADR的潜在优势缺乏考虑，想当然地选择进行诉讼。但适当的争议解决方式能够促使公司充分地考察争议，力求未来采用的解决方式有利于商业成果。更为重要的是，ADR程序提供了一个平台，使技术公司得以将争议作为商事和

> ■ **链接1：苹果-三星纠纷**
>
> 苹果公司和三星公司针对智能手机和平板电脑技术的争议于2011年向法庭提交文书时开始，后发展为在韩国、日本、澳大利亚、英国等9个国家进行的共50个诉讼。双方当事人付出的诉讼成本达数千万美元，世界各地判决结果却多有冲突。涉案技术很快过时，但双方当事人仍在美国地方法院和上诉法院进行诉讼。其中最大的一个诉讼在2015年已经审结，但直到2016年，其他诉讼仍在继续。

法律上的问题进行综合评估（见链接2：国际资源）。

ADR使技术公司得以灵活解决跨国纠纷，而不需再进行高成本的诉讼，也无须再依赖外国法庭。ADR程序中的调解程序是相对容易理解的。调解依靠一位独立的中立方协助当事人达成和解方案。在国际技术公司争议调解中，调解员可能是一位退休法官，更可能是一个精通相关产业或具有国际商事交易经验的国际法律从业者。众所周知，在亚洲和世界许多其他地区，调解或其他调停性手段被认为比刻板的美国诉讼程序更有价值，且有利于建立和维持交易双方关系。

仲裁是兼具效率性、专业性和中立性的纠纷解决方式。对于跨国争议，仲裁使当事人有机会获得双方所选择的一个或数个中立仲裁员的综合裁决。这要求当事人合理选择并谨慎监督仲裁程序，如谨慎地选择适当的仲裁机构，选择具备资质、精通技术的公司法律顾问以及选择具有相关行业经验的仲裁员，仲裁员应当能够与当事人及其公司法律顾问共同合作，契合不同文化当事人的预期、实现程序公正并将成本维持在控制之中。

在跨国技术争端解决中，国际仲裁非常有吸引力，但其最大的优势常常被忽略。国际仲裁不仅能提供公正、专业的跨国争议解决程序，而且其裁决在多个国家具有受到国际法保障的可执行力，这是美国或任何国家和地区的司法判决都不具备的。如后文所述，国际条约保障国际仲裁裁决能够在世界范围内得到执行。

（一）技术公司争议的具体考虑因素

技术公司在合同订立、授权、技术开发、技术售卖和技术分配方面都越来越多地倾向于利用ADR途径解决争议，也越来越多地通过国际仲裁来解决知识产权纠纷案件。

2013年，世界知识产权组织（WIPO）在世界范围内针对技术交易中争议解决问题进行了调查，调查结果来自IT行业、生物科技行业和制药业等多个技术相关产业。当被问及针对争议解决条款进行谈判时的主要考量因素时，71%的问卷结果表示主要考量因素为经济成本，56%表示为时间成本，44%表示为处理结果的质量——包括裁决人的专业程度。调查结果反映出跨国技术公司一直对跨国诉讼高昂的经济成本十分关注，并希望寻求一种更能适应技术领域独特需要的争议解决方式。

尽管跨国技术纠纷的当事人可以从调解和仲裁中获益，但必须承认二者都并非完美的纠纷解决方式。调解和仲裁都要求双方当事人达成合意——即使缔约时尚无合意，也至少应在争议酝酿或出现时达成。ADR程序，尤其是其中的调解程序适合用于争议双方间有既存的商业往来关系或准备建立商业往来关系的争议。相对来说，由非专利实施公司（NPEs，俗称"专利流氓"）提起的专利争议可能较少适用仲裁或调解程序；当诉讼的时间和经济成本只对一方而非双方当事人造成压力时也是如此。仲裁和调解在双方已有商事关系，

■ 链接2：国际资源

【主要国际仲裁机构】

◆ 国际争议解决中心（AAA/ICDR）www.icdr.org/

◆ 国际商会（ICC）www.iccwbo.org/

◆ 伦敦国际仲裁法院（LCIA）www.lcia.org/

◆ 新加坡国际仲裁中心（SIAC）www.siac.org.sg/

◆ 香港国际仲裁中心（HKIAC）www.hkiac.org/

◆ 世界知识产权组织（WIPO）www.wipo.org

【其他资源】

◆ 纽约国际仲裁中心（NYIAC）http://nyiac.org/

◆ 硅谷仲裁调解中心（SVAMC）www.siliconvalleyarbitration.org/

希望通过争议解决达成互利共赢局面或仅是寻求一个公正、中立的平台解决双方争议时尤为有效。因此，技术领域跨国争议中很大一部分适合运用调解或仲裁方式解决。

（二）跨国争议解决

跨国争议之所以如此复杂，一个重要原因是必须在多个国家提起平行诉讼，而这经常导致矛盾判决。而国际仲裁通过一次性仲裁裁决能够解决这一问题。当事人与其在多个对案件有司法管辖权的国家提起多个诉讼，不如通过仲裁协议赋予仲裁庭审理并裁决案件的权力。这消除了跨国争议的不确定性，消除了被迫到不友好国家进行诉讼的可能性，通过法律行为使案件归于一个双方当事人共同选择的中立机构管辖，同时相当程度上节约了诉讼成本。

国际仲裁在裁判结果的强制执行方面也具有优势。由于仲裁权来源于双方当事人的合意，而且仲裁裁决得到国际条约的承认，因此裁决的执行可谓不受地域限制。《关于承认和执行外国仲裁裁决的公约》，亦称《纽约公约》，是裁决执行阶段的重要工具。此公约对153个国家生效，公约要求缔约国承认仲裁协议有效性并强制执行在其他缔约国做出的仲裁裁决。《纽约公约》已经在超过65个国家的1750个法庭裁判中被适用。此外还有数个重要的国际公约保障对国际仲裁裁决的区域性承认与执行。

与此相反，尚无任何生效的双边条约和国际公约涉及美国和其他任何国家间判决的相互承认和执行。美国国务院认为许多国家在承认美国判决的域外效力方面存在敌意。即使当事人取得美国法院的终审胜诉判决，也没有行之有效的途径在美国域外执行该判决。这种情况下，必须在外国法院由外国法官运用外国法律对争议再次进行裁判。因此，国际仲裁裁决相对法院判决具有明显优势：一次仲裁程序即能取得在全球范围内有执行力的裁决。

对仲裁裁决的审查也受到限制，国际公约概括性规定只有对违反正当程序、滥用权利和违反公共政策的仲裁裁决才能进行审查。这规避了外国法院干预的风险，降低了程序成本，并相当程度上减少了裁决执行中的拖延情况。由于对外国裁决的执行不要求法院对仲裁裁决进行实体审查，国际仲裁程序具有高效性。

由于外国执行国际仲裁裁决涉及外国法院的介入，因此仍存有权力滥用的空间。但是，与对发达国家一样，国际仲裁裁决的顺利执行对发展中国家也有着越来越重要的意义。例如在中国，虽然一些地方法院可能被认为存在偏袒中国方当事人的情况，但任何拒绝承认和执行涉外仲裁裁决的案件都必须由最高人民法院进行审查。因此国际仲裁的执行虽并非完全独立于地方法院，但由于仲裁庭的中立地位、对仲裁裁决审查的限制性规定和对强制执行仲裁裁决的控制，通过仲裁解决争议与在国外法院进行诉讼相比具仍有绝对优势。

（三）法院地

国际仲裁的另一优势是可以避免接受对方当事人所在地的司法管辖。由于仲裁受双方合意约束，仲裁地可以被确定在双方合意约定的中立地点。与诉讼不同的是，仲裁地并非必须为一方当事人所在地。因此，双方当事人会倾向于选择对国际仲裁有利的仲裁地，此种仲裁地应签署必要的国际公约，其国内法律保护国际仲裁，司法权充分保障仲裁程序而不对其进行干涉。双方选定仲裁地的做法使得双方当事人免于被迫在一个或数个外国参与诉讼，避免了多国平行诉讼中诉讼成本高昂、有时却毫无实质性收益的缺陷。

（四）司法与仲裁程序管理

国际仲裁与诉讼在争议解决机构的行政管理方面颇具差别。诉讼程序中，开庭时间取决于法院地程序法和法院对于案件的安排；当事人与法院在程序运行方面并无协同合作,在判决上也最多只能实现有限的合作。

与此相反,国际仲裁程序中,由一个民间(或半民间)的仲裁机构为当事人提供行政管理服务。这个由当事人选定的仲裁机构监督管理着仲裁程序的方方面面,如提供仲裁规则、协调会面时间、监管仲裁员的选定、安排开庭日期以及确保及时向当事人送达仲裁裁决等。仲裁机构根据当事人要求对程序进行的设计和控制是仲裁灵活性的体现。民间性的仲裁机构根据当事人意愿提供服务,而诉讼中,当事人则必须服从公权力机关对其案件进行的行政管理。优秀的仲裁机构能够促进程序有效率地运行,同时为当事人节约可观的仲裁成本。

但仲裁机构存在良莠不齐的情况。有些仲裁机构本质上具有国际化性质,有些则在一定法域内运营,甚至受到当地政治压力的影响;有些仲裁机构仲裁程序正式、严格,有些则更具灵活性;有些仲裁机构不鼓励甚至禁止选任不在其名册中的仲裁员,还有许多仲裁机构并不具有专门针对技术领域案件的仲裁程序。

依赖外国法庭来解决争议是许多美国技术公司所犯的大错,但另一些美国技术公司则犯下更大的错误——选择不适合解决跨国技术争议的仲裁机构和仲裁规则进行仲裁。例如,印度仲裁机构案件积压达数千万件,其中许多已经拖延十余年之久。再比如中国现在有数百个仲裁机构存在,但其中只有少部分具备处理国际商事案件、知识产权案件或技术案件的专业能力。一个缺乏经验、缺乏中立性或因其他情况而不够格的仲裁机构,加上缺乏技术知识、缺乏专业训练或存在偏见的仲裁员,仲裁程序可能变成一个卡夫卡式的荒诞噩梦。

但是,世界各地仍有许多合格的仲裁机构,这些仲裁机构能够很好地管理跨国技术争议案件,其适用的法律和提供的仲裁规则都符合当事人的需要。这些机构允许当事人委托本公司法律顾问,自行选择仲裁员并选择适用于技术争议的仲裁规则。其中一些仲裁机构还设有紧急仲裁制度、技术仲裁员名册、仲裁上诉制度等以维护技术公司的具体利益。虽然针对每一个案件而言,并不存在最佳的仲裁机构,但有些仲裁机构却比其他仲裁机构更为合适。

大部分国际商事争议的当事人依靠仲裁机构对仲裁程序进行行政管理,因为这种模式在选择仲裁员、尽快解决案件管理问题方面具有显著优势。但也有所谓"定制化"仲裁模式,这种模式下,仲裁机构对案件不提供或只提供有限的行政管理服务,一些当事人利用这种仲裁服务模式是为了节约仲裁费用——尤其是文书费用和管理费用,当案件当事人认为某些具体案件只需要有限的行政管理服务支持时,也可能选择此种模式。

(五)选定仲裁员

技术公司之所以倾向于通过国际仲裁解决纠纷,一个重要原因是仲裁中可以选择具有经验——尤其是有过涉案技术领域或国际商事法律相关经验的仲裁员。即使在美国,大多数法官仍只是通才,缺乏知识产权或技术领域经验。而由对技术问题缺乏经验的法官来决定复杂的技术问题显然是不可取的。许多法官从未在公司工作过,有国际商事法律和国际商事实务经验的法官更是少之又少。当争议必须交由可能具有文化偏见的外国法官审理时,就更令人忧心了。

不难理解,接受外国司法管辖对任何当事人而言都有风险。解决这种问题的方法之一就是选择曾在技术公司工作、处理过国际商事法律问题并具有文化包容性的有经验的仲裁员来审理具体案件。

另一个妨碍争议在美国得到迅速解决的因素就是陪审员制度。在美国,技术争议的当事人可以选择由陪审员审理案件,但对担任此种案件的陪审员却没有技术经验要求,因此存在陪审团未能根据法律原则性规定做出决定的风险。如在专利案件中，陪审员可能被法律问题的复杂性、证据的多样性和争议的高度技术性冲昏头脑。这种案件中，代理人可能试图利用陪审员的成见，而非专注于技术问题的分析和论证。通过选择具有相关背景的仲裁员则可以避免这一问题。

在国际仲裁中，当事人可选择做出裁决的仲裁员。仲裁员的选定有多种方式，当事人可以选择对具体争议最为合适的方式。在一些案件中，仲裁庭由3名中立仲裁员组成，此时每一方当事人选择一名仲裁员，然后由双方或当事人指定的双方仲裁员共同选择第三名仲裁员。当事人也可在仲裁条款内或从仲裁机构提供的名单中选任仲裁员。简单案件通常由一名仲裁员审理，该仲裁员一般由双方当事人共同选择或由仲裁机构指定。

一些领先的仲裁机构的仲裁规则和许多法域的法律对仲裁员的中立性和披露义务作出了严格的强制性规定，其规定一般比对法官的规定还要严格。在许多国家，司法程序中并不规定法官的披露义务，针对司法程序的约束和制衡也比较有限。尽管仲裁庭不可能保证其裁决结果完全正确，但与诉讼相比，国际仲裁的优势之一在于赋予当事人选择仲裁庭的权利。就此而言，当事人所选择的仲裁庭比根据自己想法行事的法官或缺少国际商事和技术背景的陪审团更能得到令人满意的结果。

国际仲裁的一个相对优势在于当事人有权利选择专家作为裁决人。当事人可以在其仲裁协议中自由约定仲裁员的选择条件或直接指定满足其需求的仲裁员。无可争议的是，具有经验的仲裁员——无论是工程师、产业从业者还是技术领域律师组成的仲裁庭，比大多数陪审员和许多法官更有能力裁决技术领域商事纠纷。当事人选择仲裁员能够使不够格的法官或失控的陪审团做出错误裁判的风险最小化，也增加了当事人对争议解决程序的控制。长远看来，这也节约了成本，因为当事人无须为缺乏相关知识的法官或陪审员做出的错误裁判而浪费诉讼资源。

（六）隐私性和保密性

对一些技术公司而言，国际仲裁的另一优势是其隐私性。在许多国家，诉讼程序要求公开审理案件，这会使当事人担心其商业秘密和技术信息在对抗性庭审和裁判中公之于众。在美国虽然可以申请保护令，但其只能提供有限的隐私保护。

相反，国际仲裁程序原则上不公开。一些仲裁规则规定仲裁程序必须保密，当事人也可以提前达成一致要求仲裁程序保密进行。对于希望保持其技术、客户名单，财务信息及其他专有信息或仲裁程序的私密性的公司而言，这可能是十分可取的。在这种情况下，只有当当事人寻求司法介入（如寻求初步救济或要求执行仲裁裁决）时或有相关披露要求时，仲裁程序才可能被外界获知。

隐私性常常是促使当事人选择仲裁程序的重要驱动力。但也有一些公司出于商业策略的考虑选择诉讼程序，以使案件暴露于社会舆论下。显然，在选择纠纷解决方式时，公开审理与不公开审理的抉择中饱含着政策性考虑。但国际仲裁为当事人在纠纷解决中做出策略性决策提供了可能性。

（七）初步禁令制度和紧急仲裁制度

许多技术争议涉及初步禁令问题，这就使得国际仲裁中有必要规定初步禁令制度。关于初步禁令制度的规定，各国程序法不尽相同。在具体案件中，法院必须考虑各方当事人的陈述、禁令可能带来的损害和后果，以此决定支持或驳回当事人的初步禁令申请。

基于先进的国际仲裁规则，仲裁员们对于在最终决定做出前进行临时救济和初步裁决享有广泛的自由裁量权。这种救济一般不需要司法协助，因此一方当事人拒绝履行仲裁庭命令的情况经常发生，但这种拒绝可能会使仲裁庭对其产生消极印象并体现在最终裁决中。无论如何，仍可以请求具有管辖权的法院协助强制执行。

近年来，初步禁令制度已经被广泛采用，一些仲裁机构已经更进一步开始引入紧急仲裁员制度，即迅速组成仲裁庭对案件做出必要的初步裁决。

（八）证据开示程序

国际仲裁的另一优势是其有限的证据开示。国际仲裁程序尽量将"开示"的信息最小化。与此相反，根据法院地的不同，诉讼中审前阶段需提出的证据范围要广泛得多，为争议解决增加了相当的经济、时间成本。国际仲裁的证据开示程序更为迅速、程序更为高效，可以在技术过时前及时解决法律争议，因此对技术公司颇具吸引力。

在国际仲裁——特别是涉及美国当事人的国际仲裁中，一定程度的文书开示一般是被允许的。文书产生范围和其他证据开示的范围一般取决于当事人、公司法律顾问的意愿和仲裁员对此的态度。这一程序需要衡量商业惯例、效率、隐私性和收集证据的必要性，在此间取得平衡。

近年来，有些仲裁机构倾向于扩大证据开示的范围。尽管这些机构依然秉持对程序效率的追求，但当当事人提出要求时，一些仲裁机构和仲裁员越来越倾向于允许运用笔录证言和其他美国诉讼中传统的证据开示方法。当当事人间不能就此达成合意或仲裁协议中没有相关约定，仲裁员则会在鼓励当事人保障程序效率的同时，考虑当事人的合理期待并做出处理。

（九）专家证人

在许多跨国技术争议中，专家证人是非常重要的。在诉讼中，当事人会为准备专家证人花费相当可观的时间和金钱，并帮助专家证人准备其用于书面报告、庭前笔录和出庭的证言。庭审中专家对陪审团所作的证言是非常丰富的，甚至引发了专家故意模糊焦点、冲昏陪审员头脑的疑虑。法庭虽认可专家证言在损失计算等领域的重要性，但也对专家有意将"难以理解的数字问题"抛向陪审团保持警惕。

在国际仲裁中，专家证人的使用更具灵活性。当事人可以各自选任自己的专家证人，仲裁庭也可以指定一位独立的专家证人。即使在当事人各自选任专家证人时，专家证人的使用也与诉讼中大有不同，因为专家证人的"观众"变成了仲裁员。在仲裁庭指定一名专家时，庭审中没有了数名专家的对抗，只有一名专家做出理论上更为客观的报告。一些案件中，仲裁员允许对立的专家同时作证，促成专家对关键问题达成一致意见。在仲裁案件中，由于仲裁庭与法官或陪审员相比更具有相关知识背景，专家证言普遍更集中、高效。

（十）庭审程序

与诉讼相比，国际仲裁的庭审在正式性和程序运行方面大有区别。诉讼中，庭审程序受到程序法和证据法的严格规定。相反，国际仲裁中当事人可以合意生成适合具体案件的庭审程序。这大幅提高了审理速度，并为当事人节约了可观的时间、经济成本。

仲裁中的庭审程序与诉讼中很相似。二者都包括开场陈述、举证质证和总结陈词。在国际仲裁中，对证人的直接询问一般以书面证言的形式进行，这有利于提高直接询问阶段效率，并使代理人和仲裁庭能够集中于对争议焦点的交叉询问。

当来自不同法系的当事人、法律顾问或仲裁员参与仲裁程序时，国际仲裁程序允许在不同法系间平衡折中。当双方当事人分别来自英美法系和大陆法系时，庭审程序可能吸纳两大法系的诉讼程序。例如，英美法系诉讼程序具有对抗性强、代理人地位重要、遵循先例的特点；而大陆法系采用纠问式诉讼程序、具有成文法传统。当案件有英美法系当事人，仲裁庭倾向于允许采用证据开示程序、审前动议制度和较完善的交叉询问制度；当案件当事人都来自大陆法系时，这些制度则不太可能被采用，而主要通过审查书证认定案件事实。

国际仲裁的优势在于其允许代理人和仲裁员根据当事人的合理期待创造合适的仲裁程序。

（十一）上诉审查

传统上，国际仲裁不设上诉审查程序。相反，诉讼中几乎所有国家都赋予当事人在不服原判决时向特别法院或有管辖权的上诉法院上诉的权利。上诉程序纠正错误裁判的功能是颇具价值的，但不可否认其也增加了诉讼程序的时间成本、经济成本和诉讼结果的不确定性。

国际仲裁是由当事人选择的仲裁员迅速高效解决争议的程序，因此对仲裁裁决一般不得上诉。同时，由于仲裁庭由多名专家组成并合议做出仲裁裁决，因此在设计上提高了仲裁裁决的正确性。这种仲裁庭的结构设计提供了一种"内置"纠错机制。依赖法院对仲裁裁决进行上诉审查则违背了仲裁程序中立解决纠纷的题中之意。

尽管存在以上仲裁程序的内在纠错机制等考量，但某种合理的上诉审查机制对于做出正确裁决而言是必要的，而且仲裁程序因追求效率而放弃上诉性审查确实有其缺陷。尽管效率性和一裁终局性仍被认为是仲裁程序的优势，一些仲裁机构已经采纳了上诉审查程序。如美国仲裁协会国际争议解决中心（AAA/ICDR）就允许当事人选择由一个仲裁庭根据上诉仲裁规则进行上诉审查。

因此，目前根据特定的国际仲裁规则，当事人可以要求对仲裁裁决进行上诉审查。根据这些仲裁规则，由当事人合意选定的退休法官或上诉审查专家进行审查。这种新的上诉程序与司法程序中的上诉程序相比很有优势，因为上诉审查专家能够由当事人自行选定。

（十二）费用与速度

许多公司法律顾问想必都想要问：国际仲裁的费用与诉讼相比如何？毫无疑问，通过调解在争议前期将其解决能够节省可观的成本，与诉讼相比，国际仲裁成本也更低。比较复杂的是，仲裁程序灵活性强，因此仲裁的费用也因当事人和仲裁庭采用的具体仲裁程序而异。

近期有研究试图计算出一名当事人通过选择仲裁解决纠纷所能节约成本的具体数值。例如，最近美国知识产权法律协会（AIPLA）的一项调查显示仲裁一件争议耗费的成本为诉讼解决此争议的52.6%。世界知识产权组织（WIPO）的一个类似的调查显示仲裁相比诉讼节约了60%的时间成本和55%的经济成本。

这些金钱和时间成本上的节约使得科技公司能够在涉案技术过时前高效地解决争议，因此对技术公司尤为重要（见链接3：十条关键提示）。

■ 链接3：十条关键提示

❶ 把ADR作为商业活动的一部分，不要争议产生后才考虑。

❷ 利用适合可能发生的争议的ADR条款。

❸ 确保所选择的仲裁地有利于仲裁，并具有符合需要的程序法。

❹ 确保仲裁协议中指明了需要适用的实体法或就实体法适用达成合意；仲裁适用的实体法并不必须为仲裁地法。

❺ 不要将仲裁程序复杂化：能够保证保密性的标准化仲裁规则可能已足以满足需要。

❻ 考虑由3名仲裁员组成仲裁庭或上诉仲裁庭，为正确裁决增加一重保障。

❼ ADR机构多种多样：即使顶级机构之间也存在规则、监督等区别，仲裁员或调解人在国际性、法律、技术领域的专长也不尽相同，这些都可能影响程序的效率和成本。

❽ 选择合适的仲裁员或调解人：考虑选择具有国际ADR专家地位、通晓技术法律、具有相关技术领域经验、了解相关技术领域运作方式的仲裁员或调解人。

❾ 利用网络资源选择合适的仲裁员或调解人；如果案件较大，对可能的候选人进行面试。

❿ 理性对待仲裁机构提供的灵活程序：从初步听证开始监督仲裁程序运行，确保程序经济、高效。

结论

国际调解和国际仲裁为高效解决国际技术纠纷带来了巨大机遇。国际调解使得当事人能够维持和发展其商业合作关系，这是诉讼程序难以做到的。

国际仲裁作为一种争议解决方式，其作用范围是诉讼难以企及的。国际仲裁的许多独特和现实的优势使其成为比诉讼更有吸引力的纠纷解决工具。仲裁成本、效率、专业性、中立性和世界范围的可执行性使其格外具有吸引力。初步禁令制度、广泛的证据开示制度和上诉审查制度也使其能够吸引更多当事人。

仲裁裁决在外国的可执行性使国际仲裁成为当事人的唯一选择。国际公约使得仲裁裁决在外国具有司法判决所没有的可执行力。另外国际仲裁可以一次性解决涉及多国当事人的争议，并做出可供在世界范围内执行的仲裁裁决。

（本文版权由全球企业法律顾问协会提供）

施耐德如何对"傍名牌"釜底抽薪

> 得益于过去几年与执法和司法机关的配合，施耐德电气打击假冒侵权行为的效果开始凸显，最大限度减少了本身作为知名企业被"傍名牌"的现象。

■ 文 / 彭飞 *

在中国外商投资企业中，施耐德电气在对知识产权保护方面所下力度位于前列。

去年，由中国外商投资企业协会优质品牌保护委员会（以下简称品保委）主办的"2014~2015年度知识产权保护最佳案例和特殊贡献奖"评选活动中，施耐德电气共有4起侵犯注册商标专用权案例获奖，是逾200家品保委会员企业中唯一获此殊荣的外资企业。

2016年5月12日，在品保委举办的"2015~2016年度知识产权保护十佳案例发布会"上，施耐德电气凭借在广东深圳杨建涛假冒"APC"注册商标案、深圳市施耐德宝光科技有限公司等侵犯注册商标专用权系列案、温州陶氏侵犯注册商标专用权纠纷案中与执法、司法机关的积极协作再次斩获此殊荣。

其中，"深圳市施耐德宝光科技有限公司等侵犯注册商标专用权系列案"更是荣列非刑事案件第一名，是逾200家品保委会员单位中唯一获此殊荣的外资企业。

5月12日下午，在评选活动结束后的施耐德电气记者交流会上，施耐德电气副总裁兼大中华区法律总顾问周宇、深圳市企业注册局赖丽英科长等嘉宾应邀出席，回应了"深圳市施耐德宝光科技有限公司等侵犯注册商标专用权系列案"获奖背后，企业方如何协同执法机关、运用创新方式打击企业名称登记过程中的假冒侵权行为，保护客户和消费者的合法权益以及企业生产经营的有序进行。

施耐德电气主动投诉

2015年6月，施耐德电气对50家在深圳地区注册、企业名称中含有"施耐德"字样且与施耐德电气经营范围相同或类似的侵权企业向深圳市企业注册局递交了投诉函，请求深圳市企业注册局依法对相关企业进行调查、处理。

施耐德电气提供了大量证据材料，包括"施耐德"商标被认定为驰名商标以及各类使用证据，以证明注册商标"施耐德"以及施耐德电气公司的知名度。

深圳市企业注册局收到申请人的投诉

---

* 彭飞，《法人》杂志记者。

函后，依法及时查证了50个被申请人的企业名称登记注册情况，并依法及时启动企业名称争议调查处理程序，通报了一批被吊销或已注销的侵权企业名称；对无法联系的12家企业，依法载入经营异常名录并加注特殊标注，敦促企业主动接受名称争议调查处理；通过调解，引导9家企业更名；对2家企业启动责令整改程序。

同时，该局根据施耐德电气公司提交的证据材料，确认"施耐德"商标已处于驰名商标状态，纳入企业名称自主申报系统的驰著名商标保护范畴。

深圳市企业注册局赖丽英科长表示，商标权和名称权发生冲突的原因，其一，法律法规相对滞后。"因为企业名称管理规定和相关的实施办法是20世纪90年代出台的，在这个过程中法律虽然有所修订，但是没有大的改动。其二，商标法和企业名称管理规定是受不同的法律体系来调整的，立法和管理机关不同，导致了商标权和名称权的冲突不断产生，处理起来的时候也很困难。"

这两个背景下，深圳市企业注册局从2015年7月1日起开始实行企业名称自主申报登记的改革，这是中国国家工商总局授权的一项改革，是对现行的规定做的一个探索，主要宗旨简单来说就是企业名称自主申报，自行承担相应的民事法律责任。除了法律法规禁止或者限制的，企业都可以自主申报企业名称。

"前端尽可能的放宽，但是不能触犯底线，这就要求后续的监管一定要加强，名称在使用过程中如果出现了不正当竞争的行为，一定要有有力的措施去纠正。"赖丽英科长说道。

执法机关积极探索创新

在这个案件里，深圳市企业注册局做了一些法制上的探索和创新。

对施耐德电气提交的50份名单，深圳市企业注册局在处理过程中，首先综合运用了行政调解的方式，灵活处理企业的竞争行为，先行调解，如果不同意，深圳市企业注册局会根据双方的材料做一个行政裁决。

对能联系上的企业及时发送通知，并要求其对涉嫌的侵权行为进行答辩，事后进行跟进、协调，督促企业及时更改其侵权名称。

对于无法联系上的被申请人企业，将其载入经营异常名录。同时，深圳市企业注册局对12家企业在登记系统内加注特殊标注，暂时限制其办理除名称变更以外的其他登记事项。

深圳市企业注册局的上述做法是有效处置僵尸企业的有益尝试，有利于促使涉案企业尽快参加法律争议解决程序，并对其违法行为进行适度限制。

对两个被申请人已启动责令整改程序，责令改正通知书已发送，如拒不改正将按照《深圳经济特区商事登记若干规定》第33条处理，即永久载入经营异常目录，不得恢复记载于商事登记簿，以注册号代替名称。目前，这一做法已被推广到整个广东省，也在国务院法制办发布的《反不正当竞争法》征求意见稿中得到了体现。

深圳市企业注册局根据权利人提供的相关证据材料，依法将"施耐德"字样纳入企业名称自主申报系统的驰著名商标保护范畴，要求其他主体需取得商标所有人授权方可申报。这一做法从根本上杜绝了新的侵权企业名称再次进入深圳市企业名称名录的可能性，极大保护了权利人的合法权益，也避免了行政执法资源的浪费。

在本次十佳案例的参评活动中，深圳市企业注册局在总结时表示，深圳市企业注册局通过清理存量和制止增量两方面的保护工作，有力地打击了企业名称登记工作中的"傍名牌"行为，为商事登记制度改革后有效加强事前防范和事后监管提供了可行路径。

知识产权保护的合作战略

作为全球能效管理和自动化领域的领

军企业，施耐德电气在知识产权保护方面的不俗表现首先离不开其自身长期持续不断的人力、财力、物力的投入。

"过去一年施耐德电气市场部也投入了很大力量进行宣传和推广。而且施耐德电气作为驰名商标，对施耐德跨类保护打击傍品牌有非常大的助力。"施耐德电气副总裁兼大中华区法律总顾问周宇表示，施耐德电气的主英文商标"Schneider Electric"在三年前被国家工商总局商标局认定为驰名商标，这个在外商投资企业里是不多见的。

此外，在打击"傍名牌"方面，施耐德电气与深圳市企业注册局设立了合作试点，对施耐德电气打击影子公司的帮助非常大。

六七年前，与"施耐德"有关的影子公司有数百家。三四年前，施耐德开始打击香港影子公司。施耐德采取大陆和香港两边互通合作、共同结合的战略，每年打掉约一百家，而且是持续性的打击和投入。经过三四年的努力，现在已经非常少了。

"打击过程中，有的侵权人声称是香港某公司授权的，我们会拿出香港公司注册处或者香港高院的判例，指出其在香港不存在、已经被撤销了。"周宇说道。

得益于过去的几年中，施耐德电气积极不断与执法和司法机关的配合，加大对假冒侵权行为的打击力度，如今效果开始凸显，最大限度减少了本身作为知名企业被"傍名牌"的现象。

周宇透露，"除了每年好几百起的专利申请，施耐德电气每年出面打击处理的知识产权侵权案件也有几百件"。这在外商投资企业里比较突出的，也是比较少有的。

在温州中院郑晔庭长看来，任何一件知识产权案件都离不开权益人对自己权益的重视和保护。知识产权保护不仅仅对权益人来说有重要意义，对普通消费者来说也能够起到很好的引导和保护作用，更深层次来说，对国家创新软实力的提升也有重要意义。

知识产权保护的闭环化布局

知识产权布局,需要更高地着眼于企业经营方向和路线的选择,甚至涉及企业组织文化、资源配置的全方位、深层次布局。

■ 文 / 刘来平

"创新"是一个企业的活力、生命力和竞争力的体现,也是一个国家和企业发展的永恒主题。

中国经济的增长模式多年来较多依赖于投资驱动,巨大的资源投入和消耗虽然带来高速经济增长,但低价值含量的重复作业以及山寨技术的无序竞争,也造成了资源浪费和环境污染。

虽然当前我国GDP总量位居世界第二,但主要产业仍处于全球价值链的中低端,高端产品和重要零部件80%需要进口,付出的成本、资源与获得的利润不成正比。虽然数据表明国内各领域已逐步重视先进技术的专利保护,但发达国家仍占领大部分核心专利技术。

知识产权布局,需要更高地着眼于企业经营方向和路线的选择,甚至涉及企业组织文化、资源配置的全方位、深层次布局,不仅关乎一个企业发展的现在,也关乎一个企业未来的发展,因此,国际顶尖企业之间的竞争,不仅是技术力量的竞争,也是商业模式竞争,其中尤为重要的就是知识产权布局的竞争。

刘来平

深圳迈瑞生物医疗电子股份有限公司副总裁兼中国区法律部总经理,兼任冠豪高新独立董事,法学博士。曾任职深圳市龙岗区人民法院,历任书记员、代理审判员、审判员、执行庭副庭长;任职深圳市中级人民法院,历任代理审判员、审判员、执行一处副处长、执行二处副处长、民事审判庭庭长;第十届、第十一届全国人大代表。

保护与促进并重

苹果绝对没有想到，唯冠一个小小的商标在若干年后让它付出 6000 万美元的代价。加多宝和王老吉商标之争，也让双方都付出了极大的代价。一个馒头引发的血案在现实中活生生地上映。

我所在的深圳迈瑞生物医疗电子股份有限公司（以下简称迈瑞）是中国最大的医疗器械制造商，25 年来持续坚持创新，每年的研发投入超过 1 亿美元，目前拥有 8 大研发中心，分布在全球各地，有近 30% 的员工从事各种与临床应用相关的产品研究，专业研发人员近 2000 人。

国际性的研发，让迈瑞吸纳前沿科技，快速转化研发成果，目前全球专利申请量达 2300 余项，其中近 15% 为美国发明专利。年均产出专利约 200 件，50% 以上是发明，授权率超过 90%，每 8 个工程师产出 1 份专利。

多年的从业经验告诉我，从策略上讲，知识产权布局应当保护与促进并重。忽视知识产权作为财产权使用中的增值，是不能持久的，知识产权也不可能有效地发展。

知识产权布局要走上"创新—收益—再创新"的良性循环。避免重形式，就是以知识产权数量、储备、奖励等形式上的指标量化知识产权布局效果。

"Begin with the end in mind"出自史蒂芬·柯维美国著名的管理学大师语录，意为"以始为终"。

通过实际的知识产权保护工作效果来检验知识产权布局是否成功，并不断通过知识产权保护工作的经验指导布局的工作，形成一个非常有效的反馈机制，这对提升知识产权人员的相关经验和技能、知识产权布局工作的质量、公司从管理层到执行层相关人员的知识产权意识都有重大的意义。

实践中，我们可以通过四个方面将知识产权布局和保护形成闭环：

从公司经营战略和市场拓展空间角度，确定知识产权申请权利保护的国家和地区；从知识产权的技术组合形态出发，妥善确定权利的外延和内涵，可以实现申请布局；从知识产权的权利组合形态出发，可以实现保护布局；从知识产权的资产组合形态出发，可以实现应用布局。

从布局申请开始

知识产权的申请布局是通过公司短期和长期经营策略的安排角度考虑，将知识产权保护理念与企业的名称、产品的品牌、经营的模式以及产品开发过程，尤其是产品规划过程相结合的布局策划，是其他一切布局的根本。其内涵是指对企业某一重要产品或技术项目应在何时、何地、就何领域（或何技术主题）、如何布置专利申请。

医疗器械行业中有两个重要例子可以借鉴：一是某美国公司在超声刀中美专利布局中，因区域布局失误而给中国市场的许多医疗器械公司留下生存机会；二是著名医疗器械公司 Maquet 通过专利收购来完善专利布局，达到了事半功倍的效果。

它包括两个基础，一个基础是原始创新，着重对企业的名称、品牌进行注册保护，对于技术开发，基于原始创新能力提高企业知识产权储备，通过多种方式激励企业技术人员的持续创新能力。特别是重视专利技术信息的收集、分析与利用——据世界知识产权组织估算，如果能够有效利用专利信息，可使企业平均缩短技术研发周期 60%，节约科研经费 40%。

另一个基础是竞争状况，通过运用专利地图对竞争状况进行分析，主要包括：运用专利数据分析竞争对手的技术和市场地位、技术发展过程、权利要求布局等。结合竞争对手的专利分布情况进行专利的创造布局活动尤为重要，如改进设计，针对竞争对手已申请专利的不足和漏洞进行改进，优化技术方案和效果，为将来达成交叉许可创造条件。

要进行申请布局，首先要了解什么是"好"的专利。以"好"专利作为申请布局的基础和导向。

侵权预警是基础

要实现知识产权的保护布局，基础是要做好侵权预警。侵权预警机制的建立以专利检索、调查整理、分析判断为基础，一方面对可能发生的风险提前警告，另一方面对即将发生的争端做出迅速反应，进而维护企业利益和最大限度地减少损失。

在侵权预警工作中，也需要注意两点：首先是相关分析需要由法务部门、知识产权管理部门、研发部门、市场部门共同进行，一方面可由法务部门和知识产权管理部门主动发现并反馈给公司决策层，另一方面可对法务和知识产权部门根据销售部门的反馈进行分析，看是否存在专利上的影响，并将结论反馈给决策层。

其次应建立和形成不断积累的专利侵权分析数据库，以避免重复劳动。

这其中就涉及对侵权的判断和确定风险等级的方法问题。

侵权判断是将研究对象与现有专利权利要求进行比较，主要依据"全面覆盖原则"和"等同原则"来判定，并以此划分高中低风险等级。

而确定风险等级的方法就是组合保护。知识产权保护是一个综合机制，与技术、市场、法律法规等多种因素密切相关，因此保护策略首先是一个经营问题而不是司法救济问题，尤其是在发达国家，由于通过司法途径反侵权或抗辩的代价过大，一旦进入诉讼将要付出巨大成本。

以时机这一因素为例，如果技术在同行业中超前或领先，一般要等应用研究大体成熟后再提出专利申请，防止他人搭便车改进；对于竞争对手多、市场需求量大、容易被模仿的技术，则应尽快申请专利。

专利与商业秘密的组合保护

企业申请专利的目的应是使竞争对手不易进入市场，但专利文献的公开会提高竞争对手的技术水平；商业秘密可节省费用，竞争对手无法获知，但一旦获知并申请专利反而造成被动。

因此要将二者优势互补，我们可以根据核心与否区分：可就符合专利条件的技术内容申请专利，但对其中关键、核心的部分作为技术秘密，比如迈瑞的一项监护产品中申请了几十项专利，但最核心的心电算法则作为技术秘密保护。反之，也可把相对独立的部分或配件申请专利，但保留整体方案作为技术秘密，他人要生产完成的产品需要获得专利权人许可。

也可以根据易发现程度区分：有时技术简单的产品也能领先市场，但比较容易被他人仿制，通过专利权保护更加重要。比如迈瑞在超声产品上申请的"便携式超声诊断仪""用于超声诊断设备的体位图操作方法和系统"等专利，已经通过诉讼或其他方式获得检验。

而从法律环境来区分：例如，不易发现的算法专利，由于举证困难，在国内很难维权，所以一般用商业秘密保护；如果非常重要，可以考虑将其中的一部分内容在美国申请专利，因为美国的 discover 程序，能够帮助原告解决举证的问题。不同的知识产权也可以根据不同情况采取刑事或者民事组合维权保护。

知识产权纠纷解决策略

从维权时机来看，需要在诉讼时效的基础上，同时考虑市场情况。例如，自身拥有强大的制造和销售实力时，与对方实力悬殊，应及时维权；若自身产能有限，可以考虑专利许可，可等到侵权人已经大举投入生产并建立一定的销售渠道后再起诉。

对于起诉地点的选择，国际专利侵权诉讼中需要考虑侵权行为发生地的专利权状态以及当地法院对类似案件的处理态度和标准，即使国内的法院，也会存在不同的标准。一般而言，北上广深等地方法院，判决赔偿额相对较高。

在被告的选择问题上，对国际诉讼的反击中，可考虑将国内销售商或许诺销售商作为共同被告，迫使国外的诉讼对手在国内法院进行诉讼。

有时也需要面对民事保护与刑事保护的选择问题。在证据充分、构成犯罪的情况下，一般可选择刑事程序来维权，后续可再通过民事程序或和解以进一步解决，效果比一般单独提起民事诉讼更好。当然，对于某些侵权事实证据具备，但侵权数额证据难以获得的，可考虑民事诉讼的酌情裁量，节省时间和资源。

众所周知，知识产权在中国保护最主要的困难就是取证难，这也是中国企业在民事与刑事保护中的"痛点"所在：第一，证明对方侵权的证据收集难；第二，证明受害的损失金额难。往往企业已经发现了侵权，但是因为无法到对方的生产经营地取证，无法获取足够证据，只能等到侵权产品在市场上发售才能维权，这也是荒谬的，对于创新保护是极为不利的；第三，审限太长。

对于行政保护与司法保护，我国知识产权保护的重要特色即是可以司法和行政保护相结合。深圳市目前在行政保护方面力度加强，且效率大大提高，最快可以在立案后第2天即启动行政查处，为保护知识产权起到了积极作用。

在充分掌握了策略与理论的基础上，实现知识产权的应用布局主要是通过组合化的运营使知识产权资本化，通过知识产权资产运用增加企业对外部资源的调动能力，形成杠杆，提高企业竞争力。最基础的方式是通过知识产权许可获得收益。

另外，专利联盟是应用布局的重要方式，一方面可以"抱团取暖"，另一方面其对消除技术壁垒具有重要作用。

2014年，我所在的迈瑞全球销售额近百亿元，纳税约10亿元。公司在江苏南京江宁区累计投资逾20亿元，全国投资过百亿元。当然，年销售额接近百亿的企业，能够成为国内的领军企业，不仅说明这个行业我们与国际巨头有很大的差距，也说明我们还有很大的发展空间。比如，与世界上最大的医疗器械公司强生和GE相比，我们还有很大差距，他们的年销售额达到200亿美元左右，是我们的几十倍。

我们相信，随着迈瑞持续不断的技术创新，随着国家对知识产权的重视和整个社会创新氛围的渐浓，迈瑞将会逐步成长成为医疗器械领域从中国制造到中国创造的民族骄傲。我们相信随着国家知识产权法律的完善，中国企业创新的势头会越来越好。

（本文根据刘来平在第五届中国公司法务年会华南会场上的发言整理而成）

美国专利保护布局实践

专利布局不是简单申请尽可能多的专利，而是申请的专利能够为公司带来看得见的价值。在这方面，美国专利保护的策略和经验值得中国企业尤其是走出去的企业借鉴。

王宁玲

美国飞翰律师事务所驻上海代表处合伙人。业务涉及专利申办、出具法律意见、尽职调查、客户咨询、许可及专利诉讼等。她曾在中国人民大学法学院教授关于美国知识产权法的课程，在上海交通大学凯原 法学院讲授美国知识产权法并主持专利模拟法庭。她还担任中国科学技术大学法律课程项目教授。

■ 文 / 王宁玲

专利所保护的发明是一个地区经济长期发展的主要驱动器。

自2008年从美国总部来到中国之后，我与我们的团队就一直在帮助中国企业做在美国的专利保护和维权。八年来，中国企业的快速发展是有目共睹的，其在创新方面、知识产权的保护和维权方面也都发生了很大的变化，我也非常高兴地看到中国企业有这样好的成就。

美国总统林肯在1857年就说过：专利系统为天才之火浇上利益之油，发现和生产出新的有用的东西。

这样的理念，早在1857年的美国就提出来了，我们也希望看到中国公司能够用这样的理念来布局专利方面的工作。

为什么在美国专利很重要？特别是对于一个要去美国做贸易和投资的公司来说。主要是因为美国已经形成一个注重专利的市场和环境，而且专利确实能够为公司带来看得见的价值。

因此，美国专利保护的策略与经验仍有很多方面值得借鉴。

专利布局的重要环节

公司对在美国的专利首先是可以进行防御性使用的，即积累专利，这方面很多中国公司运用得比较多。

积累专利的主要目的之一就是，我有这个专利，别人打我的时候，我好有防御的手段。

第二个方式是进攻使用。越来越多的中国企业开始利用美国的法律系统，是因为在取证方面对企业有优势。例如，深圳公司DJI最近在美国主动对其竞争对手发起了在联邦地区法院的专利诉讼。

另一个策略就是专利许可。华为和苹果两家公司专利的交叉许可，就是令人欣喜的消息，我看到这个消息时正在去开国际许可证工作者年会的路上。我看到之后想到三点想跟大家分享。

第一点，苹果最看重的一定是华为的技术，技术的创新当然是最核心的；第二点，苹果认为华为的专利质量是有保障的，是高质量的；第三点，华为公司和苹果两家公司在这其中的沟通非常重要。

对于一个法务人员，在公司内部最重要的能力就是沟通能力。如何跟你的竞争对手，跟你的同事沟通，能够达成这样的一个交叉许可，对于中国企业来讲，对于大家来讲都是值得自豪的事情。

此外需要注意的环节是出售与合作。中国企业大多数现在是在买进一些技术，也有一些中国的公司在跟大的公司合作。据我了解，专利合作体现得最多的是医疗领域，特别是制药领域，这类案例特别多。

利用专利吸引投资也是不容忽视的。在此前协助北京一家较小的抗癌药生产企业时，我们负责申请他们的第一批专利，在提交PCT申请之后，对检索报告又做了评估，认为即使针对这些检索出来的现有技术，他们的发明未来可以授权的可能性非常高，特别是在美国。之后，这家公司确获得了非常大的一笔投资，这样的机会对于小型公司是非常重要的。

最后一点就是政府奖励，对于中国企业来讲，尤其应该利用这些机会。因为对推进创新，推进知识产权保护，世界上没有一个政府会像中国政府做得这样好，这是个不能轻易错过的机会。

专利诉讼中风险预防

数据显示，在美国的专利诉讼是一个技术性很强的领域。在诉讼方面，像消费品、生物技术、制药、工艺制造，都是发生专利诉讼较多的产业。也有汽车、化学等传统行业企业的专利诉讼在美国发生。

那么在美国的这些专利诉讼中，最大的风险是什么？就是一旦被告，你可能面临的最终赔偿费用是非常高的。

仅在2016年4月，就有四起起诉中国公司的ITC 377调查，一起是20多家钢铁企业为被告，还有生产滑板车的公司，医疗器械公司，最近的是在广东省的一家化学公司。

这正好说明了中国公司已经做得越来越好了。当中国公司做得不好的时候，没人会理，只有中国公司足够优秀才会有这样的诉讼接踵而来。

同时，我们也看到现在越来越多的中国公司在面对专利诉讼时，采取的并不是放弃美国市场的旧策略，而是开始积极应诉。

2015年，在我所参与的涉及一家北京农药企业的专利诉讼案件中，在ITC 377调查的每个阶段这家企业都积极应诉，最终打赢了官司。

如果企业考虑要进入美国市场，就需要考虑被提起诉讼之后的风险，不仅诉讼成本高，损害赔偿金较高，而且可能会就此失去美国市场。

在这种情况下，很多企业就会问自己一个问题：我如何能够花合理的费用来帮助自身获得最有效的专利组合？

第一步就是确定有效的专利组合，有效的专利组合一定是跟公司的商业目标紧密结合在一起。公司规模大的时候就会有更大的目标。

第二步就是对合理费用的调控。对中国公司来说，就要在最开始的时候，注意如何掌控预算，如何在有限的预算范围内把事情做好。客户需要清楚，这其中很重要的一点就是，在有一定量的积累基础之上，还需要注重质量，要不然这些创新成果就会很容易被浪费掉。

专利布局的实践

谈到专利布局的实践问题，首先是申请前要进行的分析，对公司内部的创新产品技术，对竞争对手的知识产权，对竞争对手的产品技术进行分析，这样才能有的放矢地进行专利撰写和布局。同时要进行战略性申请及构建组合。

在这一过程中，需要注意的一个问题是如何写好专利申请文件，写好每一份专利都是非常重要的，其中的权利要求都是为今后的维权服务。

在美国，有一些加速程序也非常重要，特别是对技术换代快的行业，例如通信行业。

企业也要考虑全球申请策略，在哪些国家申请，什么时间申请，这都是要问的问题。

对于战略性的专利采购，很多中国公司在这方面都已经有动作，这对企业来讲也是一个可以考虑的在短时间内增加专利储蓄的方法。

在做专利布局的时候，公司内部需要评估在每个技术领域，每个产品线上大概是什么状态，公司有多少专利，专利强度是什么程度。

有的公司，从数量角度来讲，专利是最多的，但是在其专利强度上比较薄弱，它的强有力的专利其实很少。相反的情况就是公司有更多强有力的专利。

通过这样的分析能够让你了解竞争对手的状况，同时也可以用类似的方式分析公司内部的专利，看一下公司哪些专利是强有力的，未来可以用它许可或做防御。

同时专利撰写的时候一定要注意，很多中国企业的权利要求的撰写更多的是保护公司的特别具体的产品，范围很窄，建议大家撰写某些权利要求的时候，以侵权为着眼点，进而使得其范围基于潜在侵权人，对他的侵权活动和最大价值进行分析。

中国公司要有强有力的有效保护，同时要进行有策略的系统保护。尤其是不要忘记风险规避，一定要想到在产品设计之时，最好是立项时就进行自由运作检索、分析和法律意见。

不同的行业也有不同的特点。比如，医药企业一定要考虑到专利保护和监管审批程序要挂钩，特别是在美国，因为美国有专利链接制度。

今天所做的关于专利的申请、布局、准备，都是为了未来能够把专利真正用起来，进行许可或诉讼。

（本文根据王宁玲在第五届中国公司法务年会华南会场上的发言整理而成）

知识产权战略布局的实施新特点

目前，知识产权问题会与其他问题结合出现，所以不能用简单单一的方式解决问题，这也就要求我们通过有效的结合方式去处理问题。

赵杰
比亚迪股份有限公司高级经理、知识产权及法务处党支部书记，中国专利保护协会理事会副会长。

■ 文 / 赵杰

国家有国家的战略、企业有企业的发展战略。战略的原意是战争谋略，是一种从全局考虑谋划以实现全局目标的规划，是一种长期的规划，是远大目标。因此规划战略、制定战略、实现战略目标的时间是比较长的。

我所在的公司也在沿着自己的战略规划前进。比亚迪公司，1995年成立，2016年在全球新能源车的销量排行中，比亚迪排名全球第一。从涉足二次电池开始拓展到IT产业，后进入汽车行业并进行新能源汽车的研发生产和销售。公司拥有三大绿色梦想：太阳能（发电）、储能电站（储电）、电动车（用电）。公司目前拥有三大产业：IT产业（世界最具影响力的EMS和ODM供应商）、汽车产业（最具创新力的民族自主品牌、新能源汽车领导品牌）、新能源产业（新能源行业技术先锋）。我们的目标：打造低碳生态城市、技术创享绿色生活！

在此，我想就创新发展中的知识产权保护和布局，谈三个方面的问题。

首先是企业知识产权战略规划和制定的问题，其次是企业知识产权战略制定之后的实施保障的问题，最后是企业知识产权工作的一些新的特点。

知识产权战略规划和制定

企业知识产权战略，就是在企业创新发展中，对知识产权问题进行的未来5年或10年后要获得的目标的规划。

在制定战略规划时，首先要适应公司总体战略和发展需求。公司不同发展阶段有不同的战略目标，规划、制定、实施知识产权战略目标不能偏离实现公司总体目标这一大方向。

尤其是中小企业在发展知识产权的时候，首先要做的都是一个原始积累，做到一定程度就是质量控制，再到后来会转向应用运用后期的这些控制，来实现知识产权最终的经济的价值。

其次，目标的设定要适应行业商业特点和竞争特点。不同行业其商业特点及竞争特点明显不同，在制定企业知识产权战略布局规划时要充分考虑该因素。比如通信电子行业企业的知识产权战略与汽车行业企业的就明显不同。

当然，也要适应国家法律法规和国际游戏规则。企业制定的知识产权战略布局规划不能是国家法律法规不保护的或者违背法律法规规定的。同时只有适应国际游戏规则才能有助于战略规划的实施并取得成效。

战略实施的保障

谈到战略实施保障，第一个要提的就是资金保障。我们总说企业要不断创新才能持续发展，对于高新技术产品型企业来说，技术创新是维持企业长治久安的重要因素，研发和技术投入是基础。这里既包括企业自身技术创新和研发的资金投入，也包括收购、买入、委外研发等方式的资金投入。

在此基础上也要考虑制度保障。实施企业制定的知识产权战略和布局，不是知识产权和法务团队自己努力就能实现的，需要自上而下的全公司各级领导和部门同事共同努力才能实现，为此要有合适的制度来规范各个角色的义务。

此外，还有人才保障和平台保障。企业对人才尤其是综合性人才的需求越来越大，对员工的要求也越来越高。企业需要的知识产权人才不仅是业务娴熟的专业人士，如律师、代理人，最好还是语言专家、管理精英、商业人士。

同时，企业应有众多举措来实施自我知识产权战略，这需要平台保障和工具支持。比如做预警分析，需要公司有一个强大的分析软件，通过有效分析达到预警目标。

当然，这些保障都有了，战略要分步实施，没有办法说把未来五年和十年的计划一次实现，那就需要分步走。

知识产权工作的新特点

目前，知识产权工作的行业特点已经日益突出。比如通信电子行业是强竞争，需要联盟，组建阵营来参与竞争和保护自己；传统制作行业通过个案解决更有利于各方利益最大化；而新能源领域则更多的是开放专利来做大市场。在某一个领域，个案的解决是更突出的一种形态，更有利于双方利益的最大化。

随着新合作模式的不断出现，使得产业链上下游企业间的知识产权问题突显，这对合同风险、合同管理都提出更高的要求，也对企业知识产权战略布局和运用模式提出更高要求。

跨权利范畴的结合应用的问题就更加明显了。如企业在商业竞争打击竞争对手中，专利、商标、版权、不正当竞争、垄断等的结合应用更为多见。问题会结合出现，所以也无法用单一的一个方式解决问题，这也就要求我们通过有效结合去处理。

这些特点都对企业知识产权工作提出更高要求。

（本文根据赵杰在第五届中国公司法务年会华南会场上的发言整理而成）

互联网公司在版权保护中的角色升级

互联网为我们带来便利的同时，也让作品和内容变得更容易被抄袭或被盗版。版权保护是互联网公司谋求长远发展必须要考虑的问题。"内容"也是腾讯的重要的战略方向之一，因此，腾讯确立了主动保护和被动保护、事前防范和事后救济相结合的原则。

黄汉章

知识产权法硕士，现任腾讯公司微信高级法律顾问，负责微信产品设计、研发、运营等环节法律风险评估、合规指引等法律支撑。

■ 文 / 黄汉章

不可否认，互联网为我们带来便利的同时，也给版权保护带来新的问题。

互联网环境下，作品变得更容易被抄袭或者盗版。一些业界研究人员和学者把互联网发展时代分为 Web1.0 和 Web2.0 时代。Web1.0 时代，盗版比较猖獗、常见；Web2.0 时代，国家对知识产权保护不断重视加强，以 2005～2006 年为时间界限，大家逐渐发现只有走正版道路，才能使企业得到良好的发展。

腾讯把知识产权，尤其是作品、内容保护作为非常重要的议题。就腾讯而言，内容是腾讯的发展重点方向之一。作品的版权保护是我们互联网公司在谋求长足发展时一定要考虑的问题。

我将站在作者的角度，谈谈作者如何保护自己的版权。从自身角度，作者可以自行在作品完成后做版权声明，如软件作品可以在启动界面加上版权声明，文字作品可以加上自己的署名。此外，作者可以向相关机构申请版权登记。

一旦遭遇侵权，有五个途径可以投诉，一是发送律师函，二是向网络服务提供者进行投诉，三是民事诉讼，四是向版权行政部门寻求帮助，五是如果侵权行为严重，根据我国《刑法》中侵犯知识产权的相关的罪名，可以寻求公安机关的保护。这是一般情况下可能的维权方式。

今天我的话题聚焦在"互联网公司如何处理投诉和保护用户版权"，并结合我的工作，介绍微信平台做了怎样的工作和努力。

为用户创造维护权益的渠道

如果要理清腾讯公众平台在保护用户版权方面应该尽到哪些方面的义务,首先要搞清楚微信和微信公众平台的法律定义。

微信是一个即时工具,用户也可以申请公众账号传播有用的信息。因此微信客户端和微信公众平台是综合性社交工具,是兼具即时通信工具和信息发布平台的综合体。按照我国法律的规定,腾讯作为其运营者,是网络服务提供者。

我国通过《信息网络传播权保护条例》以及最高人民法院的司法解释确立了"避风港"原则(俗称"通知—删除规则"),这一规则考虑了互联网海量数据的特点,是对权利人权益保护所做的法律制度设计,我们认为对于互联网行业是比较合适的。

腾讯将内容作为非常重要的战略方向,我们从对用户的承诺以及产品价值观出发,一直在想能否在保护版权方面向前多迈一步。因此确立了主动保护和被动保护、事前防范和事后救济相结合的原则。

就微信而言,获取内容是大家利用微信这一工具时的一个重要的功能。中国新闻出版研究院4月发布的2015年全国国民阅读报告中显示,2015年有超过50%的国民进行手机阅读,平均阅读时长每天超过20分钟。手机阅读已经成为大家的日常习惯,微信也是媒介之一,通过微信可了解相关的消息、读新闻、读朋友圈分享的文章、读公众平台发布的文章,这些习惯更加敦促我们在版权保护方面下功夫、做好。

从避风港原则出发,我们按照法律要求,在公众平台设立了专门的全电子化侵权投诉流程,处理网络版权侵权投诉。

侵权投诉体系有四个优势,一是整个侵权投诉系统完全实现电子化。大家可能对互联网行业投诉系统的发展演变有了解,最初权利人向互联网公司投诉,需要邮寄纸质信件,收到后过十天半个月才会得到处理,后来演变为电子邮件的方式,流程稍有简化。微信侵权投诉系统一步到位将所有流程电子化,需要提交的主体资料、侵害权益的链接、初步证据都可以在电脑上提交完成。

二是投诉进程可视化,可以看到整个投诉处理的过程、处理情况、是否需要补充材料以及处理结果等。

三是处理时间的高效化,电子系统搭建完成后,不再需要审核人员阅读纸质信件和电子邮件,处理的效率大大提高。我们对外保证七个工作日内完成侵权投诉的处理。

四是处理结果透明化,系统一旦作出处理,投诉方和被投诉方都会收到相应的通知,告知你相应的处理理由。

在遵守避风港原则之上,我们还让侵权投诉系统尽量方便权利人维护自己的权益。

主动保护用户的版权

除此之外,我们还在思考能否主动保护权利人在公众平台上的知识产权。

2015年1月我们推出了公众平台的原创声明功能。如果大家有关注公众平台,会发现很多账号发出的文章标题下有一个"原创"标志,这意味着这篇文章使用了原创声明功能。运营人在发表文章时可以向公众平台声明原创,系统会将待发表的文章和已经申请原创的平台文章进行对比和检测,如果没有发现相似的在先文章,系统将认为这篇待发文章是公众平台上的原创文章。同时系统支持运营人对转载进行权限管理。

运营人可以允许文章全网转载,但转载必须署名,也可以设置这篇文章禁止其他账号进行转载,这样其他账号就无法简单地通过复制粘贴发表,而是一定要得到运营者的允许,运营者可以在后台开白名单。

原创声明功能是微信公众平台首创的

在保护权利人版权上起到主动作用的功能，系统倾向性地对原作品进行权限的管理从而加以保护。原创声明功能上线后，我们统计了 2015 年 2~11 共 10 个月的数据，有 515 万篇文章在公众平台上使用原创声明文章流转，优质的文章在一定情况下传播范围得到拓展，对权利人起到事先保护和彰显他权利主体的作用。

我们不仅在平台内使用相似文本比对技术进行原创文章保护，而且把相关的技术向外部进行输送。我们已经和知乎、豆瓣开展合作。

2016 年 1 月，知乎发布微信公众平台侵权投诉功能，如果知乎用户被他人抄袭，可以无须再进入微信的公众平台投诉系统，只需要在知乎上点击相关的功能页面进行操作，微信的后台系统可以依据知乎系统传递过来的相关信息通过相似文本比对技术进行比对，由机器做出是否抄袭的判断。

豆瓣在本周对同样的微信公众平台侵权投诉功能进行了宣传，之前已经实施了近半年时间。我列举了一些数据，如在针对豆瓣的报道中，所有侵权处理都可以在 24 小时内完成，试运行期间，豆瓣的作者进行了近万起的投诉，通过率是 98%，平均处理时间不到 10 分钟。对于将这一技术对外输送可能有很多朋友不理解，这是"授人以矛，自揭其短"的行为。为什么要向外输出这种功能？这是因为我们认为互联网平台的生态应该由大家共同维护、净化，一定程度上对我们可以担当起这样的责任。

帮助作品实现价值

不仅是向外输送的保护功能，公众平台还关注如何让作者的作品更好地实现经济效益。

我举公众平台的赞赏功能为例，这一功能的使用必须立足于已先开通了原创声明功能，在此基础上，运营人可以对成功声明为原创的文章添加赞赏按钮，用户可以对公众账号的作品进行赞赏，因此原创作品在公众平台上被阅读是有可能得到收益的。我们不仅希望通过原创声明功能主动把版权保护起来，同时更希望好的作品可以更好地实现它的经济价值。

以上我主要从两个方面同大家进行了分享，一是在避风港原则下，让用户更便捷地保护自己的权益，二是主动保护作者的版权，帮助作者获得利益。

我个人认为，内容市场将是一个非常大的市场，其中也有很多新兴的法律问题。如何建立良好的版权市场，从个人的观察出发，我认为除了要有丰富多样的作者给你提供相关的作品作为基础外，从法律上要有：（1）非常完善的投诉处理机制；（2）对于优秀的作品要有完善的主动保护措施；（3）平台设置合理的规则，帮助作品流转，体现作品价值。

这三个方面相结合才可能构建良好的版权市场，才能真正达到让读者、作者以及平台共同受益。在当下以正版化为目标的前提下，互联网公司应该在结合用户利益、作者利益的基础上实现共生共赢的状态。

（本文根据黄汉章在第五届中国公司法务年会华南会议上的发言整理而成）

"一带一路"法律调研与风险管理

随着"一带一路"战略的深入推进，沿线的贸易额在未来将以万亿计，对于这样大的对外直接投资和大规模经贸活动，一方面这是我们重大的发展机遇，另一方面应该看到在"一带一路"国家我们可能遭遇到的风险。

唐功远

北京君泽君律师事务所合伙人，前IBM大中华区高级法律顾问，2015年中国企业"走出去"法律调研报告主笔，长期担任中国国际经济贸易仲裁委员会和北京仲裁委员会仲裁员，办理过大量IT和知识产权以及国际投资和贸易争议案件。

■ 文 / 唐功远

目前，中国正在实施"一带一路"战略，在此过程中，大量中国企业走出去，走到"一带一路"沿线国家进行投资和经贸活动，我们由此可能面临两方面的重大风险，一是企业层面可能面临的风险，二是从国家层面的作为或者不作为，给债权人包括国家、企业、银行等所造成的风险。对于以上风险，相关文件中做出了概括性的定义。中国国家标准《企业法律风险管理指南》将企业的法律风险定义为：基于法律的规定和合同的约定，由于企业外部情况的变化或者企业及其利益相关方的作为和不作为，给企业带来的不确定性。关于国家风险，中国出口信用保险公司做的《国家风险分析报告》做出如下定义：经济活动中所面临的由于受到特定国家层面事件的影响，导致债务人（包括国家政府、公共部门和私人部门等），不能或者不愿意履约，从而使国外债权人（包括政府、银行、投资者、出口商等）遭受经济损失和其他相关损失的可能性。

为了更为具体地研究我们所面临的两方面的风险，由法制日报中国公司法务研究院和律商联讯联合发起，我本人和同事谭洁律师共同参与撰写，作出了《2015~2016年度中国企业走出去调研报告》，在报告中对于企业层面和国家层面所面临的具体风险，在调研的基础上做出了分析。

本文主要分为三方面，一是"一带一路"的内涵及法律调研，二是走出去的风险和成因，三是风险的管理和风险的预防。

"一带一路"的内涵及法律调研

"一带一路"是我国重大发展战略，涉及的地域范围非常广泛。"一带一路"的北线，新亚欧大陆桥，涉及俄罗斯、蒙古国等，中线是中亚西亚，南线是东南亚和南亚，这是所谓的"一带"，即丝绸之路经济带，"一路"是21世纪海上丝绸之路，是从南海到太平洋、印度洋的海上丝绸之路。"一带一路"在这两条线中涉及60多个国家和地区，占世界人口的60%，涵盖世界经济总量的1/4，这是很大的经济体量。

"一带一路"给我国的发展带来的新机遇，即是实现广大区域包括陆上和海上区域的互联互通。2015年中国企业对"一带一路"沿线49个国家进行了直接投资，投资金额达到148亿美元，同比增长18%。对外承包工程方面，去年我国在"一带一路"60多个国家和地区对外承包工程合作项目合同3987份，新签合同金额达到926亿美元，同比增长7.4%。从这个数据中可以看到我国"一带一路"发展战略现在不仅是愿景，而且是实实在在的行动。这个行动有着更广阔的发展前景，据统计数据预测我国与"一带一路"国家的贸易额在今后五年中会达到10万亿美元，对外投资可能超过5000亿美元，出境人数可能达到5亿人次，这是一个非常大的体量。对于这样大的对外直接投资和大规模经贸活动，一方面这是我们重大的发展机遇，另一方面应该看到在"一带一路"国家我们可能遭遇到的风险。对于中国"一带一路"的战略实施可能遇到的风险，现在不仅是中国在讨论，在世界范围内很多地方也在讨论。例如，此前美国加州"一带一路"的研讨会，美国人也在讨论中国"一带一路"发展战略和可能遇到的问题，"一带一路"不只是一个中国的话题，也不仅是涉及"一带一路"国家的话题，而是全世界都在讨论。

关于"一带一路"可能遇到的风险及其研究，国际组织和外国相关机构已经做了大量统计。世界银行下的多边投资担保机构所做的分析就有一定的参考价值。对发展中国家直接投资在过去很长一段时间的分析都认为，这些国家的政治风险最高；但最新的报告显示，在这些国家投资，经济不稳定性风险的比例上升，达到了21%，所以经济上的不稳定性成为第一大风险，政治风险排到第二位，比例为19%。在中东和北非地区，战争、恐怖主义和国有化占比较高，目前中国走出去的企业，在一些国家的投资中有遭遇过国有化的问题。

除了世界银行系统分析报告给我们提供参考外，还有美国的一家PRS Group，即政治风险分析机构。这是1979年成立的机构，从成立以来定期发布海外直接投资政治风险报告，这些报告被对海外进行投资活动的公司长期引用，是投资者引为参照的一个非常重要的风险评估资料，我们对外投资的企业可以从这些资料中得到帮助。

为了做出针对性更强的、中国版本的中国企业走出去风险分析，法制日报中国公司法务研究院和律商联讯在2015年联合发起，由我和同事谭洁律师撰写了《中国企业"走出去"调研报告》。该调研在2015年下半年启动，经过五个月时间，有126个单位参加，收回问卷120份，我们还进行多次面对面交流和电话访谈。通过一系列的书面和口头的调研活动，做出了《2015~2016年度中国企业"走出去"调研报告》（见图1）。

图1 2015~2016年度中国企业"走出去"调研

企业走出去的风险和成因

《2015~2016年度中国企业"走出去"调研报告》通过实证的方法和直接调研的方式，针对中国企业走出去分析总结出了13个主要风险点（见图2）。通过本次

环节	主要问题	风险评级
立项	信息获取	项目信息及东道国信息获取难	☆☆
	第三方服务机构	意见的针对性较弱，不了解双方市场	☆☆
尽职调查	调查流于形式，调查范围较狭窄	☆
经营管理	政治风险	战争内乱	☆☆
	政府监督	东道国的环保、反垄断、安全、技术审查	☆☆
	市场风险	利率（汇率）和价格波动	☆
	劳资纠纷	当地雇员比率高，工会介入几率大	☆
	资源整合	企业文化冲突、技术整合难、不了解当地政策	☆
争议解决		合同、知识产权、劳资纠纷	☆☆☆
融资	资金来源	资金来源单一	☆
	融资比例	自有资金过高	☆
	出境渠道	出境渠道单一	☆
税务		对当地税收法规不了解 税收歧视 税务管理混乱	☆☆

图2 走出去企业13个风险点

调研得出结论，中国走出去的企业，特别是2015年，更多的不是到发达国家投资，很多企业走到"一带一路"国家，在发展中国家投资。这些国家政治的稳定性，本身是一个比较突出的问题。本次调研报告中清楚地表明了这一点，大约有40%的企业受访者说，在走出去投资运营过程中，遭遇到东道国政府的战争、内乱等风险（见图3、图4）。政治风险主要发生的区域在中东和中亚。走出去企业遭遇的另一大风险是政府审查，从图5中看到，澳洲的图示线是最长的。政府审查，对对外投资活动会产生非常大的影响，包括反垄断审查、反贿赂反腐败审查等。比较突出的还有税务合规问题，受调研的走出去的企业中有43.8%回应在东道国遭遇税务操作未满足当地合规要求的问题（见图6），可见走出去

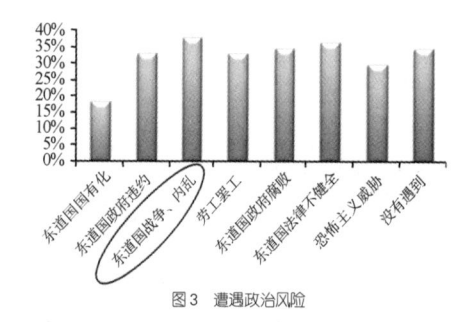

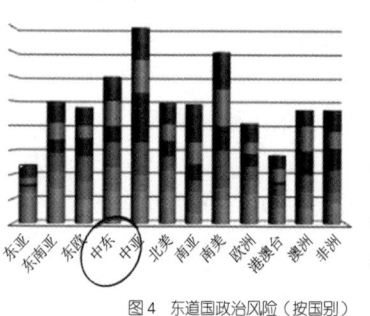

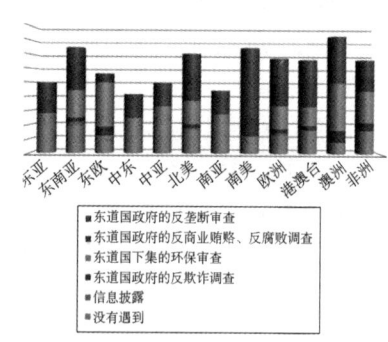

图5 政府审查（按国别）

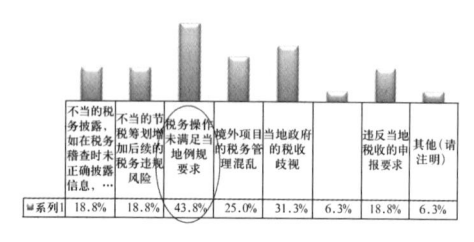

图6

的企业在东道国税务方面的合规问题非常突出。有25%企业回应，境外项目的税务管理比较混乱，18.8%企业回应有违反当地税收申报要求的情况出现，18.8%企业回应采用不当避税计划和措施，造成违反当地政府税收规定的问题。最后，我想强调的是，我们走出去的企业在国外遭遇到民事诉讼和仲裁案件占比非常大，调研企业中有40%~60%在国外遭遇到民事诉讼和仲裁（见图7），纠纷中大于1个亿涉案标的的有23%（见图8），我们在国外遇到仲裁和诉讼案件，不仅数量多，而且标的额比较大。

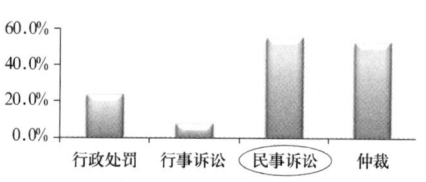

图3 遭遇政治风险

图4 东道国政治风险（按国别）

图7 企业在走出去过程中是否遭遇过以下程序或处罚？

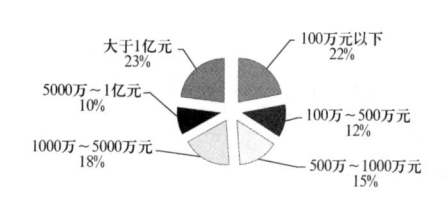

图8 涉案的最大标的

我们遭遇众多的风险，风险产生的原因是什么？一是现在国际投资贸易领域的竞争在加剧，国际经贸竞争规则在重构，以美国为首，已经签署TTP，正在讨论TTIP，这是在中国之外的区域性的重大经贸规则的重构；二是由于全球经济的发展放缓，企业的债务增加，企业违约也在增多；三是中国企业走出去是从比较低端的产业走向高端产业，涉及的知识产权问题越来越多；四是在中国企业走出去的过程中对法律风险的意识和防范措施不强，所以我们较易遭遇很多风险。

风险的管理和风险的预防

如何对以上风险进行管理，我们认为应该有国家风险管理的总战略，从国家层面构造国家风险管理，对于国际法的层面应该更多地参与，有更多的话语权、制定规则的权利。在国内法层面要深入了解不同国家的法律制度，同时要加强我们的国内立法，利用国内法保护我们走出去的企业的海外投资和运营。

对于风险预防而言，由于走出去实施"一带一路"的战略是国家层面，从上而下的战略，从国家层面要更多参与国际治理，在国际经贸规则重构中增强我们对制定规则的话语权，国家要提供更多的公共产品。我们考虑我国是否应建立走出去的商会，建立国家级数据库，同时重视我们遇到的纠纷的解决。关于中国仲裁，我国的中国国际经济贸易仲裁委员会受理的涉外案件量也很多。现在走出去企业遇到的纠纷，能否用中国仲裁机构解决走出去企业的部分纠纷？走出去企业面临的纠纷，毫无疑问一是涉及国家层面，走出去企业与当地政府之间的投资争议；二是企业和企业之间的争议。对很多纠纷，走出去企业可以选择用仲裁方式解决，对于走出去企业与东道国产生的争议，中国对外签订的双边投资保护协定中规定专设仲裁庭解决，不管是投资企业与东道国之间还是企业之间的争议，仲裁解决在当中起到很大作用。我们企业能否考虑在合同中细化争议解决条款，为中国法律服务机构提供一些机会，使中国法律服务机构在中国企业走出去过程中得到一个很好的提升，这是我们应该考虑的一个方面。

从企业层面，能否考虑走出去企业采用跨国公司的模式，我们先把走出去企业机构进行更好的改制，建立健全企业职能部门。我们走出去的企业，主要有业务部门，还应该建立相对应的职能部门，比如，政府事务部门，税务管理部门等，通过这种方式健全中国企业的职能，保证走出去的企业在"一带一路"广阔的领域里能够站得稳，并且发挥重要作用。

"一带一路"国际律师联盟构建

> 打造一个由中国律师发起的国际律师联盟,为中国企业海外投资构建跨境法律服务平台。对投资"一带一路"沿线国家的中国企业来说,没有什么比这更重要。

兰才明

中国注册律师,香港注册海外律师,华东政法大学法学专业,律师执业27年,现为广东星辰律师事务所总所主任,香港所执行合伙人,同时受聘为西南政法大学商会法律研究院副院长,西南政法大学客座教授。创设了"一带一路"国际律师联盟有限公司、中印投资法律服务有限公司及国际律师交流培训中心(香港)有限公司。

■ 文/兰才明

我执业将近30年,在深圳做了18年律师,面对希望走出国门发展的中国企业,时常思考:"中国企业走出去未尝不好,但走出去之后如何得到保护?"在这里我不说具体案例,仅谈谈作为律师,我们如何创建能够为自己企业服务的保障平台。

中国企业海外投资概况及面临的法律问题

根据商务部的统计数据,累计至今,2014年,中国对外直接投资创下1231.2亿美元的历史最高值,同比增长14.2%。截至2014年年底,中国1.85万家境内投资者设立对外直接投资企业2.97万家,分布在全球186个国家(地区)。2014年,中国对"一带一路"沿线国家的直接投资流量为136.6亿美元,占中国对外直接投资流量的11.1%。2015年,我国对外非金融直接投资创下1180.2亿美元的历史最高值,同比增长14.7%。2016年1~3月我国对外非金融类直接投资已达400.9亿美元。

我们知道30年前中国以引进为主,但引进的同时也得走出去。30年后的今天,我们以走出去为主,走出去的同时也得盈利走回来。商务部统计,2014年境外投资企业年度会计报表中,盈利和持平的境外企业占了77.2%,亏损的占了22.8%。其中,央企2000家境外企业中盈利和持平的境外企业占74.4%,亏损的占25.6%,不知道以上数据是否准确。

作为中国企业,海外投资面临的法律问题非常复杂。

一是法律体系不同,"一带一路"沿线国家和大陆法系、伊斯兰法系的冲突;二是法律具体规定不同;三是司法程序、争议的解决方式也有不同。而正视这些不同并克服这些不同所带来的冲突,又是企业投资走出去的必经之路。在此过程中,企业需要专业的法律队伍为其提供法律政策咨询与评估、商业实体谈判与法律的适用、经营与管理、设立良好的退出机制等一系列法律服务,保障企业的发展。

一带一路国际律师联盟的构建和实践

我们拟以点、线、面相结合构建法律服务大平台(架构见下图),以一带一路沿线国家主要城市的著名律师事务所为点,沿线某一国家的几个律师事务所与我们共同设立该国的法律服务公司为线,沿线所有国家的律师事务所共同参与建设国际律师联盟有限公司为面,在具体服务过程中,以面带线,并提供点对点的法律服务。各个平台密切配合发挥其不同的作用。

```
            一带一路国际律师联盟有限公司
                    │
         ┌──────────┴──────────┐
    中印投资法律服务有限公司      中哈投资法律服务有限公司
         │                          │
   印度律师与中国律师          哈萨克斯坦律师与中国律师
```

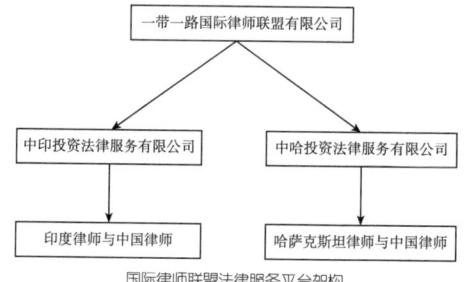

国际律师联盟法律服务平台架构

这些构想，我们已经付诸行动，在广东星辰律师事务所、广东星辰香港分所、广东星辰前海分所的推动下，我们2015年在香港注册了"一带一路"律师联盟有限公司（以下简称联盟）。目前，香港有100多家以"一带一路"命名的机构，我们是第一家注册的。我们希望为中国企业海外投资构建跨境法律服务平台，构建内外部律师、国内国际律师优势互补的合作平台。

我们这个联盟与在内地组建联盟，差别在哪里？第一，它是一家在香港注册的公司，是可以从事商业经营的社团法人，我们把第一层设为股东，向社会开放，包括海外投资跨国民营企业。如果你投资在这家公司，你将成为股东，这个公司的平台将成为法律服务的平台。第二，会员以沿线国家的律师事务所为主。第三，其他合作机构，包括社会组织、研究院。

联盟的优势在哪里？第一是信任。企业出去找人，最大的问题是信任，如何建立信任，尤其当你在国外的时候。我们用这种方式，由中国人发起联盟，我们跟客户之间有信任，这种信任是基于相同的文化背景以及国内律师事务所的实力，为走出去企业很快的建立发挥信用，这不是建立在外部，而是建立在中国律师事务所上。第二是专业，酷派集团找我们，希望在印度设分支机构，他们原来在那里有个办事处，但办事处不能从事商业经营。他们便向我们寻求帮助，希望清楚应该做什么样的分支机构比较好，跟当地合资的公司还是经营部，于是我们给他们做了关于公司商业登记注册的法律政策咨询报告。第三是通道，每个企业都有律师，每个企业都是律师客户，这些客户彼此之间没有对接，当我们的律师组成联盟时，这些客户可以与我们律师进行对接。

联盟从客观资源整合、人才集聚与培训、通道建设、法律冲突研究、各个沿线服务平台的协调、国家及国际间的重要活动等方面开展运营。目前比亚迪在印度新能源汽车的法律报告、方案等都由我们中印公司服务，该公司由中国律师和印度律师事务所共同组成，由中国律师和印度律师抱团，为中国企业提供相关的法律业务，目前项目正在进行中。

香港可以发挥"超级联系人"作用

为什么把这个平台放在香港，全国人大常委会委员长张德江在香港"一带一路"论坛上的讲话中表示，"一带一路"政策下的优势，包括人文优势、区位优势、开放合作优势、服务专业化优势，很多人注意到香港是服务贸易中心，香港也是全球法律服务最开放的城市。世界前50强律师事务所有4家在香港有分所，这是一个优势。中央政府支持香港在"一带一路"国策中发挥作用，第一条是主动对接"一带一路"，打造综合服务平台，包括亚太国际法律及解决争议服务中心。行政长官梁振英把香港定位为香港要发挥好联系人的作用。当年外国资本进入中国，大部分是通过香港对接，尤其是改革开放之初。香港的知名度、法律制度以及人才信息的对接不可或缺，没有城市可以比拟，所以我们把联盟注册在香港。

这个构想可以帮助企业组建一支属于企业自己的法律保障队伍，我们原有的法律服务体系，无论开多少家，都不可能在"一带一路"的所有小国家开分所，起码目前不具备这个条件。平台建起来后，业务上是统一的，不存在临时合作或者缺位的现象，我希望培养一批属于我们企业自身的法律保障平台，培养一批为中国企业海外投资能够提供服务的"洋买办"，华为很成功，他培养了一批为华为服务的"买办"。我们提到中国企业和中国资本要走出去，光走出去是不够的，还要融入进去。融入进去的还有文化、人情世故。我们中国应该满载而归，走出去，融进去，走回来。

最后用华为的一段话作为结束语。中国民营企业最成功的是华为，媒体发了很多文章，任正非提到"中国企业走出去并不是有钱就能投资，要搞清楚法律，中国企业不能盲目走下去。中国要建成法治国家，企业在国内要遵纪守法，在国内都不守法，出去一定是碰到头破血流。在国内活下来，学会在中国管理市场经济，在中国你死我活地对待，还活下来的话就能身强力壮地出去跟别人打架"。

EPC/交钥匙模式在国际工程承包中的滥用及应对

EPC/交钥匙模式已在国际工程承包市场成为主流承发包模式,业主对EPC/交钥匙模式的利用在一定程度上已经超出了常规适用范围,违背了EPC/交钥匙模式设计的初衷,加上业主将非常规风险向承包商的转移,这使承包商在国际工程承包中面临越来越严重的风险。因此,如何应对业主对EPC/交钥匙模式的滥用及其给承包商带来的超常规风险,成为摆在我国对外承包工程企业面前的一个难题。

■ 文/宋玉祥

宋玉祥
阳光时代(北京)律师事务所律师,北京国际业务部项目主办,山东大学史学学士,厦门大学国际经济法硕士。宋玉祥律师曾在中国水电第一品牌"葛洲坝集团"之国际公司和利比亚特大项目部任职4年,担任法律顾问,具有多年从事国际工程承包法律服务和工程管理的经验,擅长国际工程承包及国际贸易、境外项目投资等方面的法律风险防控。

无可否认,与20世纪平行承发包模式(DBB)[1],在国际工程承包市场盛行相比,进入21世纪后,EPC/交钥匙模式已越来越成为国际工程承包市场的主流承发包模式,以致使有些对外承包企业误解为DBB承包项目已成为低端对外承包工程项目,而只有EPC/交钥匙总承包项目才是"高大上"的对外承包工程项目。

但在笔者看来,虽然EPC/交钥匙模式有利于对外承包企业提升项目运作能力和积累业绩,但从风险管理和盈利的角度讲,顶着绚丽光环、貌似"高大上"的EPC/交钥匙总承包项目,对对外承包企业来说却是风险巨大的深坑,特别是在EPC/交钥匙模式遭到业主滥用的情况下。如何应对业主对EPC/交钥匙模式的滥用及其给承包商带来的超常规高风险,须高度重视和深入研究。

---

[1] 业主将工程分解成多个部分或标段,分别发包给多个分包商或供货商。

EPC/交钥匙模式成国际工程承包市场主流

经过近20年来在国际工程承包市场的应用和推广，EPC/交钥匙模式已成为国际工程承包实践中的主流承发包模式。近年来，境外业主发包的项目，已绝大部分采用EPC/交钥匙承包模式，而很少再采用DBB模式。甚至在传统上不适宜采用EPC/交钥匙模式的境外工程项目上，业主也采用了EPC/交钥匙承发包模式，究其原因，笔者认为主要如下。

（一）EPC/交钥匙模式天然具有向承包商转移风险的性质

基于EPC/交钥匙模式的设计理念，国际工程承包中的常规风险原则上都转移给总承包商：在EPC/交钥匙模式下，除了DBB模式下各承包商承担的常规风险外，业主将DBB模式下业主承担的不利地质条件风险、设备、材料及人工价格上涨风险和对各承包商（包括设计承包商、施工承包商、安装承包商、调试承包商以及各设备材料供货商等）管理和协调的风险都转移给了EPC总承包商。

（二）业主最大程度向承包商转移风险的动机

业主为了最大程度降低自己的风险，降低项目建设成本，提高项目盈利水平，具有向承包商转移风险的深刻动机。如上所述，EPC/交钥匙模式恰恰能够从最大程度上向承包商转移项目建设中的常规风险，因此，EPC/交钥匙模式近年来成为境外业主对外发包项目时的首选承发包模式。

（三）融资方对EPC/交钥匙模式的青睐

在项目投资建设中，融资方作为向业主提供建设资金的一方，不管是以债权融资（典型的如银行贷款）还是以股权融资的方式，为了确保项目能成功完工投产和回收融资及收益，往往对项目承发包模式向业主做出倾向性意见。鉴于EPC/交钥匙模式更能向承包商转移风险，更能维护业主利益，特别是更能使项目建设成本具有预见性和可控性进而保障融资回收的安全性，所以EPC/交钥匙模式获得了融资方的青睐。在实践中，融资方常常硬性要求业主采用EPC/交钥匙的承发包模式。

（四）国际工程承包中"买方市场"的制约

众所周知，经过多年的发展，国际工程承包市场已成为"买方市场"。在"买方市场"的市场形势下，业主对于项目承发包模式的选择具有决定的话语权；相反，承包商在这方面几乎没有话语权，为了从业主处获得项目，只能遵从业主的决定。同时，基于业主的强势地位，承包商为了获得项目，也不得不接受业主提出的向承包商转移非常规风险的某些要求。

EPC/交钥匙模式被滥用

所谓境外业主对EPC/交钥匙模式的滥用，是指违背EPC/交钥匙模式的设计理念而将其用于其他不宜适用EPC/交钥匙模式的项目，以及违背EPC/交钥匙模式下权利义务和风险分担原则而将本应由业主承担的风险转嫁给承包商。这种滥用主要体现在以下几个方面。

（一）将EPC/交钥匙承发包模式用于没有做过初勘或承包商没有足够时间研究初勘资料项目

正如FIDIC 1999年版的《EPC/交钥匙合同条件》序言所称，如果承包商要承担交钥匙项目的风险，"业主必须在要求承包商签署固定合同价格前，给他（承包商）时间和机会，使他能得到和研究所有有关资料"，《EPC/交钥匙合同条件》不适用于"投标人没有足够时间或资料，以仔细研究和核查雇主要求，或进行他们的设计、风险评估和估算"的项目。但在国际工程实践中，某些境外业主对项目的初勘非常粗糙，初勘资料粗浅、可靠性差，或者给予承包商准备投标书或建议书的时间很短，使承包商来不及详细研究初勘资料，有的境外业主甚至对项目根本未做过初勘就要求采用EPC/交钥匙模式，这些做法都违背了EPC/交钥匙模式的设计理念。

（二）将 EPC/ 交钥匙承发包模式用于地下工程量很大的项目

FIDIC 1999 年版 EPC/ 交钥匙合同条件序言亦阐明，《EPC/ 交钥匙合同条件》不适用于"建设内容涉及相当数量的地下工程"的项目，其原因在于对于涉及地下工程量很大的项目，承包商在投标前甚至签约前无法对地下工程量及地下条件风险做出有效的评估并在报价中相应考虑，而武断地将该类风险划归承包商承担，将违背 EPC/ 交钥匙模式的设计理念，加大承包商违约的风险，并不一定有利于项目的成功实施。但在国际工程实践中，对于大型水电项目、矿产开采项目等地下工程量特别巨大的项目，业主仍然采用 EPC/ 交钥匙模式对外发包，这超出了 EPC/ 交钥匙模式的适用范围。

（三）将固定总价的价格模式用于工期长的 EPC/ 交钥匙项目

根据 EPC/ 交钥匙模式的设计理念，EPC/ 交钥匙合同并不等同于固定总价合同，它既可以是固定总价合同，也可以是可调价格合同，例如，FIDIC 1999 年版 EPC/ 交钥匙合同条件第 13.8 条规定了因成本变动的价格调整："当合同价格要根据劳动力、货物以及工程的其他投入的成本的升降进行调整时，应按照专用条件中的规定进行计算"；世界银行 2004 年颁布、2006 年修订《世界银行贷款项目采购指南》第 2.24 条也规定，"对于交货或完工期在 18 个月以内的简单合同，价格调整条款通常没有必要，但对展期后超过 18 个月的合同应包含该条款（注：指调价条款）"，也就是，即使是 EPC/ 交钥匙总承包项目，如果工期超过 18 个月，也应采用合同价格可根据劳动力、设备、材料和燃料价格的变动而调整的可调价合同。

但在实践中，除了世行、亚行等国际性银行提供融资的项目采用可调价 EPC/ 交钥匙合同外，在其他融资来源的项目（包括项目所在国政府提供财政拨款融资的公共项目和采用项目融资的私人项目等）上，EPC/ 交钥匙总承包合同几乎都删除调价条款而采用固定总价，即使是工期长的项目亦然——笔者曾接触过一个工期长达 9 年的巴基斯坦水电 EPC 总承包项目采用了固定总价的价格模式。这种工期长的项目采用固定总价的价格模式，将长时期的设备、材料和人工价格上涨的风险转嫁给承包商，已经严重超出了一个有经验的国际承包商的预见和控制能力的范围，同样构成对 EPC/ 交钥匙模式的滥用。

（四）业主将其在产品/服务销售合同、IA 和融资协议下的间接损失转嫁给承包商

根据国际工程承包的一般商业理念，承包商原则上不向业主承担因违反承包合同而给业主造成的间接损失或损害，包括业主利润损失，以及以发电项目为例，业主在购售电协议（PPA）、项目开发协议（IA）和融资协议等项目文件下对项目其他参与方承担的责任等。但在近来的国际工程实践中，除要求承包商承担其在 EPC/ 交钥匙模式下的常规风险外，越来越多的境外业主要求承包商额外承担因承包商违反承包合同而给业主造成的在 PPA、IA 和融资协议项下的责任。基于"买方市场"的市场形势和业主的强势地位，承包商无法通过有效提高报价以涵盖该类额外风险。因此，这种要求承包商承担典型间接损失的做法，违背了国际工程承包的一般商业理念和风险与收益成正比的商业原则，也构成了对 EPC/ 交钥匙模式的滥用。

例如，在笔者服务的某电力央企子公司承包的巴基斯坦燃煤电站 EPC 总承包项目上，业主除将 EPC/ 交钥匙模式下的常规风险，如物价上涨风险、地质条件风险等转移给承包商外，还要求承包商承担因其违反承包合同而导致的业主在 PPA、IA 和融资协议项下的责任，这种要求承

包商承担典型间接损失的苛刻做法给承包商带来了超常规的巨大风险。

业主滥用EPC/交钥匙模式对承包商的危害

境外业主在对外发包项目时滥用EPC/交钥匙模式，往往给承包商造成严重危害，这种危害的后果可体现在多个方面，如完工误期、质量性能不足、承包商成本超支、项目执行停滞、被业主终止合同和旷日持久的索赔与仲裁/诉讼官司等，但上述危害结果对承包商来说最终会体现在项目亏损上。从业主滥用EPC/交钥匙模式角度分析，承包商亏损的主要原因如下：

1. 业主在EPC/交钥匙总承包合同中采用固定总价，由于工期长，设备、材料和人工价格上涨幅度大，超出承包商不可预见费的预算，导致承包商成本失控和亏损。

2. 业主滥用"买方市场"的市场形势和甲方强势地位，人为地大幅压低EPC/交钥匙总承包合同价格，使风险与收益成正比的商业原则失去效用，导致承包商以极低的承包价格承接高风险的EPC/交钥匙项目，极易遭受成本失控和亏损。

3. 业主滥用"买方市场"的市场形势和甲方强势地位，人为地缩短并给承包商设置了极短的工期，这种计划工期往往因境外项目所面临的不利因素而无法实现，承包商因而经常面临巨额的误期罚款损失。

4. 业主给承包商编制投标书或建议书的时间十分有限，致使承包商没有足够的时间对项目现场及配套设施进行有效的现场调查，对现场及配套设施条件的风险认识不足，因而不能在投标书或建议书中做出合理的报价考虑。

5. 业主在发包前未对项目进行初勘，或只进行了简单初勘导致初勘资料粗糙，致使承包商无法依靠充分的初勘资料对项目地质条件及地下工程量进行有效的估算，导致地下工程量大幅超出投标时估算的工程量，最终导致承包商大幅亏损。

例如，在尼泊尔某水电EPC总承包项目上，项目地质条件复杂，但业主的初勘工作及初勘资料非常粗糙，导致承包商无法合理估算地下工程量。在施工过程中，在永久工程地基开挖时遇到了一个很大的地下溶洞，对溶洞的钢筋混凝土回填与支护导致钢筋混凝土实际用量超出了投标时钢筋混凝土估算量的1/3以上，给承包商造成了重大损失。

6. 业主滥用"买方市场"的市场形势和甲方强势地位，将其在产品/服务销售合同（如PPA）、项目开发协议（IA）和融资协议等项目关联协议下的风险和责任转嫁给承包商，承包商不得不承担非常规的间接损失风险，致使承包合同价格与承包商承担的高额风险严重不匹配，风险一旦发生，将给承包商造成严重损失。

对业主滥用EPC/交钥匙模式的应对方案建议

面对境外业主滥用EPC/交钥匙模式的做法，笔者根据多年来服务国际工程承包项目的经验，建议我国对外承包企业采取以下应对方案和措施：

1. 积极面对和适应EPC/交钥匙承发包模式。如上所述，在"买方市场"的宏观形势和业主及其融资方的双重压力下，承包商很难拒绝业主选定的EPC/交钥匙模式；否则业主将拒绝将目标项目授予承包商，这对承包商来说即意味着项目流失。因此，我国对外承包企业应积极面对、接受并逐渐适应EPC/交钥匙承发包模式。

2. 争取合理的合同价格。对于世行、亚行和其他国际性银行融资的项目，争取采用在设备、材料和人工价格上涨时可调整合同价格的可调价格模式；在固定总价的EPC/交钥匙项目上，在充分评估项目风险后，做出合理的价格测算和报价，除战略性项目外，禁忌低价承接EPC/交钥匙项目。

3. 争取合理可行的工期。对外承包企业需综合考虑具体境外项目所处的外部环境和项目自身的条件，核算完工投产所需的合理工期；同时，禁忌以国内同类项目的工期来核算境外项目的所需的工期。例如，对于国内的联合循环燃机发电项目，建设工期大约为1年，但笔者服务的孟加拉几个联合循环燃机发电项目，工期为24个月，还都延误了6个月甚至1年以上。

4. 认真研究和分析业主提供的初勘资料，必要时向业主提出澄清，有效估算地下工程量，并在合同价格中相应考虑。

5. 如果业主未对项目做过初勘，或业主规定的截标时间非常短暂来不及熟悉初勘资料，则需谨慎承接该类EPC/交钥匙项目，如承接则需在合同价格中考虑充分的不可预见费；还譬如争取在EPC合同签署后再进行补勘，最终EPC合同价格根据补勘结果再调整和确定，给承包商保留再调整一次合同价格的机会。

6. 通过专业的合同谈判，拒绝业主将其在产品/服务销售合同（如PPA）、IA和融资协议下的风险和责任转嫁给承包商的无理要求；如业主利用"买方市场"和甲方强势地位的优势坚持要求承包商承担该类间接损失，则需在合同价格中考虑充分的不可预见费，如业主同时压低合同价格，可考虑做出风险回避、放弃项目。

7. 采用背靠背（back-to-back）的方式将EPC合同下的承包商风险分散和转嫁给各分包商和供货商。

8. 在项目实施中，加强系统性的协调管理工作，特别是协调各分包商与供货商做好各工程部分的工作接口和进度衔接，确保项目实施进度和工期，防止完工误期及其带来的成本超支和误期罚款风险。

9. 加强索赔管理，以对业主的工期和成本费用索赔来抵消承包商面临的风险和亏损。对此，我国对外承包企业可从以下几个方面做好索赔管理工作：

（1）项目谈判团队向执行团队做充分的合同交底，根据谈判情况充分提示预埋的索赔空间；

（2）认真研究EPC/交钥匙总承包合同，寻找和创造向业主索赔的空间和机会；

（3）加强合同文件、往来函件和其他文件资料的收集和保管工作，为索赔保留充分的证据资料；

（4）建立索赔管理台账，设置专门岗位、安排专业人员专职负责索赔管理工作；在索赔事件发生后，及时组织商务、法律、财务和技术等相关专业人员组成专业索赔团队做好索赔工作，必要时寻求外部法律和工程技术顾问的协助；

（5）在索赔事件发生后，根据承包合同规定的索赔时限及时向业主提出索赔，防止丧失索赔权；

（6）以承包合同和法律规定为依据，以索赔事件的事实为基础，编制专业的索赔报告并及时提交给业主；

（7）选用恰当的索赔策略，尽量采用在项目实施过程中"一事一索"的方式，避免将各项索赔累积到完工移交时再进行总体索赔；

（8）如索赔进入争议解决程序，则综合考虑可索赔利益、争议解决时间和成本费用等因素选用恰当的争议解决方式等。

■ 资料链接

EPC（Engineering Procurement Construction） 是指公司受业主委托，按照合同约定对工程建设项目的设计、采购、施工、试运行等实行全过程或若干阶段的承包。通常公司在总价合同条件下，对其所承包工程的质量、安全、费用和进度进行负责。

交钥匙总承包 是指设计、采购、施工总承包，总承包商最终是向业主提交一个满足使用功能、具备使用条件的工程项目。该种模式是典型的EPC总承包模式。

自贸区内企业的法务需求

自贸区政策主要分为金融外汇政策、税收政策、投资管理政策以及其他辅助政策，这些政策也备受聚集在深圳的大量高科技创新型企业、金融企业关心。高新技术企业期待自贸区能有更多的对高新技术研发及制造的税收方面等政策的支持。此外，企业也希望与政府建立更紧密的沟通机制，以确保多种优惠政策的落地。

申昊

深圳大疆创新科技有限公司法务部负责人，主管公司日常法律事务，公司治理、投资并购及股权交易事务。加入大疆创新之前，申昊曾在美国法院及外资律所工作。申昊毕业于香港中文大学，拥有国际经济法硕士学位。

■ 文 / 申昊

改革开放 30 年来，中国经济长期保持 10% 的增长，成为仅次于美国的第二大经济体。中国经济发展为全球经济增长注入动力，中国企业在过去 30 年尤其是最近的 10 年间，在全世界崭露头角。深圳腾讯、比亚迪、华为、华大基因、酷派、大疆借助这几十年的快速增长开始走向世界。从国家的角度来讲，在全球经济增长放缓，中国经济硬着陆压力巨大的前提下，自贸区的试点，是国家对内强化改革，对外继续开放的急迫需求；对企业来讲，随着中国的企业慢慢走向世界，中国企业亟须一个更为市场化、自由、开放、给予更多支持的创业环境，来降低企业的运营阻力，增强全球性的竞争力。正是在这样的大背景下，中国的自贸区应运而生。

谈到中国自贸区的发展，从 2013 年 9 月 29 日上海自贸区成立，后来到广东自贸区、福建自贸区、天津自贸区，三大自贸区正式挂牌，中国自贸区的改革从一枝独秀变成四花齐放的格局。

我们从网上摘录的有关自贸区的统计显示，在四大自贸区里上海跟广东自贸区的新设企业和入驻企业都是最多的。广东自贸区自 2015 年 6 月底区内新设企业达到 12.6 万家。6 月底新设外商投资企业有 400 多家，同比增长 300%，吸收合同外资达到 200 多亿元，一直是以 200%~300% 的速度增长。谈到广东自贸区，总结起来就是一区三园的政策叠加。广东有着自己的明确战略定位，立足于推动港澳经济结合，现在在深圳前海、珠海横琴、广州南沙三大园区。广州南沙主要发展航运物流、特色金融、国际贸易；横琴是推动国际商务、推动文化工作；前海片区重点推动粤港合作，发展金融、现代物流、信息、科技等服务产业。

政策创新影响企业

谈完我们对中国自贸区包括广东自贸区的发展概况，接下来谈谈自贸区政策创新以及对企业的影响。自贸区政策主要分为金融外汇政策、税收政策、投资管理政策以及其他辅助政策。相信对于聚集深圳的大量高科技创新型企业、金融企业来讲，金融、税收、投资管理等相关政策，是大家最关心的政策。

金融外汇政策，首先是跨境人民币双向融资，在自贸区内支持自贸区内企业境外母公司或者子公司境内发行人民币债券，并按规定使用。这有利于形成境内外金融机构利率的良性竞争，降低企业融资成本。深圳有很多创新型企业，包括像大疆这样的公司也会面临融资需求。我们在前海设立孵化器，对于刚刚创立的小企业来讲，融资成本是企业发展中很重要的瓶颈，也是很重要的问题。另外，跨境人民币双向资金池政策，即跨国企业集团根据自身经营和管理需要，在境内外非金融成员企业之间开展的跨境人民币资金余缺调剂和归集业务，包括外汇、出口等，对大疆这样的企业也是非常便利的。

外汇制度改革，可以实施资本项目可兑换，包括自由贸易账户，在一定限额内资本项目可兑换，开放外债制度，外债允许区内机构管理，企业外债资金实现意愿结汇。外债额度在境内成员企业之间共享，便于境内企业牵头公司从境外获得较低成本的资金。

税收政策，税收对企业来讲是重中之重。尤其对创新型新设的企业往往能得到税收优惠，在前面几年对企业的发展助力非常重要。前海有现行的政策，符合条件的企业可以享受15%税率，有适用条件，包括区域和目录，只有优惠目录中规定的产业为主营业务，收入达到70%以上才能享受。优惠产业包括现代物流业、信息服务业、科技服务业、文化创业产业。这是前海战略定位方面的主要推动产业。明确收入的概念，收入指的是税收上的收入，包括销售、劳务、转让收入等，这远远大于会计收入概念的范畴，所有关于企业所得税的政策可以大大减轻能享受到在优惠产业里的税付。个人所得税，这跟企业不是直接相关，但也是息息相关，企业员工还是会关注自己的切身利益。前海规定在前海登记注册的企业，相关工作连续一年以上，符合产业方向的境外人才有一部分的抵扣，有利于企业引入境外高端人才。随着中国企业走出去，吸引境外人才，外国人到中国工作以后会变成趋势。以前外国人到中国工作大部分是做外教，现在我们在公司的市场、销售、产品支持等各个方面越来越多地需要国外受过高等教育的专业人才来到公司，像公共关系政策领域等，相信这是深圳高新创新企业的特点，从传统企业向高科技企业过渡的方向，其中离不开境外高端人才的引入。境外高端人才可以使得企业更简便、更快地走入国际化。原来在国内并不能寻找高端人才的领域，可以通过引进境外高端人才，迅速跟国外达到同样的水平，在引进高端人才方面，我们非常希望在前海会有更多的政策，便于企业进一步发展。

投资管理政策，一是对外投资，主要是放宽准入限制、准入前的国民待遇+负面清单管理，方便境外企业入驻；二是对外投资，自贸区企业对外投资实行备案制，这个政策的出台对于有心开拓海外市场的企业，可以简化收并购的流程，方便企业并购海外资产。现在看到自贸区政策出台后，许多中概股拆VIE公司架构的项目公司选择在自贸区设立，其中肯定有它的道理，主要是对外收并购和税收方面有优惠。对外投资简化境外并购投资流程，方便境内企业并购资产。其他方面主要在法律服务、教育、医疗，包括电信合作等，很多自贸区和企业把关注点放在税收、金融、对外投资，这是正确的，这是企业最大的需求或者方向。从自贸区的园区建设、广东自贸区以及全国自贸区的对比，辅助的服务往往不可忽视，也是非常重要的。我们在招人的时候，对于高端企业招人，深圳常常会面临上海的竞争压力。上海外商企业多，比较成熟，如果不是深圳本地的毕业生，而是祖国各地，比如港澳的高端人才在深圳和上海间选择时，往往会偏向上海。我们在招聘中遇到一个问题，很多高端人才愿意在深圳定居，是因为深圳的环境比上海、北京好。求职者考虑到小孩的居住环境，所以愿意全家搬来深圳。听说前海入驻了非常高端的国际学校，来自香港或者海归人士对这一块需求非常大，他们的小孩不太适应国内的教育体制，小孩比较小，他们最终要回到国外接受教育，前海蛇口国际学校的资源使得他们可以对小孩的教育进行无缝衔接，这是高端人才最后选择深圳的原因。对于前海自贸区来讲，可以说周边辅助性的服务一样非常重要，往往是你之前没想到的方面，像深圳的医疗跟广州比会差一点，综合方面如果能一起提高，这对吸引人才会有非常大的帮助。

自贸区企业的需求

最后，谈谈我们作为自贸区企业的需求和对接。

在讲这个题目前，在座听众可能不太了解大疆创新科技有限公司，在这里我先简单介绍一下。大疆创新科技有限公司成立于2006年，是全球领先的无人机研发及制造商。我们的产品线涵盖航拍无人机、无人机解决方案，我们目前有占全球70%的无人机市场份额，包括在中国、日本、韩国、德国等国家的13个城市有分支机构，全球员工在5700人左右。我们大疆创新科技有限公司在消费级无人机市场上占据领先地位，行业应用级别的无人机市场也是潜力巨大的业务。无人机的行业应用包括农业、电网、建筑勘察、传媒、电影等，根据行业报告，未来五年全球无人机行业市场预计在200亿美元左右。大疆创新科技有限公司在2015年正式在前海设立应用公司，入驻前海自贸区。

我们的需求，一是在税收方面，我们跟国内自贸区企业一样，希望前海自贸区可以进一步加大政策方面的创新。在税收政策方面，我们希望进一步延伸优惠产业的范围，加大对高新技术企业的支持。目前我们觉得前海关于税收方面的几大政策属于试行阶段，从企业角度来讲希望政策在落地、执行、手续方面能进一步简化，包括税收优惠政策对企业主营业务的认定、高端人才税收优惠申请、外汇登记等。谈到法务需求，我们觉得主要来自企业以下活动，包括自贸区企业设立、架构筹划、税务架构筹划，还有企业的融资活动（其中包括融资、交易架构、交易文件）。这些企业活动都需要专业的法律顾问来承接。

自贸区内企业期待更多优惠政策的落地，这要求自贸区企业与政府有更紧密的沟通机制，企业自身也会非常积极地去做。如果有更多的机构，像前海法律中心这类可以协助我们跟政府以及非政府的事业部门的对接，对企业是非常需要的。企业律师事务所与其他机构合作的前景非常广泛，包括长期咨询服务、定期服务以及讲座论坛等。

最后大疆创新科技有限公司作为自贸区创业企业之一，我们希望未来前海自贸区在政策上对我们高新技术企业有更多的支持和创新，企业可以享受到更多的政策红利，同时希望和在座的法务精英进行合作，互利共赢，共同成长。

（本文根据申昊在第五届中国公司法务年会华南会场上的发言整理而成）

企业跨境业务中亟须注意的中国海关法律风险

企业在进出口活动中可能会面临海关法律风险，海关法律风险与其他合规风险相比，有其独特性，尤其是在全国海关通关一体化改革的情况下，企业不合规的法律风险更是骤然增大。企业想要有效地防范海关法律风险，首先要定期进行海关合规性审计，在一般贸易中，要保证申报要素的准确性和合法性，比如税号、价格、品名等。

■ 文 / 周和敏

周和敏

上海昊理文律师事务所高级合伙人。周律师对于海关法理论有深入的研究，并具有丰富的海关法律实践经验。周律师从事海关法教学和研究十余年，已出版多部海关法方面的著作。在海关法律服务方面，周律师为诸多跨国公司、上市公司和国内企业提供海关法律服务，他还为诸多客户在海关稽查、调查中提供咨询、出具法律意见，并在涉嫌走私的案件中担任被告的刑事辩护律师。

海关法律风险的特征

企业经营中会经常面临着来自诸如工商、海关、税务等政府部门的政府调查的风险。企业在面对这些危机时，由于专业知识和经验的缺乏，往往感觉很吃力，不知如何应对。中国海关，作为唯一一个自己拥有侦查机构的行政机关，既有行政执法权，又有刑事侦查权，而且海关的刑事侦查权和行政处罚权都集中在海关的缉私部门，所以当企业面临海关调查时，通常面对的是海关的缉私部门，即海关的警察。

进出口活动中可能出现的海关法律风险和其他法律风险相比，有其独特的特征。我们从为客户十多年的法律服务经验中总结出海关法律风险具有如下特征。

（一）顺利通关并不能避免事后的追责风险

在大家的认知中，绝大部分企业会认为：我向海关申报了，海关审核了，甚至查验了，最后把货物放行了，他们就会据此认为我的申报是没有问题的。但实际上这是错误的认识，企业可能会因此错误的认识面临巨大的法律风险。我们有个客户，20年来一直用A税则号申报进口货物，后海关质疑该税号，认为其申报的A税号不对，应以B税号申报，经核税，企业漏缴税款达人民币100多万元，遂对企业进行涉嫌走私犯罪调查、后移送审查起诉。有意思的是，此案所涉及的A税号税率从当初最高的40%一直降到最后的15%，而海关认定的B税号税率一直是20%。企业认为，如果海关从企业第一次进口时发现企业申报的税号是错误的并告知正确的税号的话，企业不仅不会涉嫌走私，还可以大幅降低进口税收。如此算来，企业这么多年不仅没有少缴税，实际上还多交了100多万元的税。

上述案例充分揭示了在海关法律风险中，顺利通关并不能避免事后被追责的风险。因为从《中华人民共和国海关法》及其他海关法规条文来看，对进出口货物的如实申报是进出口货物收发货人的法定义务，如果申报义务人所申报的货物品名、税号、数量、价格等和货物的实际情况不符，申报义务人则需要承担相应的法律责任，轻则构成一般违规，重则构成走私行为，甚至走私犯罪。

（二）风险具有滞后性与累积性，更具爆炸性

若企业在申报过程中存在错误，但并没有被海关发现，企业就会认为该申报是正确且合法合规的，企业就会据此判断一直这么申报。这样，海关法律风险便一直在累积，等到海关查获之时，很可能已申报数年，此为海关法律风险的滞后性。由于时间长，漏缴的税款额累计可能已然达到很大的数目，一旦被海关发现，后果就会很严重，可能会给企业带来刑事风险，所以说海关法律风险具有爆炸性。

根据2014年9月10日生效的《最高人民法院、最高人民检察院关于办理走私刑事案件适用法律若干问题的解释》，单位走私犯罪的起刑点为：偷逃应缴税额达到人民币20万元（包括关税、增值税及消费税等）。如果漏缴税款达到了20万元，且有逃避海关监管和偷逃税款的主观故意，企业就会涉嫌走私犯罪。一旦走私犯罪成立，企业会被判处罚金，同时，直接负责的主管人员和其他直接责任人员会被判处相应刑罚。实务中，直接负责主管人员和其他直接责任人员一般涉及物流经理、关务经理、财务经理等负责进出口业务的人员，因此从海关法角度来看，上述人员处于风险较高的职位，更应注意防范法律风险。

有人戏称海关法律风险的这些特征为海关的养猪理论。即刚开始企业漏缴税款不多时，海关不查，等累积达到数额较大时，肥了，再来"宰"你。当然，上述调侃聊以逗趣，但的确生动形象地揭示了海关风险的滞后性、累积性及爆炸性。

（三）海关深改下企业不合规的法律风险骤然增大

6月1日起，全国海关通关一体化改革在上海启动试点。之前针对自贸区，海关切实出台过一系列通关便利化政策，但相比于现在的通关一体化改革而言，自贸区的通关便利化政策已相对不那么重要了。

海关通关一体化改革中，最大的亮点在于"两个中心"及"三项制度"，运用大数据技术，对试点范围内进出口货物实施"一次申报、分布处置"的通关管理模式；不再在货物放行前逐票审定，而是对税收风险实施前置风险分析、放行前验估、放行后批量审核、稽查等全过程管理。概括而言，即全国通关一体化改革后，通关现场海关不再审查企业的申报情况，而是由企业自主报关，申报税号、价格、原产地等申报要素，自行报税、打印税单。之前在进出口申报环节就要审查的估价、归类等问题，将留待后续的税收征管中心进行审查、处理。

较之改革前的通关模式，先前现场海关承担部分审查义务，对企业申报时的合规要求较低；但改革后现场海关不再进行审查，这样的通关模式大大提高了企业的通关速率、给予了企业充分的贸易便利化，但伴随而来的是对企业申报提出了更高的合规要求，一旦海关发现企业有申报不实等违规、违法情况，其后续处罚力度势必从严。

海关法律风险易发的领域

（一）一般贸易的海关法律风险——进出口申报不实（包括品名、价格、税号等）

一般贸易的风险均源于申报，尤其在进口时，如果企业申报的价格、税号、品名错误的话，就可能会出现漏缴税款的情况，风险非常大，当漏缴税款累积到一定的数额（20万元），甚至会有走私犯罪的刑事风险。

关于价格申报，我们处理过一个非常有趣的案例。众所周知，跨国公司都有转让定价，买卖双方的价格是在系统里设置好的，报关时只要在系统里点一下按钮，相关的合同、发票等都会出来。曾有个客户在新旧年度的系统更新的时候，对一票货物进行进口申报，按照转移定价，比如应该卖16元的货物，最终出来的合同价格变成了9元，但由于系统错误，商业发票无法出具，于是企业就做了个形式发票，并将之与合同等文件交于海关。海关关员第二天审单时发现该发票异常，要求企业提供商业发票。企业遂在系统中重新打印合同发票等单证。

但出乎意料的是，此时系统恢复正常，显示出来的合同发票等价格变成16元了，公司员工也没看，就把这套交易价格为16元的单证又交给了海关。海关关员对于同一票货物拿到了两套价格资料，初步建立了该企业具有主观故意的怀疑，经过进一步调查发现，企业之前类似的申报还有三票，累计漏缴税款的金额达到40多万元，于是将该案移送缉私局进行刑事侦查。

企业之前找了一个中介机构为其提供服务，他们向海关提供了很多份情况说明，内容概括起来有三点：一是承认低报价格；二是低报价格的原因是系统错误；三是希望海关从轻处罚。但是，既然企业自己承认存在低报价格行为，其漏缴税款又达到了走私罪的起刑点，且存在偷逃税款的主观故意，海关也只能按照刑事案件程序来处理本案。

我们介入后经分析认为，企业并没有低报价格，企业是如实申报。我们承认企业之前是的交易价格为16元，但这几票涉案货物的确就是卖9元，企业的合同、发票、对外付汇等都是9元，所以企业没有低报价格。低报价格案件中一定要有两个价格，一是真实的交易价格，二是向海关申报的价格，只有申报的价格低于真实的交易价格时，才是低报价格。上述案例中，真实交易价格是9元，合同约定是9元，发票是9元，对外付汇也是9元，我们认为是如实申报。海关无权决定买卖双方的交易价格，对于这种情况，海关只有不接受9元作为成交价格、从而对该货物进行重新估价的权力。该案件在我们的努力下，最终客户成功地避免了刑事风险。

（二）加工贸易业务的海关风险——账册不平和擅自内销保税货物

加工贸易中主要的问题是账册不平和擅自内销。由于单耗等问题，加工贸易企业的账册要保持实时平衡是很难的。企业平时要注意加强此方面的管理。特别值得注意的是，对于保税货物，未经海关许可并补税，不得擅自将保税货物在境内销售。擅自内销保税货物具有极大的走私犯罪法律风险。

（三）特定减免税货物的海关风险——擅自处置特定减免税货物

特定减免税方面的风险就是擅自处置特定减免税。很多企业对此没有足够的重视。特定减免税要符合三"特"：特定的企业，特定的地区和特定的用途，擅自改变任何一个"特"都会给企业带来法律风险。

很多外企会在同一个地点设有三四家法律实体，他们认为本质上都是一家，如特定减免税申请人是A公司，但他们认为A、B、C、D是同一家公司，所以A公司的特定减免税货物可能会存放在 B、C、D 公司或由这些公司使用。特别要注意的是：擅自处置特定减免税货物会引发走私犯罪的风险，如擅自将特定减免税货物在境内销售等。

（四）出口退税的海关风险——归类风险

出口退税方面，主要风险在于故意申报出口退税率较高的税号，从而骗取出口退税，这种情况前几年比较典型。这种情况下海关会对骗取出口退税的行为进行行政处罚。但如果多退的税款超过 5 万元，且有明显的主观故意的话，海关会将案件移送到地方经侦部门以涉嫌骗取出口退税罪进行刑事侦查。

（五）进口转移定价的海关风险——海关另行估价风险

在关联交易方面，主要的法律风险在于海关的价格质疑。2016 年 3 月 30 日开始生效的关于修订《中华人民共和国海关进出口货物报关单填制规范》的公告，对进出口报关单填制规范进行了调整和修改，新增了三个项目：要求企业申报时要确认是否存在特殊关系；特殊关系是否影响价格；是否有支付特许权使用费。

对于这三项的填制，企业感觉很困惑。尤其是"特殊关系是否影响价格"，专业性极强，企业自己很难做出判断。对于"特许权使用费"，企业的顾虑在于：如果填"是"，是否意味着海关就要征税？如果填"否"，但一旦查实存在特许权使用费的话，海关是否会对企业进行处罚。

在报关单改版前，这几项申报项目都是海关价格质疑后，企业才需要补充申报的内容；且改版前对于因转让定价和特许权使用费的价格调整，企业所承担的法律后果一般仅为补税。但现在海关将之明确为进口申报要素，没有申报或申报错误很可能就意味着企业将承担除补税之外的其他法律后果。

（六）特许权使用费的关税风险——申报义务

对于特许权使用费，2015 年海关针对汽车行业进行了专项的稽查，几乎覆盖了所有的汽车行业公司，至今仍有不少海关调查尚未结束。由于受到外界压力，今年开始，海关将会对企业的特权使用费进行全面的稽查，如果企业有对外支付特许权使用费的，应尽早在专业机构的帮助下进行自查并做好充分的准备。

（七）并购项目：交割后的海关风险

在并购方面，以前很少企业会想到并购也会存在海关法律风险。若是资产并购，企业将资产买入，后来海关发现该资产为走私货物，会予以没收；若是股权并购，收购公司需要承担目标公司相关的权利义务，等收购完成后，海关调查发现目标公司之前的进出口活动中存在违规或走私行为等，此时相应的行政处罚或走私犯罪的法律后果将由收购公司来承担。

今后企业在进行并购尽职调查时，如果目标资产或公司有进出口活动的，应聘请专业的海关法律时协助，以避免可能出现的法律风险。

企业进出口活动不合规的法律后果及风险防范

企业进出口活动不合规的法律后果包括：（1）所补交或者遭受的罚金无法转嫁；（2）在企业走私犯罪案件中：单位将被判处罚金，有关知情或者参与的人员将面临刑事处罚；（3）在企业走私行为案件中：海关将没收走私货物及违法所得、要求企业补税、对企业并处偷逃应纳税款 3 倍以下罚款、降低企业的海关分类管理类别等；（4）在企业行政违规案件中：要求巨额的税款担保、没收违法所得、要求企业补税、对企业处漏缴税款 30% 以上 2 倍以下罚款、降低企业的海关分类管理类别。

对此，企业首先可以自问三个问题：（1）贵司法律或者合规部门有否参与海关合规审查？（2）若否，谁实际负责此项工作，是报关行还是其他顾问？（3）法律部或合规部未参与海关法律合规工作，是否存在适当理由？

我们发现，在我们处理的几乎所有的海关刑事及行政调查案件中，企业都存在两个问题：

一是事先均未进行海关法律、法规合规性审计，只有面临海关调查时才意识到此中法律风险；二是企业或者认为是通关问题而依赖报关公司，或者认为是税务问题而依赖税务顾问。

为此，我们提出以下防范海关法律风险的建议及措施。

（一）定期进行海关法合规性审计或者进出口与保税业务体检

1. 一般贸易中：（1）企业要保证申报要素的准确性和合法性，比如税号、价格、品名等；（2）进行商品归类以及关税方面的事前合规法律咨询。先前为了通关便利化，海关曾推行过社会预归类服务，现在全国海关通关一体化改革后，企业需要转变观念，对货物进行预归类的目的不再是为了便利通关，而是为了合规。

2. 加工贸易中：企业需要加强对于保税货物的现场管理以及手册核销审计。

3. 关联交易进口价格另行估价风险：企业需要提前做好合规性抗辩，避免海关对价格产生质疑后，企业无法在法定的5个工作日内完成所有价格资料的收集、准备工作。

（二）针对避免单位刑事责任而进行专项咨询

简单而言，就是企业在进出口活动中，尽可能避免出现单位意志。企业在诸如人事合同的设计、组织架构、部门分工等方面，需要在专业人士的帮助下，防范在进出口活动中出现单位意志。

外企文化中，大家在工作中习惯用电子邮件进行沟通，且会抄送给诸多人。有些高管每天会收到许多邮件，其中有的邮件根本没时间审阅。如果关于申报价格、税号确定等邮件抄送至高管，一旦申报错误可能涉嫌走私犯罪的情况下，该高管即使在邮件中没有明确表态或回复，也可能构成明知但仍然放纵的主观故意；由于高管职位高，职权大，极易被认定可以代表公司，最终公司很可能因此而被认定具有单位意志。

（三）并购项目中海关法律风险专项尽职调查

企业在进行并购时，如果目标公司或资产有进出口活动或属性，要重视海关法律风险。在进行尽职调查的时候，必须聘请专业的海关法律师，以更准确地发现和甄别可能的潜在法律风险。

（四）海关调查中的法律抗辩

最后，在海关稽或调查中，要第一时间聘请专业人士，做好危机处理预案，做好充分的抗辩准备。对于主观故意，由于从事物流报关等具体业务的人员缺乏法律判断和思维，表述不严谨，很容易就在不自觉中留下可能会被认定为主观故意的证据，比如在前文所述的归类的案例中，企业在察觉到进口税号和出口国税号不一致的情况下，采取了一个非常错误的做法：将出口国发票上的税号进行涂改，就是这一行为被海关认定为公司存在主观故意。

另外，我们发现很多公司人员在讨论关税、税号等问题时，由于认识不错误，表述不准确等导致最终被认定为主观故意。如某关务人员向领导邮件汇报：经查，我司产品按照税则A税号和B税号都可以用，但B税号的税率更低，为了节约成本，所以建议使用B税号申报。这个关务人员不是故意的，他的确认为这两个税号都是正确的，由于领导也不懂归类，他依赖于该关务人员的判断，所以回复同意。领导的这个"同意"，很有可能就会给公司和自己带来刑事风险。该关务人员邮件中"为了节约成本"很有可能可以被理解为为了少交关税，为了逃税，领导的同意可以被认定为代表公司意志。

（本文根据周和敏在第五届中国公司法务年会华南会场上的发言整理而成）

新一轮压力下的不良资产处置
——AMC与银行寻求创新突围

此前的大规模不良资产剥离处于经济上行期，在诸如房地产市场的不良风险随着后来的价格提升而顺利化解。而眼下这一次的不良风险面临诸如缺乏流动性、缺乏变现能力等新的问题和挑战。

■ 文 / 辛颖*

5月26日，中国银行首单不良信贷资产证券化产品"中誉2016年第一期不良资产支持证券"在银行间市场成功发行，发行规模3.01亿元人民币，5月27日信托正式成立。这也是国内信贷资产证券化业务重启试点以来首单公司不良贷款资产支持证券。

继中行及招行先拔头筹启动不良资产证券化发行工作后，农行、建行及工行也紧追其后，推动相关的发行工作。农行已完成发行前大部分尽职审查及估值等工作。建行仍在尽职审查过程中，尚未确定发行规模及定价。而工行也在着手相关准备，尚未物色发行的中介机构。

而这也只是不良资产市场的火热的一角，以银行不良贷款为代表的不良资产处置依然备受关注。

由于不良资产属于非正常履约状态下的资产，基于这类资产的特殊性，在传统不良资产处置过程中，处置方所遵循的法律依据多为监管部门制定的特殊政策。而随着不良资产处置方新一轮的创新突破，以及监管部门的政策调整，如何找到最合适的不良资产处置路径成了业内人士最关心的话题之一。

北京仲裁委员会/北京国际仲裁中心（以下简称北仲）秘书长林志炜也表示，如何在现在的经济环境下把不良资产平稳地处理过去，是一个会影响全社会共同利益的一件事。

5月31日，北仲第五期金融法律实务论坛以"不良资产管理风控要点及模式创新"为题，邀请了来自银行、资产管理公司以及法律服务行业的业内专家就这一话题展开了讨论。

不良资产爆发下的AMC压力

"20世纪90年代以来出现过两次不

---

* 作者系《法治周末》记者。

良资产的大剥离,第一次是 1999 年开始为配合国企改革,大约剥离了 1.4 万亿元不良资产。2004 年至 2005 年配合国有银行股改上市的 1.2 万亿元不良资产剥离是第二次。"中国银行股份有限公司资产处置委员会委员、北仲仲裁员官以德介绍,"而这一次银行不良资产爆发始于 2012 年至 2013 年,正好是国家经济进入下行期"。

调研数据显示,GDP 的增速每变动一个百分点,不良资产率就会反向变动 0.5~0.7 个百分点。

中国华融资产管理股份有限公司法律事务部总经理、北仲仲裁员郭卫华表示:"这一轮不良资产的处置和消化是需要极大魄力和智慧的。"

中国银行业监督管理委员会于 5 月 12 日在官方网站发布的主要监管指标数据显示,截至 2016 年一季度末,商业银行不良贷款余额 13 921 亿元,较上季末增加 1177 亿元;商业银行不良贷款率 1.75%,较上季末上升 0.07 个百分点。

北京律协不良资产处置专业委员会主任孙敬泽指出,此前的大规模不良资产剥离处于经济上行期,在诸如房地产市场的不良风险随着后来的价格提升而顺利化解。而眼下这一次的不良风险面临诸如缺乏流动性、缺乏变现能力等新的问题和挑战。

从另一方面看,不良资产的爆发将会给资产管理公司(AMC)带来前所未有的机遇和挑战,地方性 AMC 也迎来新一轮设立高峰。

1999 年国家成立华融、长城、信达、东方四大金融资产管理公司,如今信达、华融已先后登录 H 股。

"除了四大 AMC,目前国内已经有 25 家地方 AMC,另有一家正在与政府磋商,预计不久就会通过成立。"中国银行协会首席法律顾问、北仲仲裁员卜祥瑞介绍道。

但经济增速下行的压力持续,不良资产形成的"冰棍效应"导致不良资产贬值速度加快,也给 AMC 也带来较大压力。

此外,与四大 AMC 相比,地方 AMC 在融资方式和成本、业务范围、享受相关优惠政策等方面还处于劣势。

中国信达资产管理股份有限公司资产管理一部副总经理周理焱也表示,从行业情况来看,银行不良资产井喷式的出现,AMC 有时会来不及回应。另外行业内的竞争方式也很激烈,利润已经进入 L 型的横向区间,但我们并不清楚还会持续多久,所以虽然不良资产供给在爆发,但是 AMC 却仍然需要稳扎稳打。

官以德还认为,近年商业银行在"走出去"战略下的并购贷款和其他海外业务短期内激增,潜在的不良风险也不容忽视。

摇摆的政策风险

2016 年年初,6 家银行被选为不良资产证券化重启后的首批试点。与此同时,关于重启新一轮的债转股,也引发争议。

其实,在放开此前已经搁置许久的不良资产处置路径的同时,监管层面已经在政策方面划定了很多红色禁区。

官以德介绍，商业银行处置不良资产的常规手段，对内包括清收、债务重组、核销等，对外主要是批量处置，以及现在备受关注的债转股、资产证券化。

在3月下发《关于规范金融资产管理公司不良资产收购业务的通知》（简称56号文）后，中国银行业监督管理委员会又在4月底出台《关于规范银行业金融机构信贷资产收益权转让业务的通知》（简称82号文），直指银行借道AMC假出表的违规行为。

而此前AMC已经开展并实践的多项业务也被叫停。

"前一份文件是针对资产管理公司的，主要是限制此前资产管理公司大量从事的通道业务，并禁止资产管理公司提供各种形式的保底清收条款。82号文件主要是对于防止规避监管的行为、隐匿不良资产的行为进行规范。"金杜律师事务所上海分所合伙人、北仲仲裁员陈胜在研讨中说道。

然而，在现行规定下，不良资产的禁区也仍有很多灰色区域。2015年，江苏省的监管机构在对一家国有商业银行检查时，对一个不良资产项目的处置条款提出了疑问，认为其中设定的一个清收目标可能构成保底条款。

陈胜律师认为，从法律层面看，清收目标的设定与清收保底义务应该属于不同的性质。但也有业内人士认为："法律的不确定性，是目前不良资产投资者面临的最大困境之一。"

银行与资管合作创新

"对于创新业务，我们现在也是摸着石头过河，我们部门的职责配置包括法务与合规，我们会继续研究如何依法合规开展不良资产业务。"郭卫华说道。

周理焱介绍，目前市场上出现银行和AMC合作的方式，是以成立资产管理计划或合资GP等私募资产证券化的方式去处置不良资产。这种方式能够运用银行和AMC的优势对资产做进一步的处置而非一卖了之，可以解决双方对于资产价格的分歧问题，使双方对资产价格达成一致。

周理焱表示，在这种模式下，合作双方互相没有兜底条款，而且均会进行真实的估值与尽职调查。

"虽然目前银监会对这种模式持开放态度，但这种模式的合规性仍处于一个相对的不稳定状态，"卜祥瑞表示，"银行不良资产规模巨大与银行业的过度授信、过度竞争、过度服务、过度追求利润密切相关。创新处置手段不是银行业化解不良风险最有效的方法。金融创新是现有框架下的有限突破，还权于银行，赋予其商业银行法规定的自主权，并放松管制，才是银行业化解不良风险的可行办法。"

面对不良资产处置手段的不断创新与监管层的政策高压问题，郭卫华表示："监管应该更具有建设性。限制过多会导致AMC的创新业务没有办法进行，而现在又有如此大规模的不良资产处置需求，所以监管的思路应该留有弹性。"

官以德也认为，目前国际公认的不良贷款警戒线为5%，通行的拨备覆盖率大多低于100%，平均水平在70%~80%。而我们现在不良贷款率还不到2%，拨备覆盖率高达175%，大型银行刚刚才被允许突破150%。从这个角度来看，一则说明银行业整体风险抵补能力尚稳定，二则说明对不良贷款监管的容忍度尚可提高，这有利于增强商业银行不良资产管理和处置的市场博弈空间和能力。

陈胜表示，对于目前监管趋严与金融创新的磨合困境，无论采取哪一种解决思路，都需要稳定的现金流以及可预见的回收周期，这才是各方需要共同努力的方面。

■ **资料链接**

AMC（Asset Management Companies）即资产管理公司，凡是主要从事此类业务的机构或组织都可以称为资产管理公司（Asset Management Companies）。

前海金融企业的法务需求

深圳前海自贸区在两个方面独有特色，一是法治创新，二是金融创新，而政策是前海创新的基础。我认为前海金融企业的法务最需要的是创新能力、业务能力和前海梦，而在前海创新就是如何牢牢把握政策、理解政策、实施政策。

■ 文 / 傅宇

傅宇

前海金融控股有限公司风控合规部总经理，先后在英国富尔德律师事务所香港分所律师、美国美迈斯律师事务所香港分所工作超过10年，拥有涉及跨国并购、投资、资本市场和争议解决的丰富法律工作经验，同时也先后担任成都金控金融发展股权投资基金有限公司和成都蓉兴创业投资有限公司总经理、前海金融控股有限公司风控合规部总经理，具有国有金融控股集团的法务和管理工作经验。

我认为，深圳前海自贸区在两个方面具有独有特色，一是法治创新，二是金融创新。

前海是唯一一个中国特色社会主义法治示范区，这是前海发展的核心制度保障。制度方面，前海有前海法院、深圳国际仲裁院和前海廉政监督局，还有全国首创"E送达"司法服务和"港籍陪审"制度。此外，前海还有全国首个境外法律查明平台"蓝海现代法律服务发展中心"。人才方面，前海着力建设深港共通、国际接轨、前海特色的人才法治环境；打造优于深港、领先国际的人才法治优势。刚刚有同行指出，我们比其他自贸区可能还存有落后之处。据我所知，今年前海准备推出新的吸引人才的措施。

金融创新是现代服务业产业集群的核心，自贸区发展的重中之重。前不久自贸区成立一周年之际，官方公布的数字，前海注册金融企业达到4万家，从业态来看有非常多新型业态，比如PE、融资租赁、互联网金融、要素交易市场等，其中商业保理企业全国的2/3，融资租赁企业占全国的17.8%。"金融机制创新区"，有67家银行机构，数量、种类和规模均居广东自贸区各片区之首。在跨境金融改革创新领域，前海也创造出多个全国首次和全国第一。跨境人民币贷款业务试点、跨境双向发债、跨境双向股权投资试点、外债宏观审慎管理试点等都在实践中。个人认为，政策是前海创新的基础，国务院给前海22条扶持政策，金融政策有8条。

我过去做过律师，现在做企业法务。关于前海金融企业的法务需求，我总结了三点，一是创新能力，二是业务能力，三是前海梦。

我认为，创新能力是首要需求。企业到前海就是冲着前海有创新基因和发展的可能，创新是金融发展的必需。在目前这么恶劣的经济大环境下，企业要发展必须有创新。我认为，前海作为法治示范区必须起到引领作用。如何创新，我个人理解，需要企业具有政策把握的能力、政策的综合理解能力和政策实施的能力。

谈到"把握政策"，举例来说，我们前海金控成立了两个全牌照的证券公司。近十年来，证监会很少批准成立证券公司。最近在上海的自贸区新批准成立了一家证券公司，这就是利用自贸区的优惠政策。在前海要充分发挥政策的优势，获得政策的红利。然而，政策的红利是非常短暂的，如何把握政策，这是我们无论作为公司的法务人员还是外部律师都应该思考的问题。

举例来说政策综合理解的能力。比如，跨境贷款，泛泛而谈是一个很简单的东西，但如果把这几个政策放在一起看，可以发现政策之间是有区别的。上海和天津相关跨境贷款的政策规定中，境外借款的银行没有限制，但前海的相关跨境贷政策规定需要从香港经营人民币业务的银行借贷人民币，而厦门则是从台湾地区银行业金融机构借贷。把政策放在一起比较理解可以为我们以后实施政策提供比较好的指引。

举例来说政策实施的能力，保监会出台了《关于深化深圳保险创新发展试验区建设加快前海开发开放的8条政策》（简称保8条），政策推动前海建设再保险中心，我们仅仅围绕这句话，筹办我们的前海再保险股份有限公司，花了整整389天，2016年3月25日，保监会批复下来，就是把政策这几个字最后变成落地的项目，这是我们政策实施能力的体现。我们把保8条里很简单的几个字变成落地的项目，这需要政策实施能力，也需要我们在前海的企业和公司法律顾问的共同努力，发挥政策实施能力，把简单的政策、条文、条款真正变成可以落地的项目，这是我们前海金融企业所需要的能力。

前海金融企业还需要业务能力，包括团队、品牌，需要强调的是国际和香港业务的能力，为前海企业提供服务，不管是内部人员还是外部律师，至少要对香港常见的业务有一定的了解。"专家型＋通用型"的业务能力，这是最近大家在法律领域探讨比较多的，具体是作为通用型还是专家型，还是根据每家公司的具体情况做判断，目前没有一个定论。最近还有一个争论，金融业混业经营，公司风控和法务人员有融合的趋势，这可能是未来大家需要探讨和进一步研究的问题。

前海梦，大家到前海怀揣着梦想，条件艰苦，回报周期长，做梦的人一定要有激情和长远的抱负和理想，不能追求短时间的利益和回报，相信前海的前景非常光明，欢迎到前海创业，成就一番光明的事业。

（本文根据傅宇在第五届中国公司法务年会华南会议上的发言整理而成）

不良资产与法务应对

经济下行只是大环境，不良资产的产生一定是企业内部出现问题，很多时候是管理出了问题。对此，企业法务应该从专家思维转换成管理思维，做好合同管理、纠纷管理和合规管理；还应该拓展企业信息来源渠道，建设企业信息数据库，对客户/供应商进行日常法律监控。法务也可以利用这个契机拓宽主导的职责范围，主动参与到企业的内控、公关和公司治理的环节中来。

任才博

酷派集团法务总监。山东聊城人，西南政法大学法学硕士，曾任中兴通讯北美区法务主管。现兼任深圳市民商事调解中心调解专家，华南国仲调解中心调解专家，深圳市劳动人事争议仲裁院兼职仲裁员。

■ 文/任才博

目前的中国，手机行业已经不算是高科技领域的企业，而是逐渐蜕变为传统制造业。卖手机的利润还没有卖白菜高，绝大部分手机公司的净利润率很低，非常艰难。

手机行业很简单，上下游从晶片、零组件、制造到手机品牌企业。其中每一个零组件又分为不同的部件，涉及不同的供应商。手机供应链建立需要时间，这是为什么360之前要跟酷派合资，乐视要做酷派的第二大股东。近两年，中国的手机行业发生了比较大的变化，从之前的"中华酷联"演变为OPPO、VIVO、华为、苹果、三星分食这个市场。中兴和联想在国内一度遇到非常大的问题，联想手机去年的库存有18亿元。2016年第一季度，六大设备商智能手机出货量下降，中国18~24岁智能手机用户增幅不是大幅增长，改为下降。这预示着手机行业不好的日子还会有很长一段时间。

2015年至今，手机行业倒下的知名企业达到21家。前一段时间媒体报道清洁阿姨做了展唐公司董事长、法人代表，所有的高管、董事长都跑路了，它有可能成为第一家破产的中国新三板企业。去年，锤子手机曾经出资帮助深圳中天信电子发放员工工资，很可惜中天信仍然没能坚持到 2016 年，2015 年年底结束经营。

企业不良资产的成因

从企业来讲，主要形成不良资产的有三块，第一块是库存，不只是企业本身的库存，还有很大一部分是供应商、代工厂产生的呆滞料和库存，最终成本仍然可能由企业承受；第二块是应收和应付账款；第三块是企业的对外投资。

目前这三块业务都不是法务部门在主导，实际上反映出一个问题，整个法务部门目前在公司主营业务中非常多核心业务，但并没有真正起到我们应当起到的作用。

经济下行只是大环境，不良资产的产生一定是企业内部出现问题，很多时候是我们的管理问题，包括业务部门人员操作不当，由于不当操作可能导致公司处于违约境地，该留存的证据没有留存，该采取规避风险的措施没有采取。还有一种是员工的舞弊行为。再有一种是客户、供应商与企业间的信息不对称。经济形势好的时候，只要大家有钱赚，损失分摊一下就好了，很多风险、问题都被掩盖掉了。而一旦经济形势不好，潮水退去时，我们才能发现谁在"裸泳"。

我们每年都在说这些问题，没什么新意。现在的形势对公司法务来说也是一个机会，就看我们敢不敢碰硬骨头。之前很多公司的法务都是自己跟自己玩：公司没有合同模板，我就建立合同模板库；没有合同评审流程，我就建立流程；甚至每一类合同模板我都给业务部门制定操作指南，同时给法务部门内的同事制定评审指引，做得非常细。实际的作用呢？往往是一份合同签订后就被束之高阁，当这份合同第二次被拿出来的时候，就是我们可能要打官司的时候或者双方产生了纠纷，业务部门解决不了，丢给法务处理，法务再把合同找出来看到底怎么约定的。合同签订后，履行合同的人根本不管合同，不知道合同怎么写。我们的法务部门在这一环节完全缺位。

虽然我们总说要重视履行监管，但如何重视，很多信息业务部门根本不会告诉你。比如采购部门给供应商下了一个订单，让供应商为企业生产一款产品，过一段时间采购部门通知供应商说不需要了，不要生产了，给我生产另一款或者做一些变更。而这些变化法务完全没有参与其中，没有嵌入任何流程。直到企业跟供应商不合作的时候，法务才发现原来由于企业的原因造成了供应商这么多库存。

法务的应对之道

据我所知，有的企业需求变更的比例达到 50%，采购部门给供应商下了 100 个单，有 50 个单都取消了，而由此产生的成本，最终会由责任方——企业埋单。

法务真正做合同履行监管，就是要和业务部门一起，哪些业务点、流程有可能涉及或者实际上就是合同变更，业务部门不懂法律专业，我们就要跟他们一起把它识别出来，然后把法务嵌入到这些流程或业务环节中去。另外选好卡控点，比如在付款这一块，可以和财务部合作，订单变更或取消没有经过法务部参与，款付不出去，逼着业务部门必须把相关信息知会给法务。

同时，法务一定要明确，我们永远要支持业务。除了法律规定的红线，没有哪个商业行为或者行动一定不能做，无非是成本和收益的考量。很多时候在公司高管层做出商业决策时，法务的信息是缺失的，只是从业务层面考虑成本和收益，我们法务并没有给他做出法律方面的分析，实际上是我们自己工作没有做到位。如果能把法律成本分析出来，公司的决策会更合理，而一旦公司决定继续做这个业务，我们还要能够识别这个风险是否可控，并且制定预案，一旦风险发生，我们知道如何解决它。当然这也是对我们自身能力的考验。

企业不良资产很多的时候，有些法律部有一个误区，把大量精力花在打官司上，自己沉迷于这一块，觉得我很充实，被需要的感觉非常好。实际上如果我们把所有的精力放在应对诉讼上，法律部不会长久。只打不防，诉讼会越打越多，而很多法律部的同事在处理案件上越来越成熟，收益却跟外部律师无法比，他们就会想换一个环境。

比如深圳科技园有一家上市公司一年有几十亿元的销售额，他们法务部只有三个人，总是按部就班地递交诉状，接收败诉裁决。老板责问时他们也很委屈：业务部门没有做好，该有的证据都没有，肯定是输的。很多时候法务在工作过程中都会吐槽：这种"丧权辱国"的事情业务人员都干得出来，该签的东西居然没签。实际上业务人员不懂，也没人告诉他这些东西。我们不要自己玩，我们要跟业务部门一起识别出各个岗位的潜在纠纷类型，制成清单，同时告诉他在这个岗位可能会遇到哪些可能产生纠纷的事情，遇到了要怎么做，我要给你规范化。

有了上面这些还不够，还要有稽核。合规管理有很多作用与价值，关起门来讲我觉得合规管理就是大棒，法务如何让别人重视你，你要有制约他的地方，否则除了签合同盖章要找法务，别的时候可以不理你。如果法务有合规稽核权，我们对其他部门就是威慑。有了这种威慑，才更利于法务有效嵌入业务。

法务嵌入业务部门日常工作中，我们的目的是希望尽可能多地收集信息，法务不可能整天只是坐在那里，一定要在业务上有连接点，如何连接，你对业务部门进行日常法律监控，他一定是反对的，这时候我们要拓展外部信息来源，这样业务才会意识到我可以给他带来一些他没有的东西，大家才有可谈的空间。

法务的职责拓展

最后我想讲的是，法务可以利用这个契机拓宽我们主导的职责范围。

一是内控，因为很多时候法务做风控都是被动的，只有法务被拉到某个项目中去才会出具风险的预警或者防控报告。而内控一定要和业务部门一起做，主要是流程控制，这一定是主动、全面的控制。

二是公关，政府事务、危机解决，很多企业都很重视，这是提升我们法务地位的好办法。虽然中国现在仍然有两套规则，但明规则越来越清晰，大家遵循的程度越来越深化，这时候做公关不是简单的认识某人，跟某人把关系搭上就能解决问题，如何确保相应的关系人与企业自身的安全，在合法合规的红线内把这个事情解决好，这是法务所擅长的。我们要勇于把权力拿过来，这对我们会形成良性循环。

三是公司治理，法务部最希望得到的就是一票否决权，通过一票否决权可以建立起公司的科学决策机制，会有更多与法务有关的问题出现在CEO、老板、董事会的面前，这意味着法务跟业务部门获得同等地位。你要做，我说不行或提供另一种方案，最后肯定由最高层解决。法务会越来越多地出现在最高层面前，这对法务地位的提升是有帮助的。另外独立的合规监管是法务的大棒，不管业务部门开始是否愿意，总之我们要想办法找机会打入业务里，这样经过一段时间的磨合，业务才有机会意识到法务对它有帮助和好处，最终走向良性循环的道路。

（**本文根据任才博在第五届中国公司法务年会华南会场上的发言整理而成**）

应对不良资产的"全链条思维"

在经济下行的背景下，法律风险的发生具有突发性、连锁性、多发性、重大性、非常规性等特点。企业法务如何应对目前的挑战，我认为核心是要打造新形势下的事前预防、事中监控、事后救济，全方位、全过程的法律风险管理体系。事前、事中、事后相互之间是互相联系、密切衔接、互相支撑的。

■ 文 / 张加文

经济下行，不良资产攀升是目前社会的共识。金融是现代经济的核心，通过对银行不良资产的研究可以窥一斑而知全貌。

银监会公开发布的数据显示，截至2015年年末，银监会公布商业银行不良贷款余额从2014年年末的8426亿元上升到12 744亿元，增长51.25%，不良贷款率也从2014年年末的1.25%上升到1.67%。银行把不良贷款分为三类，次级、可疑、损失，2015年次级、可疑、损失贷款分别比2014年年底增长46.94%、55.25%、55.14%。

2016年，商业银行坏账继续攀升。银监会发布指标数据，2016年一季度末，商业银行不良资产率1.75%，较上一季末上升0.07个百分点。商业银行不良贷款余额达到13 921亿元，较上季末增加1177亿元。前两天中国农业银行首席经济学家向松祚在论坛上提出，我们现在全部商业银行体系的不良贷款率在2016年一季度都突破了2%，并认为2%是大大低估了银行的不良贷款率。可见，银行不良资产目前的形势特别严峻。

张加文
华夏银行深圳分行内控合规部副总经理，中国国际经济贸易仲裁委员会、深圳仲裁委员会仲裁员。长期从事金融企业法律事务，对金融企业法务具有独特见解。

市场经济是法治经济。经济下行，不良资产上升，给企业造成了巨大压力，也给公司法务带来了新挑战，也带来了机遇。公司法务在公司的地位和作用有边缘化倾向，不良资产压力大时公司的法务有望发挥更大作用，从提升公司法务的地位和作用来看这可能是一种机遇。在经济下行的背景下，法律风险的发生具有突发性、连锁性、多发性、重大性、非常规性等特点。企业法务如何应对目前的挑战，我认为核心是要打造新形势下的事前预防、事中监控、事后救济，全方位、全过程的法律风险管理体系。事前、事中、事后相互之间是互相联系、密切衔接、互相支撑的。

事前预防

事前预防，要加强创新型商业模式下的法律风险管控；加强新形势下对具体产品、项目、业务等法律风险的评估。

首先，是要加强创新型商业模式下法律风险管控。经济下行情况下，结构调整和业务创新成为企业应对的新常态。新的交易模式、创新型产品和服务层出不穷。摸着石头过河的思维观念要做改变，在目前新的经济环境下，还是要有规则意识、法制意识，在这种情况下进行业务交易，才能获得交易的安全。大家面对创新型业务，企业法务会发现存在立法滞后问题，司法实践缺乏导致法律风险的不确定性增加。检索参照类似业务进行法律结构的设计。设计法律结构要以法律关系为核心，结合具体业务合理设定权利、义务和责任。

其次，要加强新形势下对具体产品、项目、业务等法律风险的识别和评估。法律风险识别是对企业经营活动中和业务流程中可能给企业带来的法律风险因素的识别，以便对其控制和管理的过程。法律风险评估是针对识别出的法律风险因素可能造成法律风险发生频率、损失大小及影响程度进行判断、衡量和评价的过程。

对于识别出的法律风险点有四种不同的对待方式：一是接受，对于认为可以接受的法律风险要接受并持续监控；二是控制，对不可接受的法律风险点，可通过改进控制措施、修改权利义务责任、设定赔偿限额、设定免责情形等方法，提升控制风险水平，使之降到可接受的风险水平范围内；三是转移，在条件允许时，可通过合同义务或责任转移、保险等方式将法律风险转移到外部；四是规避，对于不可接受的法律风险且无法更好控制时，可采取减少或放弃业务、改变法律模式等方式规避风险。

事中监控

事中监控。首先，要加强新形势下对法律风险的监控和控制。建立相应的预警机制，针对潜在的损失不断扩大的风险，及时采取措施控制法律风险的发生频率及严重程度；根据法律法规的变化、司法实践的变化、典型案例的发生及发现的问题，不断对法律要素和法律事项进行及时完善和修改。

其次，加强新形势下对具体产品，项目，业务的重点、难点、疑点等方面的法律风险的重检。对企业依法经营、合规运行、严格履约等企业法律运行载体加大巡检频率和力度；对新发现的法律风险点及时采取签订补充协议、增加增信措施、制定预案、限制交易相对方行为（投资、对外担保、资产处置、组织结构变化）等措施防控法律风险。

事后救济

事后救济。首先，应充分行使法律制度赋予的权利及时抢占先机，维护公司合法权益。在这方面，法律制度上有很多维护合同当事方权益的各项制度和机制，我们要充分行使，包括解除合同、交叉违约条款、提前到期条款或加强到期条款、同时抗辩权、先履行抗辩权、不安抗辩权等。《合同法》第93条和第94条规定了合同约定解除和法定解除。交叉违约条款是指如果合同项下的债务人在其他合同或类似交易项下出现违约，那么此种违约也将被视为对本合同的违约，本合同的债权人可以对该债务人采取相应的合同救济措施。提前到期条款或加速到期条款，它是指如果约定的特定事件发生，则可以要求债务人在约定的到期日之前付清全部余额。该条款一般出现在贷款协议、抵押合同、本票、债券或信托契据中。同时履行抗辩权、先履行抗辩权、不安抗辩权，这是守约方遵守权益时，对违约方出现问题苗头时的维权手段，防止出现不利情形，减少损失。我觉得这些都可以在事后救济中做到抢占先机。

其次，充分借助司法机关的力量清收不良资产。通过仲裁等争议解决方式高效解决纠纷。充分运用各项执行手段和措施申请人民法院加大执行力度。被执行主体扩大化和迁移化，自然人可转移至配偶、继承人等，法人可转移至股东、董事、监事、高级管理人员、实际控制人等。生效法律文书认定的，被执行人是谁就是谁，执行中可以通过一定手段和方式，可以增加被执行人或者转移被执行人。如股东出资中虚假出资、抽逃出资、出资不到位等，清算中未妥善保管财产和账册、未依法清算、怠于清算、恶意处置资产、无偿接受资产等，公司治理结构中公司人格混同、滥用公司人格等股东都可能会对公司债务承担相应的责任。被执行人财产查控地域不断扩大，种类不断增多，效率不断提高。对被执行人的管控手段不断增强，限制高消费、限制出入境、限制投资经营等。对被执行人的威慑力度不断加大，司法拘留、刑事责任追究等。

再次，多措并举，不断创新不良资产处置方式。债务重组、监管经营、债权转让、债转股、不良资产证券化、资产租赁等多种方式均能有效化解不良资产。时隔多年，相关部门重新开放不良资产证券化，不良资产证券化对不良资产的处置必将发挥更大作用。

最后，要充分发挥企业内部业务部门及外聘专业律师的作用，充分发挥企业内部业务部门的力量，充分发挥外聘专业律师的独特作用，要充分的借鉴力量才能发挥最大作用，不能由法务部门搞单打独斗。

（本文根据张加文在第五届中国公司法务年会华南会场上的发言整理而成）

欧盟和爱尔兰网络安全和数据保护新趋势

——兼论中国在信息化时代的当务之急

无论在中国还是欧盟，网络安全和数据安全都是或即将是一个重要的话题。在此大背景下，无论是普通互联网企业还是律师行业，都应当在网络安全和数据安全领域加大投入，开展更加卓有成效的工作。

周力思

中伦文德胡百全（前海）联营律师事务所高级合伙人，兼任深圳市知识产权研究员、英国皇家特许仲裁员协会 CIArb 会员（Associate）、深圳市版权纠纷人民调解委员会特邀调解员。

■ 文 / 周力思

2015 年 10 月 6 日，欧盟法院在施雷姆斯案（Schrems Case）的判决中宣布：欧盟委员会的 2000/520/EC 号委员会决议无效，即安全港（Safe Harbour）认证无效。在此之前，包括 Google 和 Facebook 等在内的 4400 家美国互联网公司正是依据 Safe Harbour 制度合法地传输欧洲用户个人数据到美国，现在这一法律基础已经不复存在。

作为互联网和高科技公司的重要市场和主要聚集地，欧盟的网络安全和数据保护制度不但牵扯着企业的神经，还会对全球网络安全和数据保护制度带来重大影响。对企业和律师来说，掌握欧盟网络安全和数据保护制度的最新动态显得尤为必要。笔者将结合欧盟和爱尔兰（爱尔兰是世界互联网巨头的欧洲总部聚集地）的经验对中国当前的网络安全环境进行比较，并从企业层面和律师业务层面提出较为可行的方案。

爱尔兰与网络安全

（一）爱尔兰企业的网络安全现状

根据爱尔兰律师事务所 A&L Goodbody 调查显示，只有不到 1/3 的爱尔兰企业表示对网络攻击完全准备就绪。

在爱尔兰企业中，65% 没有成文的网络安全应对政策；59% 没有对员工培训如何应对网络攻击；49% 没有指定专门的应对网络攻击的员工或者部门；25%

的公司董事会没有将处理网络攻击的机制写入"运营法律义务"（Business Legal Obligations）中。

不到 27% 的受调查企业表示可以完全应对网络攻击，在经过提示之后，有 63% 的企业将缺乏公司法律责任意识作为最大的挑战。

（二）爱尔兰在网络安全领域的立法现状

爱尔兰立法着重保护网络中的个人数据（Personal Data）安全，目前在爱尔兰网络安全领域有三个最重要的法律。

1.《数据保护法》（Date Protection Act 1998-2003），简称 DPA 或者 DPA 1998-2003。

DPA 要求数据控制者（Data Controller，指收集、储存、处理个人数据的人或组织）和数据处理者（Data Processor，指为数据控制者加工、处理个人数据的人或组织，但不是数据控制者的雇员）对所控制和处理的个人数据采取"适合的安全措施"以防止泄漏，但 DPA 并没有明确什么是"适合的"。一般来讲，DPA 将一些因素考虑为判断是否采取"适合措施"的标准：科技发展的状况、在网络安全上的投入、发生数据泄漏后可能的损害大小等。

2. 公司法（the Companies Act 2014）。

在爱尔兰公司法中规定了一种保障机制，如果发生网络攻击事件导致个人信息泄露，而这种泄露是因为董事或者高管违反法定或约定义务，这种保障机制就会发生作用，该董事、高管或者公司将承担赔偿责任。

3. 刑法。

爱尔兰刑法不只针对蓄意的网络攻击者，也针对有明显疏忽造成损害的公司。

（三）未来影响欧洲和爱尔兰的两个网络安全领域重量级法案

1. 欧盟网络与信息安全指引草案（The Draft Network and Information Security Directive）。

欧盟网络与信息安全指引草案（以下简称草案）是近年来欧洲关于信息安全的最重量级法案。草案在 2014 年 3 月 13 日在欧盟议会（EP）投票通过，欧盟理事会（European Council）随即在 2014 年下半年开始与欧盟议会协商草案的最终文本。

由于欧盟议会和欧盟理事会的不同立场，目前双方还没有对最终文本达成一致。笔者日前查询欧盟议会的立法进程，该草案当前状态为：等待欧盟理事会一读（First Reading）的立场/预算调解会议。

法律界预计该草案应该在 2016 年上半年获得正式公布成为欧盟法律，如果该草案最终文本获得通过，接下来将有两年半的时间要求欧盟各成员国根据该草案起草国内立法，保证草案在各成员国得以施行。

2. 爱尔兰刑事司法法案（有关信息系统犯罪），The Criminal Justice (Offences Relating to Information System) Bill。

爱尔兰刑事司法法案（有关信息系统犯罪）（以下简称法案）标志着爱尔兰在刑事司法领域针对信息系统犯罪的重大改革，法案条文中增加了数据控制者（Data Controller）在数据泄露时向数据保护机关和受影响的个人的强行通报义务（Mandatory Breach Notification）；规定在发生数据泄露时的罚款高达全球营收的 2% 或者一百万欧元；对于信息犯罪最高可达 10 年的刑期等。

该法案在立法过程中一波三折，原定于 2015 年上半年的立法任务推迟到下半年。在 2015 年 11 月时，该法案处在爱尔兰政府秋季立法任务的"A 部分"（Section A），在通常来讲这意味着该法案预计将在爱尔兰国会下院（Dáil）下次开会时通过。当时爱尔兰法律界预计该法案将会在 2015 年年底通过并公布。实际上，一直到 2016 年的 1 月 20 日，该法案终获通过并公布成为法律。

Safe Harbour 制度被判无效后的欧洲数据安全

欧盟法院的最新判决将极大地改变当前"欧洲—美国"的个人数据传输规则，

而造成此次判决的缘由和漩涡中心恰恰就在爱尔兰。

（一）Safe Harbour 制度的由来

1998 年，欧盟委员会作出数据保护指引（European Commission's Directive on Data Protection），禁止欧盟内向欧盟外的国家传输包含个人信息的数据，除非该国对个人隐私的保护水平达到了欧盟标准的"充足性（adequacy）"。由于美国在个人隐私和个人数据保护上使用了与欧盟不一致的标准，但众多美国公司在欧洲开展业务，其中包括著名的 Google, Apple, Facebook, Twitter, Youtube, Yahoo 等，不可避免地需要将在欧洲收集的各种数据传输到美国进行存储、处理、分析。

鉴于此，美国商务部和欧盟委员会经过磋商，共同创立了"数据安全港制度"（Safe Harbour），美国商务部负责评估美国企业是否符合该制度并达到欧盟数据保护的标准，获得 Safe harbour 认证的美国企业可以在欧洲合法地向美国传输个人数据并用以分析处理。Safe harbour 制度在欧洲则通过欧盟委员会的"委员会决议"的方式得以建立法律依据。

（二）欧盟法院为何宣布其无效

2015 年 10 月 6 日，欧盟法院在施雷姆斯案（Schrems Case）的判决中宣布：欧盟委员会的 2000/520/EC 号委员会决议无效。由于欧盟法院是欧盟所有成员国的最高法院，其判决在欧盟内具有终局性、决定性的效力。因此 Safe Harbour 存在的法律基础 2000/520/EC 号委员会决议被欧盟法院宣布无效后，Safe Harbour 制度在欧洲不再具有任何法律基础。

马克斯·施雷姆斯（Max Schrems）是一位奥地利致力于保护个人隐私和信息安全的社会活动家。2014 年施雷姆斯向爱尔兰数据保护专员（DPC）投诉 Facebook 未经其许可将其个人数据从欧洲传输到美国，要求专员对 Facebook 此行为进行调查。该专员随后做出拒绝调查的决定，理由是 Facebook 已经通过 Safe Harbour 认证，可以合法地向美国传输欧洲的个人数据，施雷姆斯随后将 DPC 和 Facebook 作为被告，起诉至爱尔兰高等法院。爱尔兰高等法院在 2014 年 6 月 18 日将该案转给欧盟法院（CJEU），欧盟法院在 2015 年 10 月 6 日作出上述判决。

欧盟法院在判决书中写道：欧盟各国的数据保护机关（Data Protection Authorities, DPAs）才是被授权确定或审查第三国是否有效保护欧盟公民个人数据的机关，即使欧盟委员会已经做出决定确定该第三国提供了足够的数据保护的情况下，DPAs 仍然有权且有责任审查。

（三）Safe Harbour 制度无效的影响

1."欧盟—美国"数据传输规则受到的冲击。

目前有 4400 家美国企业通过了 Safe Harbour 认证，其中包含一些世界上最为著名的互联网和高科技公司，也有大批信息服务提供商。在欧盟法院判决之前，这些公司可以依据 Safe harbour 制度合法地传输欧洲用户个人数据到美国，现在这一法律基础已经不复存在。

笔者日前查询美国商务部网站，以及 Safe Harbour 官网，网站中在头条加粗写着：由于欧盟法院的判决造成美国商务部已经收到无数询问电话，目前美国商务部还在继续开展 Safe Harbour 认证工作，任何问题请向欧盟委员会询问。这些文字清楚地表明了美国对此次判决的措手不及和无奈的应对心情。

当前，在欧洲经营的公司，包括美国公司在欧洲设立的实体，也包含欧洲自己的公司，甚至也包括各国在欧洲设立的公司，都亟须找到一个替代的法律依据。

2."欧盟—美国"的数据传输是不是停止了？

目前说"欧盟—美国"的数据传输立即停止了还为时过早，许多欧洲公司在向欧盟外传输数据时并没有依赖于 Safe

Harbour 体系，只有 4400 家美国公司拥有 Safe harbour 认证，这与在欧盟做生意的美国公司或者其他第三国公司的总数来说，还是有限的。

事实上，欧盟委员会还批准了另外 10 个国家享有与 Safe Harbour 制度中美国相同或相似的待遇，这些国家被认为对欧盟公民的个人数据提供了足够的保护，而这些欧盟委员会决议并未在此次判决中被认定无效。

而其他一些国家，诸如澳大利亚、印度、中国等，欧洲公司在向这些国家同行传输数据时必须找到另外合适的法律基础，而且目前没有 Safe Harbour 这个选项了。

（四）欧洲公司向美国传输个人数据今后如何

目前的当务之急是在 Safe harbour 身后找到替代的法律构架，作为世界互联网巨头的欧洲总部聚集地（Google, Facebook, Yahoo 的欧洲总部均在爱尔兰），在爱尔兰法律中找到替代方案显得尤为重要。

根据爱尔兰数据保护法案(DPA 1998-2003)，其中有 9 项不同的法律基础，经过筛选后，只有其中 3 项看起来有可能替代 Safe Harbor。

1. 公司捆绑规则（Binding Corporate Rules，BCRs）。

"公司捆绑规则"是一种建立在数据保护合规性上的审批要求，这种规则要求欧盟成员国国内的数据保护机关（DPAs）进行单独的审批，这种审批一般会持续多个月才能最终获得通过。更为重要的是，公司捆绑规则只适用于企业内部的数据传输，如该公司在欧洲的子公司向在美国的总公司传输数据。

2. 数据主体的许可（Data Subject Consent）。

获得数据主体（该数据反映的某自然人）的明确、无疑义的许可是向外传输数据的有效法律基础。

但是爱尔兰 DPA 明确警告不能过度依赖数据主体的许可作为判断向外传输数据的依据，因为认定"明确的许可"的门槛非常高，因此这也不是一个提供给大多数数据传输者的有效解决方案。

3. 示范合同（Model Contracts）。

示范合同是欧盟委员会批准的一种标准合同，用于非欧洲经济区（Non-EEA）国家接收并按规定处理那些依据欧盟数据保护法认定的个人数据。示范合同有两种模板：数据控制者和数据控制者合同、数据控制者对数据处理者合同。

示范合同既可以用于企业内部传输，也可以用于"客户—供应商"传输。而且示范合同已经广泛地用于欧盟对非欧盟国家传输数据实践当中。

由此看起来，示范合同可能是唯一一个可行的、且能够补救受影响的"欧盟—美国"数据传输的方法。

（五）欧盟法院的判决是否影响示范合同的效力

由于示范合同所依据的欧盟委员会的决议并不是此次欧盟法院宣部无效的决议，因此示范合同的法律基础仍然有效。然而，此次欧盟法院在判决中提到：无论欧盟委员会是否决定第三国的数据保护的"充分性"，各国 DPA 都有权审查第三国。

而且欧盟法院指明，当评估第三国的数据保护水平时，"必须参考该国法律是否充分保护了欧盟公民的宪政权利，如果达不到，则该国不符合标准"。

更重要的是，欧盟法院有权以判决的形式认定欧盟委员会的任何决议无效，因此理论上示范合同所依据的欧盟委员会决议也可能被认定无效。只是，当一个案件上升到欧盟法院的层面，一般需要数年。

欧盟制度对中国网络安全保护的启示

（一）中国网络安全现状

关于《中华人民共和国网络安全法（草案）》的说明对中国网络安全现状进行了如下描述：

"当前,网络和信息技术迅猛发展,已经深度融入我国经济社会的各个方面,极大地改变和影响着人们的社会活动和生活方式,在促进技术创新、经济发展、文化繁荣、社会进步的同时,网络安全问题也日益凸显。一是网络入侵、网络攻击等非法活动,严重威胁着电信、能源、交通、金融以及国防军事、行政管理等重要领域的信息基础设施的安全,云计算、大数据、物联网等新技术、新应用面临着更为复杂的网络安全环境。二是非法获取、泄露甚至倒卖公民个人信息,侮辱诽谤他人、侵犯知识产权等违法活动在网络上时有发生,严重损害公民、法人和其他组织的合法权益。三是宣扬恐怖主义、极端主义,煽动颠覆国家政权、推翻社会主义制度,以及淫秽色情等违法信息,借助网络传播、扩散,严重危害国家安全和社会公共利益。网络安全已成为关系国家安全和发展,关系人民群众切身利益的重大问题。"

(二)《网络安全法》草案的出台

早在 2014 年 2 月 27 日,国家主席、中央网络安全和信息化领导小组组长习近平即指出:"没有网络安全就没有国家安全。"2015 年 7 月 1 日,《中华人民共和国国家安全法》(以下简称《国安法》)生效。《国安法》首次明确提出,中国将"维护国家网络空间主权、安全和发展利益"。

网络安全在近年来所面临的挑战日益严峻。特别是以下几个领域出现的问题,引起了中国政府的高度关注:第一,网络空间的非法入侵及攻击,严重威胁中国所有重要领域的信息基础设施;第二,非法网上活动的增加,损害中国的社会利益,这一问题在个人信息窃取和侵犯知识产权等领域尤甚;第三,利用中国的网络宣扬恐怖主义或极端主义、煽动或颠覆国家制度的情况正在增加,威胁国家安全和公共利益。

2015 年 7 月 6 日,全国人大常委会发布《中华人民共和国网络安全法(草案)》(以下简称《草案》),征询公众意见。《草案》一旦通过,将成为中国第一部专门规制网络安全的法律。《草案》与中国政府加强国家安全的举措相呼应,标志着中国政府准备收紧对国内网络及数据安全的监管。

(三)中国《网络安全法》草案的两个关键点

《草案》与之前通过并实施的《国家安全法》相呼应,代表着中国政府正在全面收紧网络领域的监管。下面笔者将就《草案》中两个关键条款进行分析并与欧盟数据保护法律进行一些比较。

1. 数据境内存储。

根据《草案》第 31 条的规定,"关键基础信息运营者"应在中国境内存储个人信息等重要数据。该等信息不得在境外存储或者向境外的组织或者个人提供,除非因业务需要,"确需"这样做并且相关运营者已经进行安全评估以证明境外转移信息的合理性。应当按照国家网信部门会同国务院有关部门制定的办法进行安全评估。

《草案》将适用于所有的"关键信息基础设施",包括:

(1)提供公共通信、广播电视传输等服务的基础信息网络;

(2)能源、交通、水利、金融等重要行业重要信息系统;

(3)供电、供水、供气;

(4)医疗卫生、社会保障等公共服务领域;

(5)军事网络;

(6)设区的市级以上国家机关等政务网络;

(7)用户数量众多的网络服务提供者所有或者管理的网络和系统。

上述列明的企业到底包括哪些尚不得而知,但仅就字面分析,"用户数量众多的网络服务提供者所有或者管理的网络和系统"就基本已经包含所有的社交网站和移动社交平台,这也为今后 Facebook、

Twitter等跨国社交平台进入中国设置了障碍。

当然,《草案》中也包含如上述企业"确需"转移数据到境外,可以由"国家网信部门会同国务院有关部门制定的办法进行安全评估"。但与欧盟委员会通过"决议"的方式建立向境外传输数据的法律依据和制度化安排不同,《草案》采用模糊的语言,结合中国目前互联网监管的实际情况,至少目前向境外合法传输包含中国数据的大门仍未打开。

数据境内存储的主要目的除了保障数据安全以外,还为了确保监管机构能更快获取与执行其职权相关的数据。《草案》的实施是否会向在中国经营的跨国公司做出让步,或者数据在境内存储的规定和其他规定是否会深化有关中国正试图进行更激进的网络空间变革的怀疑,这都有待进一步观察。

2. 与国家相关机构的配合义务。

根据《草案》第23条的规定,为满足国家安全和侦查犯罪的需要,侦查机关可以依照法律规定要求网络运营者提供必要的支持与协助。由于"网络运营者"这一术语,可能涵盖任何通过网络和互联网运营的企业,包括基础电信运营者以及网站运营公司等。

由于中国目前《刑法》仍将许多在西方国家不认为是犯罪的言论认定为严重的犯罪行为,因此在侦查此类"犯罪行为"过程中,国家机关可能会要求"网络运营者"配合,而"网络运营者"尤其是西方跨国公司可能在此面临极大的道德风险。

与欧盟国家相比,中国的司法机关在公安机关的侦查阶段所起的作用极小,律师也很难在此阶段为"犯罪嫌疑人"提供有效的法律帮助,因此我们应当积极关注《草案》最终文本在此方面的表述。但鉴于中国在网络安全领域的决心和《国安法》中所表露出的收紧监管的雄心,《草案》最终在此方面大幅让步的可能性很小。

因此,《草案》中有一些保障网络安全和个人数据安全的条款,但总体而言,其立法目的还是为了保证中国政府在控制网络空间和数据安全领域的权力,这与欧盟数据安全法在立法目的上有着根本的不同。《草案》不但反映了中国政府对西方跨国公司在网络技术上领先优势的担心,也反映了其对国内局势和社会稳定在网络世界的投射所产生的焦虑。

(四)中国企业在网络安全事务上应当做什么

除了关注《草案》带来的法律冲击和社会影响以外,在当前信息化社会尤其是中国大力推广"互联网+"的背景下,中国企业大量涌入互联网的浪潮,在此趋势下,中国企业尤其是互联网企业在内部管理上需要有重大的改革以应对日益严重的网络安全形势,尤其是网络攻击和数据泄漏,笔者根据个人的律师工作经验结合欧洲公司的实践提出以下建议供中国企业参考:

(1)企业应当有足够的能够应对网络攻击的安全手段,高管应当熟知每一项安全手段;

(2)针对企业员工应当根据其职位和工作性质提供合适的、不同性质的网络安全培训;

(3)企业应当在任何时候清楚其保密信息(用户资料、金融信息等)保存在哪,由谁控制。敏感信息应当分类保存,一旦发生网络攻击应当立即知道哪些信息已经被泄露;

(4)员工应当很容易地获取相应的指引,以应对不同的网络攻击;

(5)企业应当确保企业中使用的任何移动设备和使用规则不是对网络安全的阻碍;

(6)确保日常的企业流程中均关注到网络安全问题,如IT部门应当向董事会直接汇报、董事会应当固定讨论网络安全问题;

(7)与管理数据的供应商签订协议(如

快递公司、云存储服务商等），要求他们定期汇报，企业应当保留进入供应商系统查看的权限，并要求供应商如果发生网络攻击事件应当立即向企业汇报；

（8）企业内部应当分清调查职责，每个人都应当知道在网络攻击事件发生时应当做什么；

（9）保留书面记录和其他应对网络攻击的步骤。

（五）在欧盟经营的中国企业如何应对欧盟网络安全和数据保护法律

近年来，越来越多中国企业进入欧盟开展经营活动，其中包括通信企业，如中兴、华为；互联网企业，如百度、腾讯、阿里巴巴；银行业，如工商银行、建设银行、国家开发银行等。在这些行业中都会不可避免地遇到将在欧盟国家收集到的包含个人数据的信息跨国传输到非欧盟国家进行存储、分析、处理。而欧盟对数据传输，尤其是向如印度、中国这些没有欧盟委员会决议作为法律基础的国家传输数据的监管尤为重视。

这就需要中国企业在欧盟成员国经营活动中非常注意数据保护法律的规定，在企业内部建立一套完整的、符合欧盟标准的数据保护和网络安全制度。在传输数据时注意防范法律风险，在发生数据泄漏或网络攻击事件时应当严格按照欧盟法律和成员国法律第一时间采取措施，对时间进行调查并立即履行通报、补救义务。在事件发生后配合当地数据保护机关（DPAs）进行调查，对调查结果和责任承担即时向公众通报、披露。

（六）律师在网络安全和数据保护事务中应当发挥的作用

网络安全和数据保护看似一个技术部门问题，实际是一个法律问题，律师在此领域应当发挥重要的、核心的作用。律师，尤其是掌握多国网络安全法知识的涉外律师可以帮助跨国企业客户有效的管理"网络风险"，具体包括：

（1）建立企业的董事职责和管理义务，包括信息披露制度；

（2）帮助建立稳健的合规制度和有效的网络安全管理流程；

（3）建立充分的危机应对方案，包括发生网络攻击事件前后；

（4）帮助企业与供应商和第三方协商并起草有关网络安全的合同；

（5）帮助企业应对全球网络安全和数据保护法规，包括各国不同的调查；

（6）帮助企业应对攻击事件中的影响；

（7）在网络攻击事件后进行法律责任追究，如诉讼；

（8）帮助企业建立一系列旨在保护核心知识产权的战略；

（9）帮助企业寻求网络安全保险等途径减轻企业在网络攻击中所受的损失；

（10）帮助企业将网络安全内容结合进金融交易中。

总结

无论在中国还是欧盟，网络安全和数据安全都是或即将是一个重要的话题。从欧盟层面上讲，由于出现斯诺登事件，NSA窃听欧洲盟国领导人的行为曝光，欧盟国家从上到下对网络安全极为紧张和重视，又因为媒体大规模报道网络攻击行为（包括黑客攻击行为和国家支持的网络战争行为），企业和普通民众都将网络安全和数据安全作为与人身安全几乎同等重要的地位。从中国角度讲，目前中国主推"互联网+""大众创新、万众创业""物联网"等新经济增长点，其依托都是互联网，因此在网络安全和数据安全上的关注大大增加。

因此在此大背景下，无论是普通互联网企业还是律师行业，都应当在网络安全和数据安全领域加大投入，开展更加卓有成效的工作。

内地判决如何在香港得到执行

> 尽管香港法院认可大陆判决效力，并且具有可操作性的法律在2008年就已经实施，但现实中成功获得执行的内地判决案例却不多见，如何帮助内地判决的债权人在香港取得执行财产，即是本文主要介绍的焦点内容。

蒋阳兵

北京德和衡（前海）律师事务所副主任，行政法团队负责人。曾在湛江市中级人民法院从事审判执行工作8年，历任民二庭审判员、行政庭副庭长（国家赔偿办副主任）、国家赔偿委员会委员等职务。经手处理了各类民商事案件、行政案件、国家赔偿案件等达500多宗，发表专业论文和典型案例数十篇，曾荣获"第一届全国法院行政审判优秀调研成果二等奖"。

叶森

北京德和衡（前海）律师事务所涉港业务团队核心成员。在西南政法大学获得法学学士学位，并同时获得经济学学士学位（辅修）；之后到香港学习，在香港中文大学获得法学硕士学位（国际经济法专业），在香港城市大学获得法律博士学位。

■ 文 / 蒋阳兵　叶森

民事纠纷中，如果被判令赔偿的一方将财产转移至香港或其本身有财产在香港的，如何在香港申请执行内地法院作出的判决是在现实中可能出现的问题。如果被执行人为自然人或虽然不是在香港注册的公司但在香港有财产的，可通过申请执行内地判决的途径解决。如果被执行人为在香港注册的公司或为香港常住居民的，除前述途径外还可通过第二种途径解决，即依据香港《公司（清盘及杂项条文）条例》（第32章）或《破产条例》（第6章）请求香港法院发出破产令，强令作为被执行人的香港公司或个人破产，申请人作为债权人请求分割债务人破产后的剩余财产受偿债权。

途径一：内地判决直接申请在香港执行

2008年以后，内地与香港在判决相互执行方面的合作有了实质性的进展，相关的法律依据包括2008年7月生效的《最高人民法院关于内地与香港特别行政区法院相互认可和执行当事人协议管辖的民商事案件判决的安排》的解释《内地判决（交互强制执行）条例》《香港高等法院规则》。以下是内地法院判决（包括内地法院作出的判决书、裁定书、调解书、支付令，下同）在香港法院申请执行的细节问题。

1. 申请的时间期限。

终审判决后的 2 年内。起算日为法院判决中列明的执行期的最后一日，如果判决中列明按阶段执行的，起算日为各阶段执行期的最后一日。如果判决未表明执行期的，起算日为判决生效之日。

2. 接受申请的法院。

一个是香港原讼法院，根据香港的法律体系，原讼法院是香港高等法院的两个分支之一；另一个是上诉法院，上诉法院仅审理上诉的案件，原讼法院审理的案件为重大的刑民事案件。不服原讼法院的判决可以向上诉法院提起上诉，如果对上诉法院的判决仍不服，还可以向终审法院提起上诉。

3. 申请执行的判决应同时满足以下条件：

（1）判决由特定法院作出；该处的特定法院包括最高人民法院、高级人民法院、中级人民法院以及经授权管辖第一审涉外和涉港澳台民商事案件的基层人民法院。根据最近更新的基层人民法院的名单显示，符合条件的基层法院数量已接近 200 个。

（2）申请人和被申请人之间有书面关于选用内地法院处理争议的约定。

（3）被申请执行的判决是终审和完整的判决。

（4）该判决在大陆具有可执行力。

（5）判决的执行标的是金钱给付。

4. 申请人需提交的申请文件包括：

（1）翻译成英文的加盖法院生效章的判决书。

（2）书面说明执行申请人和被申请人的姓名/名称和申请人和被申请人可知的最新住所。

（3）对以下事项的书面说明：a. 申请人享有申请执行判决的权利；b. 原判决尚未得到完全执行；c. 截至申请日，原判决在原审法院仍具有执行力，并且如果被香港法院认定可以执行不存在被撤销的理由（具体理由见下文 6 中的各抗辩事由），为提升法院认可申请执行判决的概率，应对各条抗辩事由不存在的情况进行陈述。

（4）说明截至判决注册日依照原审法院的标准认定的被申请人应支付的利息。

其他的证据用以证明原判决在原法院地具有可执行力，及支持被申请人申请支付利息的相关的法律法规。

5. 法院收到上述文件后作出判决的注册令（注册令上明示被执行人的抗辩期间），并送达被执行人。

6. 被申请人申请撤销注册令的抗辩事由包括：

（1）被申请执行的判决不满足上文 3 中所列的任一条件；

（2）判决的注册违法香港法律；

（3）双方选用内地法院处理争议的约定依据内地法无效；

（4）判决已完全被执行；

（5）香港法院对双方争议事项具有专属管辖权；

（6）在原审过程中被申请人未被传唤出庭进行答辩，或虽出庭但未给予足够的时间答辩；

（7）判决基于欺诈作出；

（8）双方争议事项已在香港进行审理或仲裁并已有法院判决或仲裁裁决；

（9）双方争议事项已在香港以外的地方进行审理或仲裁并已有法院判决或仲裁裁决，并且该判决或裁决已在香港被执行；

（10）执行该判决将违背公共政策；

（11）该判决已在内地通过上诉或再审被推翻。

7. 香港法院在收到双方的材料后可能采取以下措施：

（1）香港法院在收到申请人和被申请人的书面文件后如果认为有必要可开庭审理双方申请文件中有争议的事项；

（2）法院可以在全面考虑后主动施加或依申请人的申请而施加一定的条件，例如要求支付保证金等，然后继续申请执行的程序。

8. 其他应注意的事项：

（1）原判决中给付金额不是用港币计算的，要转换成港币，汇率以判决注册日的汇率为准；

（2）与申请注册相关的一切合理支出，例如律师费和法院收取的费用，应在申请注册时一并提出；

（3）证明判决在内地具有执行力的文件为原审法院发出的证明原判决为终审判决并在内地具有可执行力证明文件。

途径二：凭内地判决在香港申请被执行人破产

凭第二种途径在香港申请执行人破产分两种情况，一种情况是被申请人为在香港注册的公司，另一种情况是被申请人作为与香港存在联系的自然人，不同的情况分别对应不同的问题和程序。

1. 被申请人为在香港注册的公司。

申请依据：被申请人无力偿债。证明标准包括：（1）债权人发出偿债通知，但三周时间内债务人未偿还债务或提供担保；（2）法院的生效判决未被执行；或（3）债权人通过债务人的资金流情况证明债务人无力偿债。

被申请人的抗辩理由如下：（1）对于债务存在实际的争议：对于已生效判决，即使是境外判决，如果债务人不能证明存在较明显的推翻原判决的理由，香港法院较难认定未被香港法院认可的判决存在实际争议。详见案例"佛山市顺德区金凤制衣有限公司诉首龙时装（香港）有限公司［2011］HKCFI79"。该案中，原告以被告未执行内地法院已生效判决为由申请被告破产，获得香港法院的支持。（2）被申请人不存在无力偿还债务的处境，例如被申请人可以证明其存在大额的对其他公司的应收账款等。（3）申请人作为诉讼主体不适格，例如被申请人证明其并不欠申请人的债务。

破产程序：（1）法院指定清算人；（2）清算人接管破产公司的财产；（3）债权人申报债权；（4）清算人确定债务人的可分配资产；（5）资产分配给债权人；（6）解散公司。

被申请人作为与香港存在联系的自然人。

（1）被申请人的身份条件：自然人满足以下任一条件的可以作为被申请人：取得香港户籍；在提出申请日被申请人在香港；或在申请日的前三年时间内被申请人通常居住在香港或在香港有居住地方或在香港经营业务。（香港《破产条例》第四条）

（2）申请人在提交申请时应满足的条件：a. 申请人必须为债权人；b. 在申请提交时，债权额度大于10 000元港币，该债权实现的时间是确定的且无担保，债务人对于该债务无力偿还或被预期不会偿还，并且不存在要求撤销就相关债权送达的法定偿债要求的申请。对于债务无力偿还的证据是债权人向债务人发出了偿债通知，三周时间内债务人未遵守偿债通知的要求或申请撤销该通知。

（3）破产令下达后的处理程序：法院指定官方接收员作为临时受托人托管破产人的财产，如果财产大于200 000元港币，临时受托人举行债权人大会任命真正受托人和债权人委员会，受托人搜集破产人的财产并对债权人进行分配。一般情况下破产人在破产令下达日起的四年后才能免除破产状态。

以上为内地判决的债权人在香港取得执行财产的两种途径，从获取执行财产的额度方面讲，第一种途径更能保障债权人的权益，但申请香港法院认可内地法院判决的程序和事项上较破产程序而言较为复杂，这或许就解释了虽然香港法院认可大陆判决的效力的具有可操作性的法律在2008年就实施，但现实中成功获得认可的内地判决的案例却不多见。相比之下，破产程序在香港运用的机会较多，也更为成熟，但因为破产后债务人的其他债权人也有权利申请分配债务人的财产，申请债务人破产的债权人的债权是否能通过分配破产人的财产获得全部实现尚存在一些风险。

商事争议解决案件管理之术

无论多么复杂的案情，都要在"3分钟"之内说清楚。对于稍微复杂的案件再增加"3分钟"，介绍对策以及分析案件风险是什么。对于特别重大复杂的案件，可以扩展为"1页"A4纸，这就是"331"法则。

■ 文 / 余孝海

商事争议解决无论是选择仲裁或者诉讼，都是企业的法务管理工作中的一个链条。

众所周知，在法务部门的管理体制中，诉讼流程很复杂，可能每个公司都会需要解决这样的问题。多年工作经验的总结，使我比较关注案情分析报告和案件总结报告的对比，而对于案件的管理思路也来源于此。

从事前防范入手

德赛集团是惠州市一家以从事电子制造行业为主的国有企业，其产业结构主要包括新能源和汽车电子。

从20世纪80年代末期设立法务部门开始，德赛集团法务部成立迄今已20多年。目前推行的法务管理理念就是：企业法律风险的全面管理，强调事前防范、事中控制、事后补救。

诉讼案件主要是从事中和事后的角度出发，法律风险管理最喜欢讲神医扁鹊的故事，其实是由于扁鹊的厉害之处在于他能够事后补救。当时皇帝问他（扁鹊家其

余孝海

德赛集团有限公司法务部总经理。1991年毕业于河南大学法律系，长期从事企业法律顾问工作，现任惠州市德赛集团有限公司法务部总经理，担任上市公司（000049）深圳市德赛电池科技股份有限公司董事，惠州市德赛西威汽车电子股份有限公司监事，惠州仲裁委员会仲裁员。

实有三兄弟,有扁老大,扁老二和扁鹊):你们三个都是神医,哪个医术最高?他说扁老大医术最高,因为还没出现症状就发现了,可以及时治疗,其次是扁老二,可以事中控制,我是事后补救,所以名声最大。

但法务管理中,不要等到企业已经无可救药的再去找医生,要做好事前防范工作,所以我们在企业里在构筑这样的文化,也正是基于这样的管理理念。我们的集团包括下属公司在法务管理体系构建了这样一个模型,包括职能模块、协作单位、业务部门,涉及外聘律师、国外顾问、战略合作、专业机构、合同管理、知识产权、诉讼风险、国际法务。基于这样的理念,才能把大量的隐患消除掉,否则你只是消防队。如果前期做得不好,合同随便签,章随便盖,后期会发现案件数不胜数或者说防不胜防。这时候作为公司法务,即使在商事争议方面本事再高也没法有效解决。

在德赛集团,任何案件发生以后,内部的法律顾问都会由一个人去经办,在答辩之前必须要写一个详细的报告,并签字存档,等到结案之后,要对比案件总结报告和此前的分析报告有多大的差别。

如果差异特别严重,无论是仲裁案件,还是诉讼案件都会说明这个案件在处理、管理过程中有不到位的地方。当然,我相信一定还有其他的体系和考核技巧,包括法律的分析,方案的可行性。但毋庸置疑,如果事前报告和事后的结果长期有出入那其中肯定是存在深层次的问题。

"311"沟通机制

说到对案件的管理技巧,对于不少一审败诉二审胜诉之类的案件,我体会很深,也总结出了"331法则",这一法则既可以对部门适用,也对自己、对内部法律顾问,包括外部律师适用。

具体来说,就是在与外部律师合作进行案情分析时,无论多么复杂,报告是100页还是200页,报告中必须有一张纸,进行概括总结,即能够在"3分钟"之内说清这个案件到底是怎样的情况。对于稍微复杂的案件再增加"3分钟",在说明案情的基础上,介绍对策以及分析案件风险是什么。对于特别重大复杂的案件,要求扩展为"1页"A4纸,这就是"331"。

其实这也不完全是我的发明,是被老板逼出来的,是高效工作真正需要的。

2004年,我们接手了深圳一家公司的一个历史遗留案,此时这个案件已经持续了十年之久。对方起诉我们在支付方面违约,我们另案起诉他交付不完整而违约。

我们接手的材料都是手推车拉的,由于时间过长,案情复杂,在看完案卷后写了一份很详尽也很厚的资料报告。

老板就说,你不用讲这么多,给我看一张纸,给你五分钟时间解释,这两个案件怎么处理。

最终的报告是一个很简单的手绘版,阐述了两个案件的处理建议以及中间是如何联系起来的,我们成功通过五分钟和一张纸汇报清楚。第一个案件问题点在哪里,应该怎么解决,第二个案件问题点在哪里,可以怎么解决。

看到了汇报的成效,我们还"得寸进尺",把这张纸也递交给法院,当然不作为证据,而是作为案情陈述,也向对方律师提供了一份。

另外,关于执行过程中的本金以及逾期利息的计算,也是通过一张表格呈现。考虑到在执行过程中本金是变动的,银行利率是不断调整的,所以做出来一个表格提交给法院,作为证据。

后来这个思维还被延伸运用到了案件管理中,就是"一张A4纸"的管理,其实都是通过思维导图把枯燥的、抽象的问题可视化。也可以说是一种技术分析手段,更贴切地说是一种工具。所以无论是我们部门的汇报，或者我们对外沟通，都养成了这样的习惯。包括与法官沟通也是这样，我的案情事实是什么，依据是什么，应该怎么做。在资讯泛滥的时代，干脆简单一点，反而使人觉得安静利索。

2006年，公司组织学习，当时给每个人发了一本《丰田汽车精益模式的实践》，其中也提到，任何决定都要用一张A3纸来概括，A3张比A4张大一倍，当然造汽车也更为复杂，总之就是，千言万语不胜一幅图。

如果不能够准确地提炼出案件关键点、致命点和决胜点，这个案件讲得再多也没有用。

打造中国仲裁规则

对于商事争议和仲裁，在争议解决方式上，国内的纠纷解决还是选择诉讼的更多一些，而涉外的或是对外合作的选择仲裁会更多一些。

从中国电子信息制造业的发展的历程来讲，经历了三个阶段。首先是引进来，德赛集团也是如此。在市政府推动公司刚刚成立的时候，德赛集团主要就是与索尼、西门子以及香港的一些集团进行合作，也就是引进来的思路。那时候的合作协议文本中，中外合资文本基本是由外方提供，文本一个字也不能改，但是外方普遍都会选择国际贸易仲裁委员会仲裁。

直到20世纪90年代以后，我们开始慢慢地发展自己的品牌，在这个过程中，外资企业也逐渐退出，这相当于一个过渡阶段。

现在到了第三个阶段，就是企业走出去，这个过程是三个阶段中最痛苦的。最深的体会就是在对外仲裁条款和适用法律的选择上，要敢于去争取。

当时和一个外国公司谈合同，基本所有的条款已经敲定，只剩下争议处理方式和管辖问题。我们当时有个策略，因为对方公司规模较大，层级较多，所以我们先提出法院管辖，既然是在中国境内合作，也自然要求由中国法院管辖。但是对方坚决不同意，提出由境外第三方仲裁机构仲裁。我方也不能接受，到中国贸易仲裁委员会的网站上查资料，并把相关的资料发给对方，表示我们认为应该选择国内更权威的机构，对方也接受了。

另外一个事情也是比较有趣的，在2007年设立一家中外合资企业的讨论过程中，外资方在法律适用和争议解决方面都要求适用对方所在地区的法律。在我们的内部会议中，一个长期在合资企业工作的副总介绍，现在中国经济发展已经不是改革开放初期了，那时候他们外方不信任我们的法治环境，不熟悉我们的文化，我们想吸引人家的投资也好，想怎么样就怎么样都没问题，现在我们有话语权了，中国经济发展了，你想和我们合作，也得适应我们中国的规则。那个时期也是中国经济增长速度最快的阶段，在这种情况下，我们就敢于跟他们提出要求。

中国目前也在致力建立自己的国际仲裁中心，今后我们在合作、谈判、处理纠纷的过程中，会更有底气。所以我们的法务与律师要共同努力，在对外的贸易谈判过程中，争取建立起我们的中国规则。

（本文根据余孝海在第五届中国公司法务年会华南会场上的发言整理而成）

商事争议解决案件胜诉技术分析

提升争议中的胜算不局限于在诉讼/仲裁战场已打开后才使用的技巧，技巧应从谈合同时便开始使用。防患于未然是上上策，而能够有效地预先采取措施避免在后来可能发生的法律程序中出现节外生枝的情况，也是上策。

■ 文 / 文理明

商事交往中出现争议是寻常事。怎样能在争议中占上风从而提高在谈判中讨价还价的地位、提升胜算的概率，对公司、企业来讲，是一个应当认真学习和研究的课题。

随着企业经济活动的日益复杂化和全球化，控制和防范未来的法律风险是现今公司管理工作中的重要一环。提升争议中的胜算不局限于在诉讼/仲裁战场已打开后才使用的技巧，技巧应从谈合同时便开始使用。防患于未然是上上策，而能够有效地预先采取措施避免在后来可能发生的法律程序中出现节外生枝的情况，也是上策。

本人从事争议解决的法律服务，特别是处理跨境、涉及中国元素的仲裁诉讼案件，已超过18年，下文的讨论是我实战经验的部分总结。本文就分两大阶段来讨论为争取"胜诉"应考虑的事宜和可采取的措施。

文理明

李伟斌律师行（香港）合伙人，同时是多家仲裁机构的仲裁员和调解员，专门处理商业及与建筑有关的本地、内地及国际仲裁、诉讼，特别以跨境及含有中国元素的纠纷为主。争议方来自中国内地、美国、欧洲和亚洲等国家和地区。

协商合同阶段的技巧

为避免将来可能发生争议从而产生高

额的诉讼成本，工作应该从商议合同开始。

合同的条款应写得清楚，且具法律效力并可执行。在跨境争议中遇到的合同问题，包括内地的企业将仅适用于内地合同的条款用在由其他法域法律管限的合同中。例如，将内地《公司法》所规定的任一公司解散原因作为某合同的终止事件之一，但是该合同所涉及的公司并不是依据内地《公司法》成立的公司，这可能导致该条款变得不适用，对当事人的法律权利造成不利影响。寻求相关的法律意见以确保合同的有效性、可执行性是提高争议胜算的一个方法。

争议解决条款是跨境交易合同谈判中有必要考虑的条款之一，在选择是否使用仲裁或诉讼的方式解决争议时，当事人应考虑的相关因素包括如下六个方面。

第一，不论是诉讼还是仲裁，目的都是为了能拿到一个可以执行的判决或裁决。进行跨境交易时，如有可能涉及判决/裁决在国外法院执行的情况，当事人应当考虑在日后可能取得的判决/裁决能否在国外法院执行。如果不能执行，判决/裁决只是一张废纸，赢了就等于输了。

与诉讼判决比较，仲裁裁决可以通过《承认及执行外国仲裁裁决公约》（一般称之为《纽约公约》）在150多个国家执行，其中包括美国和英国。针对非金钱债务的裁决，如禁止令或强制履行令，虽然这150多个国家不是每个国家都承认及执行非金钱债务的裁决，但是其中也有一部分国家或地区包括香港的仲裁法，是承认及可执行该等裁决的。

就内地的法院判决而言，能否在国外法院执行主要视乎该国是否与中国签订了有关判决执行的司法协助协定。譬如，中国与美国、英国并没有这样的司法协定安排，内地法院判决要在美国、英国的法院执行，只可以按照当地的普通法规则重新就判决的标的债务起诉。履行非金钱债务的法院判决则不能得到执行。

第二，如果当事人协议将争议交由所选的法院处理，当事人应当考虑这样的选择会否得到所选法院的支持。因为，有些法域采用不方便法院（forum non conveniens）原则，即使有明确的选择法院的条款，所选的法院还是可以以不方便原则为由，拒绝对争议行使管辖权。相对的，当事人协议确定的仲裁地是固定的，在对仲裁地的约定是明确和合法有效的情况下，仲裁机构和仲裁庭没有权力更改当事人对仲裁地的约定。因此，选择仲裁便可避免或减低择地行诉（forum shopping）或平行法律程序的现象或可能性。

第三，在选择争议解决方式时，应考虑未来可能发生的合同争议会否有需要向法院或仲裁庭申请如财产或证据等的保全措施。仲裁法比较成熟的国家或地区（如伦敦、香港），法院一般持支持仲裁的态度，因此也很愿意为在另一国家或地区进行的仲裁程序采取保全措施。

但是，如果拟保全的财产位于中国内地，在国外进行仲裁的当事人如欲申请财产保全，则可能有必要到内地向内地法院提出申请。除非在国外进行的仲裁是海事仲裁，否则我的理解是当事人可能不能在不放弃仲裁的情况下从内地法院取得有效的财产保全。这引申出来的问题是：一方当事人可否为了取得国内的财产保全而在国内提起诉讼并放弃仲裁？对方会反对要求争议提交到仲裁吗？反对的胜算有多大？这些不确定性将不必要地增加仲裁成本、延误仲裁程序、减低"胜算"。

第四，无论是仲裁还是诉讼，仲裁地和诉讼地的选择对案件的胜算有一定的影响。例如：所选的仲裁地、诉讼地是否存在地方保护主义干扰的问题。不言而喻，这些问题对照理应已对胜诉的案子构成实质性的威胁；所选的仲裁地或诉讼地提供的可选仲裁员或法官的背景、素质和操守是怎样的，将直接影响案件结果的可预测性。

第五，如果选定了仲裁为解决争议的方法，那就要确保仲裁协议是有法律效力的，这样就可以排除法院对有关争议事项的司法管辖权，以减少不必要的枝节问题。

在实务中，常遇到的情况是仲裁协议存在缺陷，从而导致当事人花费大量的金钱、时间和人力去争辩管辖权的问题。在内地，无效的仲裁协议往往是当事人没有依据内地《仲裁法》在仲裁协议中明确选定仲裁机构的结果。另外，约定由国外的仲裁机构在内地进行（约定中国为仲裁地的）仲裁程序的仲裁协议的有效性，在内地也产生过争议。虽然最高人民法院的司法解释曾针对特定的个别案件的情况对该等协议给予支持，但是该等协议的有效性还是存在风险。在签订仲裁协议时，当事人应当知道这些风险的存在，然后决定是否承担或避免这些风险。

在香港或国外，涉及仲裁协议的有效性的法院案件也不少。在好几年前出现过，并且最近也在香港出现的一个有趣的法律问题是，当事人在仲裁协议中约定在中国仲裁（Arbitration in China）是否可以被理解为当事人约定香港为仲裁地。在香港的 Z v A & Ors 一案中，仲裁协议约定按照《国际商会仲裁规则》在中国仲裁，合同的适用法是中国法，根据《国际商会仲裁规则》，国际商会的国际仲裁院决定仲裁地为香港，之后仲裁庭作出部分裁决并维持该决定。一方当事人不服，向香港法院申请对仲裁庭的管辖作出决定及撤销部分裁决。香港高等法院认为国际商会的国际仲裁院有权力根据《国际商会仲裁规则》确定仲裁地，并且在衡量有关考虑因素后认为国际商会的国际仲裁院有权选择香港（其为中国的一部分）作为案件的仲裁地。另一个有关对约定在中国仲裁的仲裁条款进行解释的案件是一个美国法院的案件 Apple & Eve LLC v Yantai N. Andre Juice Co (2007)。

第六，考虑在争议解决条款中规定双方必须先尝试以谈判和/或调解的方式解决纠纷，并只有在和解不成的情况下才可提起仲裁（或诉讼）。但是，经验告诉我们，在比较复杂的商事争议中，在争议一开始就进行调解而得到成功的概率一般都不高。在该阶段，当事人正处于各持己见的状态，各方的证据还未披露，要提高成功率，一般需要各方的内部人士（包括其律师）真诚地去解决争议。

为了要让对方理解你的立场，你方（或最好双方）可以将自己的理据向另一方说明，但在说明时，最好不用太激动或情绪化，文明地讲道理即可，目的是让对方感到压力，从而倾向和解。负责处理争议的员工很多时候都会坚持自己的观点，因此最好在协议中有一个机制，要求参与谈判或和解的代表是公司的高层且能做决定。在普通法下，这些谈判的沟通往来可以在保密及不损害法律权利的基础上进行，各方均不可在其后的法律程序中披露任何有关信息。

若是在内地，则就要双方同意将内容保密。另外，因仲裁员的背景不同，不同的仲裁庭会对是否应在仲裁程序中主动提出调解持不同的看法和做法。内地的贸仲仲裁的仲裁庭一般会在程序中间建议当事人尝试和解，但国外的仲裁机构的仲裁庭则不一定会采取同样的做法。因此，如果可以，可考虑在争议解决条款中约定仲裁员有权命令当事人在仲裁的任何阶段进行最少一次且不少于一天的调解。我本人觉得仲裁员担任调解员会较为合适。仲裁员对案件的案情有了解，且身为仲裁员，其发表的意见如果合理，一般都比较容易让当事人接受。

启动诉讼/仲裁程序阶段的战术

如果和解不成，真的要在战场上（仲裁或诉讼）一较高下，则需要考虑、研究和分析以下事项。

（一）确定游戏规则是什么——战场在哪里、怎样打

首先，必须要弄清游戏规则，因为法官和仲裁庭是按照规则行事，而参与的当事人和代理律师必须清楚规则是什么。道理很简单，就像一对不懂桥牌规则的拍档，你找他们参加桥牌比赛，你会指望他们能胜利吗？

那是什么决定游戏规则的内容呢？

第一，游戏形式是仲裁还是诉讼。仲裁和诉讼分别涉及的"人物"、程序和程序法不尽相同，不能将适用于法院的那一套直接照搬到仲裁上去。

第二，开战地点是在哪个地区或国家。不同的司法区采用不同的程序法，仲裁地会影响谁比较适合成为案件的仲裁员。当地的法官、仲裁员能否正确理解来自不同国家的当事人的经商环境、文化背景，对当事人来讲是很关键性的一环。

第三，当事人之间约定的任何规则，如仲裁规则、适用法律。这些规则会影响谁是仲裁员和采用怎样的仲裁程序。例如，ICC仲裁和HKIAC仲裁都要求仲裁庭主席的国籍不能与任何一方当事人相同。那么，如果纠纷的当事人分别来自中国和美国，这些仲裁机构比较有可能委任欧洲或英国国籍的仲裁员作为首席或独任仲裁员。他们的背景，如法律教育、经验，以及处理仲裁案件的一贯做法，不但会影响程序怎样走，也会影响什么样的材料才会令他们容易接受。

（二）作为申请人，首要任务是收集证据，评估胜算概率，然后精准地陈述请求

在实务中常遇到的是申请人不管有没有事实或法律依据便径直提起诉讼、仲裁，案子做到中间才发现自己的请求其实并没有足够的事实或法律支持。因此，拟提起诉讼、仲裁的申请人的首要任务是要细心地弄清楚己方的请求是否有事实和法律依据。建议在一开始就应收集证据，针对与请求有关的问题做一个清单以有效地将调查集中，并且与一手知情者会面以收集书证、证人证言。案件如涉及法律问题，应尽早寻求法律意见。有了这些材料便可对案件进行胜负可能性的评估。这个评估对案件的未来走势有一定的指导作用，也可以作为基础建立和解方案。

另外，实务中也遇到过当事人到了要提起诉讼/仲裁的时候，才发现证人全都已离开公司，在不知道全部案情的情况下打官司，所承受的风险是颇大的。为保存证据以备日后可能发生的争议之用，公司应当有一个将与交易方的任何沟通以书信、电邮往来的方式记录、储存起来的习惯，万一证人不愿意帮忙，也可以依靠书证。要强调的是，这里所说的记录不是内部记录，因为如果只是内部记录，内部喜欢怎样写就可以怎样写，对方却不一定同意。

写诉讼/仲裁请求时，要小心确保请求的内容明确、清晰，且包括所有请求。漏写某一项请求可能会导致丧失获得该请求的机会。还有，在实务中，有些仲裁裁决到了执行时才发现裁决所命令的救济不能在执行法院执行。

需考虑可采取哪些措施向对方施加压力，如财产保全可对对方的财务构成压力，从而使对方倾向商议和解。在某些法域，一方可通过提出有效的和解建议而获付比例较高的律师费或免除承担对方的仲裁费用（包括律师费），而提出这些建议对对方来讲可能产生压力，因为复杂的案件涉及的律师费有可能挺昂贵。

就挑选仲裁员而言，除了能力和对案件当事人的文化有了解以外，应选择在仲裁圈有诚信的、有能力和仲裁庭的其他成员有效沟通的仲裁员。

被申请人收到起诉或仲裁请求应同样的做调查、分析胜负可能性、考虑向对方提出和解方案等。

争取法官与仲裁庭

能使法官/仲裁庭站在你方便等于胜利。法官/仲裁庭须依据事实、法律和合同规定作出判决/裁决。除非案件简单，否则当事人提交法院/仲裁庭的材料往往量很大，而当事人的工作就是要让法官/仲裁庭很容易就能理解你方的论点以及相关的支持事实和法律。化繁为简是精粹，要懂得这个是胜算的技巧。逻辑混乱的论点和陈述只会使法官/仲裁庭没兴趣研究下去。有时候，对一个案件的事实（包括物证和人证）可存在多种看法，怎么样让法官/仲裁庭相信你方的论点和陈述，当事人和律师的诚信、证据的可信性是胜算的关键。

为使法官/仲裁庭更加相信你方，当事人应考虑的相关因素包括如下：

欧洲（如瑞士）的仲裁员可能倾向于要求申请人一开始就把己方的所有陈述、支持请求的证人证言以及专家证言一并提交，然后轮到被申请人同样地提交他们的答辩、证人证言以及专家证言，之后各方再提交一轮。仲裁庭一般期望应提交的已经在每轮中提交了，因此如果没有这样做可能会给仲裁庭不好的印象。例如，在后轮才提出新争议点或论点可能会使仲裁庭怀疑这些新的东西是否是事后虚构出来的，而前后矛盾的关键陈述或大篇幅地变更论点也会将案件的可信性大打折扣。

在国际仲裁中，提交仲裁材料一般依仲裁庭定的时间表进行，且仲裁庭一般只会在各方已提交所有材料后才开庭审理。这与内地仲裁的做法有所不同，内地仲裁一般不会不允许当事人在庭上或庭后提交仲裁材料。将内地的这种做法搬到国外仲裁去，则可能导致庭审延期，而导致延期的一方有可能被仲裁庭裁定须承担因庭审延期而导致的所有仲裁费用，包括对方的律师费。

与内地仲裁不一样，国际仲裁一般会接纳证人证言，并进行询问证人的程序。那么，当事人的仲裁代理人就必须知道处理证人证言的技巧。在实务中，确实曾见过因为仲裁代理人不懂盘问，因此不能从证人身上拿到对己方有利的证据，实质性地影响案件的结果。

同时也要注意文化的不同。有些国家或地区的仲裁员对当事人的律师在没有证据基础的情况下轻易作出伪造证据或欺诈的指控，感到不合适。因为该方作出指控竟是如此轻易，仲裁庭可能会觉得该方的陈述恐怕也会是如此轻易地作出的，从而使该方的陈述丧失可信性，影响案件的胜算。

在弱势中求胜

——中石化经典胜诉案例分享

在合同条款、证据乃至舆论氛围均不利的局面下，败诉未必是最终的结局。中石化的两个案例展示了如何在弱势中求胜的策略和技巧。

孙晓青
中国石化国际事业有限公司总法律顾问

■ 文 / 孙晓青

1992年，我从中国人民大学法律系毕业。工作一年多后，我考取了律师资格，从部委机关"逃跑"到中石化，先是做法律顾问、律师、合作所的合伙人，后来又回到中石化机关。经历了央企法律顾问制度从无到有，从单兵作战到专业细分，从单纯服务到管理加服务，日渐强大。2004~2008年在总部做主管诉讼和仲裁的处长。2008年受益于国资委着力推动的国企总法律顾问制度，被派到现在中国石化国际事业有限公司做总法律顾问。可以说是企业法律顾问制度这段发展史的亲历者、见证人。

今天跟大家分享两个案例，展示一下我们的法务团队如何在公司拓展市场、规范管理过程中发挥力量，整合资源，为公司发展保驾护航。

案例一：在弱势中求胜

第一个案例，在北京年会上已经分享过，今天时间有限，我非常快地过一下，跟华南的朋友们分享。这个案例在什么背景下发生的？国企顺应大趋势走出去的过程中。我们部（公司）是多角色综合体，作为中石化每年近2000亿元物资采购的主管部门和执行单位，可以说是比较强势的。另一个职能，国际贸易主体，负责进口保供优质物资寻源，以及拓展出口市场保畅，彼时我们在国际市场上是相对弱势地位的。受制于市场地位，合同签约时不得不让步，已经知道不得不让步，从而面对一些风险时，看看我们的法务团队怎么站出来维护公司的合法权益。

（一）案情介绍

我们作为外贸公司，代理系统内部单位的钻机生产厂出口五台钻机到俄罗斯，迫于竞争的压力，在签约前，接受很多苛刻的条款，比如收益和风险比例不合理，合同生成之前就有的瑕疵，履约过程中果然变为风险来了。这是合同的链条，钻机出口到俄罗斯一家大石油服务公司。在钻机工作环境（-20°C）下，就主机使用的钢材，合同没有直接标明钢号选材。合同确定同时适用美国标准和俄罗斯标准，这两个标准中也没有明确材料的选择性指令。主机厂按照经验选择了钢号，要求总承包商确认。总承包商跟俄罗斯客户发邮件过去后，俄罗斯那方没有确认回来，这时候总承包商告诉主机厂，你们可以按照这个生产。在开工会上，客户也没有提出异议。后来由于交货从2010年10月拖到第二年2月，材料这个问题也逐渐显现问题。

基本完成制造后，俄方提出 300 多条意见，经历四次整改，还拒不放行。一开始挑毛病，各种小瑕疵，2 月终于把选材问题摆到桌面上了，这个可是实质性、可能造成根本违约的问题了。当时钻机市场竞争可说惨烈，合同条件非常严苛，没有给预付款，同时还要 600 多万美元履约保函开给对方。多次谈判未果，俄罗斯解除合同，把这 600 多万美元保函扣掉了。比较好的情况是，签约时中方没有放弃最后的防线，没有答应俄罗斯在俄罗斯解决争议，而是选择国际仲裁。在比较强势、平等的时候，我们的条款是选贸仲、香港、新加坡，这次是弱势，双方谈定斯德哥尔摩仲裁，俄罗斯一般比较接受斯德哥尔摩仲裁。

（二）慎重考量后决定把官司进行到底

开始最重要的工作是证据收集问题，一是跨度大，二是主体非常多，双方一共四个主体，涉及材料、设计、制造、监造、总承各个专业，取证的难度非常大，我们一共 6 次现场取证，无数次电话、邮件的交流。缺乏最重要的选材的证据，因为合同约定没有，可以依据的国际标准、行业标准都没有，前期都找不到理论支持，这对我们来说压力非常大。在非常关键的时刻，我们最重要的是做好诉讼利益的分析，整体布局是什么，要给领导评估和分析。如果我们不主张权利，提交仲裁，我制造出来的钻机放在这里不能交货，我被他没收的 600 多万美元收不回来。在目前证据缺失的准备下，最坏的结果，恰恰合同规定迟交货罚则是 8%，我们的保函金额是合同 10%，这个差异就是给我们的机会，应该能拿回来 2%，当然，律师费可能也不止这个数。全面分析胜败得失的情况下最终决定这个案子要打下去，宁可把 200 万美元交给律师，我也不认可对方强加给我们的根本违约的标签。

（三）准备证据，全力应诉

书证现在是电子版，用了 20G。我们准备了十二个事实证人，还从 20 位候选人里面，电话、面谈确定了 3 个专家证人，加上外部律师和我们内部法务，一个非常庞大的团队到斯德哥尔摩支持仲裁。非常幸运的是，我们选对了律师，是一家经验非常丰富的国际所，熟悉斯德哥尔摩仲裁程序。除了前期一直跟我们一起搜证、分析案情、确定策略、形成仲裁方案的律师外，最后阶段，我们又聘请了一位经验非常老道、头脑清晰、应变机智的 QC 出庭大律师助阵。一共进行了七天才完成开庭程序。最后得益于整个团队的有效配合和对方是有猪一样的队友，最后得到非常好的效果。

（四）大获全胜

2014 年裁决：退回保函，赔偿我方 3000 余万美元，支付我方的律师费仲裁费等全部法律费用。将近四年奋战，不仅得到完胜仲裁裁决，而且最后成功执行回来全部金额加利息。

有意思的是，在执行了案款的同时，对方又在斯德哥尔摩法院提起撤裁诉讼，还同时把三个仲裁员也告了。乘胜追击，撤裁之诉我们又大胜，对方又赔了我们上百万美元律师费。

（五）经验总结：获得高层领导支持

应该说，做利益取舍确定大方向的时候、中间波折困难的时候、先要大笔投入的时候，必须得到领导特别是高层领导的支持，这个案子，我们各级的领导自始至终给了我们坚定有力的支持，毫不动摇；这个过程全方位展示了我们整个团队的精诚协作意识和素养，法律管理的专业力量和水平，最重要的是永不放弃的精神。最后，所谓证据为王，废话无用，诉讼仲裁就是打证据，是重中之重。经此一役，不仅巩固了法务的专业管理地位，而且实现了法务创造效益的功能。

案例二：在舆论旋涡中拿起法律武器

刚才分享的是我们在走出去的过程中攻坚破难，在弱势中求胜。我们面临的经营环境越来越纷纭复杂。大家刚才在说国企和民营企业的权利是否受到同等保护，我们经常做诉讼仲裁，央企的人有呼声，司法过程中，国企更艰难，谁来保证我们国企？这个案子是名誉侵权案。除了采购、贸易，我们还是一家招标代理机构。中石化一年近两千亿采购，推行公开招标，推进"应招比招，能招尽招"，实行阳光采购。严格合规管理，不合规的行为放在阳光下晒完，发现它违规了，必须纠偏，这时对方非法利益受损，可不只是一两次的利益，可能事关将来还能不能进入我们的大市场，利益的纷争巨大。有些不愿意按规矩行事的供应商，会通过各种各样的方式和渠道，去维护他的巨大利益。

（一）案情介绍

2013年元旦，有人在网上发帖，涉及中石化、性交易、贪腐，引发热议，一时吸引了众多眼球，所谓"牛郎门"就是这个事。我们迅速应对，一是成立小组，二是梳理业务。找当事人询证，公司要确定到底网帖所言，是不是事实。确认后，我们立即到公安部门报案。网帖的手法跟"中石油AV女优"一致，最后他无法给我们有力证据。但当时，网上对国企的骂声一片、抱怨非常严重，虽然我们明知道是哪家供应商哪个人发帖的，但公安部门对这个事情的态度非常谨慎，刑事案件处在焦灼状态，推进困难。

（二）提起民事诉讼，回击流言

维护公司声誉，保证员工个人不受二次伤害，时效性非常重要，不然会彻底丧失澄清的机会。他在暗，我们在明，这是非常比耐力比速比技术的。我们确定启动民事程序，通过法律程序澄清事实，用法律手段维护声誉和利益，远比仅仅网上回击更有力。从两个律所和政法大学的专家当中挑选代理律师，我们最后选择了政法大学的年轻专家，他也经常是百度和腾讯的顾问。

（三）选择被告、受理法院，固定证据

由于是翻墙发帖，没有直接证据指向原始发帖人。我们的目光锁定到转帖，选择网站作为被告：搜选九家比较大的网站，综合考虑时间、内容、影响、截屏、公证网帖内容（法务部门参与有点滞后，没有在第一时间参与进去，两天后最原始的网站已经删帖了，增加了后续工作困难）。确定两家网站作为被告，选择受理法院。北京各区的法院，只有海淀法院和朝阳法院进入我们选择范围，这两家法院比较有审判经验，综合考量，最后选择到朝阳法院起诉。这是我们当时做的网上信息公证书，做了五次，16套，48份，证据比较充分。因为网上的帖子说得很难听，为了保护女处长，不让她受到二次伤害，我们想申请不公开审理。法院说这个案子已作为重点案件，他们要全程公开、文字信息实时发布。

（四）又一个完胜

2013年6月和8月两次庭审，庭审完后正好赶上国家启动网络专项治理，借着东风对我们案子更有推动作用。10月朝阳法院作出一审判决：两个被告网站运营商承担责任，刊发道歉声明，支付4万多元的精神损害金。他们上诉，理由是没有收到删帖的通知。北京三中院驳回上诉，维持原判。民事案件取得完胜。发帖的始作俑者，那个个人也被上海市公安局刑事拘留，而且他还在网上发帖，造谣上海某个副区长（原区公安局长）受贿几亿元，很快采取刑事措施把他刑拘了。最后我们决定不再对他进行民事诉讼，他已受到更严厉的刑事处罚。

（五）经验总结：时机和策略很重要

领导高度重视，一定是这个案子最后能走下去的一个绝对重要的保证，部门通力配合、专业措施等都是老生常谈的经验。社会环境和网络环境的对我们不利时，我们要选择很好的发声机会，要策略得当。现在我手里正在处理一起供应商告我们的诉讼，他在招标后签约履行过程中有质量和迟交货的情况，我们的管理部门按照规则，做了违约供应商处理，他来告我们侵犯名誉权，这两天正在交换证据。我们需要在法庭展示中石化对质量管理对安全责任的严苛标准和严格履行社会责任的担当。

如何建立法务激励机制

法务作为一种专业人士，其成长除了自我努力以外，还需要企业的激励机制。如果说，管理的重点任务之一是通过有效的激励来培养人才、利用人才，那么，法务管理的重点任务之一便是建立对法务人员的有效激励机制。

■ 文 / 陶光辉

陶光辉

法学硕士，高级经济师、仲裁员，现任国美控股集团法务总监。具有多年的执业律师和集团法务工作经验，在《中国司法》《中国律师》《公司法律报告》等上发表数篇论文，出版了国内首部系统探讨企业法务管理的专著——《公司法务部》。

法务和律师一样，是专业人员。这一点在大多数场合下，应该说是毫无疑问的。管理学大师德鲁克先生对专业人员的工作原理曾有过精辟的阐述。他提出，专业人员的工作内容、标准必须根据这个专业本身的目标和愿景来制定。专业人员必须自行决定其工作内容，自行决定做到什么地步才称得上表现优异，别人无法替他做决定。这些观点，对如何建立法务激励机制，提供了有益的参考。

特有的激励原则

法务是专业人员，专业人员是一种不同于普通员工的特殊人员。要让这种特殊人员在企业中发挥效能和生产力，就必须满足其特殊需求。因此，对法务人员进行激励，首先就要挖掘法务人员作为专业人员的特别需求是什么。对这些需求进行有针对性的满足，即可得出对法务人员特有的激励原则。

原则一：专业上的肯定和金钱的奖励同等重要。使法务人员产生满意的工作心态，不能仅靠钱解决。薪酬奖励，对法务人员固然重要，但要促使法务人员自动自发地站在公司角度处理问题，就必须引导法务人员从公司全局及公司业务来理解和改变其所从事的法律专业工作方式。

通过对法务人员进行专业上的严格要求，并对其表现予以专业的评价，能极大激发法务人员作为专业人士的斗志，满足其对专业精益求精的追求渴望。

原则二：让法务人员对自己的业务有实质性的控制。法务人员是典型的知识型员工，最为重视自己赖以生存的技能以及该技能产生的成果。如果对工作成果没有及时的反馈和控制，会造成法务人员的工作激情逐渐消失，创造成果的动力逐步减退。

这一点类似于执业律师。一家能留住好律师的律师事务所，总是能为律师提供控制自己业务的机会。

原则三：为法务人员提供与管理职位平行的升迁渠道。除了"法务经理""法务总监"这样的职级以外，还可以提供"资深法律顾问""高级法律顾问""首席法律顾问"之类的专业分级职位。这些专业岗位的待遇、声望应等同于类似的管理岗位。

优秀的法务人员，往往因缺乏管理经验而无法成为优秀的管理人员。可能是因为法务人员喜欢独立工作，通常厌烦行政工作，他们只钦佩在专业领域比他优秀的专业人士。如果公司不给资深的法务人员除管理职位以外的升迁机会，那么只会打击法务人员的工作积极性。

合适的激励手段

在明确激励原则之后，还需考虑合适的操作手段及其组合。法务人员作为专业人员，其激励机制与对其他"知识型员工"的激励机制很大一部分是一致的，但仍需考虑法律工作的特点、法务与律师的个体差异等因素。以下是一些具体的对法务人员的激励手段。

第一，设计多维度的专业工作。法务总监应对法务人员的工作进行精心的多维度设计，以充分反映员工的工作期望、能力、偏好等因素的要求。

传统的法务工作设计是寄希望于工作细化和专业化。如很多企业将采购合同审核与并购合同审核区分开来，将该职责固化到不同的法务人员身上，并美其名为"专业"和"效率"。从激励的角度，这样的工作设计思路其实很难对法务人员产生激励的作用。因为，如果一名法务人员能在某一段工作年限内稳定地预测到其工作内容将一直是"某单类型合同的审核"，犹如以前生产流水线上的某环节的技工，那么这名法务人员的积极性无疑会大打折扣，以致最后企业必然会遇到该名员工的流失。

多维度的法务工作，可从扩大法务工作范围，增加法务工作深度等角度入手。事实上，前人早已总结，从技能多样性、任务完整性、任务重要性、工作自主性、工作反馈性五个方面，可反映多维度的工作特征。

对于法务人员来说，技能多样性可以说是其随时追求的状态。这与现代社会法律环境的快速变化、法律与经济之间越来越密切的结合也是分不开的。法律人员，包括法务、律师，总是试图学习一切与法律、商业、管理、财务等在实际工作中可能涉及的知识和技能。任务完整性、重要性，对于法务这个工作来说，是不言自明的。工作自主性、工作反馈性，也是知识型员工的普遍要求。

第二，建立有吸引力的薪酬体系。有吸引力的薪酬必须对外有竞争力，即至少等于或高于市场同行业的平均水平；对内要保证公平、公正，即应有和贡献挂钩的绩效考核。

按和顾客接触的远近关系来看，法务部门不直接与公司的顾客接触，是公司"后台"部门。很多企业基于这种远近关系考虑，认为法务不创造价值，故把法务部门列为成本中心或费用中心。这种看法会影响法务人员的工作积极性,也为公司设置法务人员薪酬带来障碍。

其实,换种视角来看,法务部门也能直接参与创造价值,甚至也能直接为公司带来盈利。如在诉讼或仲裁案件的处理中,法务人员发挥主观能力性,尽全力赢得了官司,为公司挽回经济损失,这就是直接创造价值,只不过表现为间接的避免损失。

要以薪酬来提高对法务人员的吸引力,还有必要参照执业律师的收入水平来确定法务薪酬基数。执业律师的工作,特别是那些领取固定薪资的执业律师,其工作内容与法务人员基本类似。不同点是法务是受所在企业独家委托;律师是受不同的公司企业聘请后由律师事务所统一委托。这种不同之处不应影响法务人员与该类律师之间的薪酬差异。

但实践中,公司内部法律顾问的薪酬是低于在律师事务所工作的律师同行。因此,为吸引优秀法律工作人员能留在企业,成为一名长期的内部法律顾问,完全有必要提高法务人员的基本薪酬。

第三,提供持续且频繁的培训。法务人员作为专业知识工作者,对自身知识与技能的提升有着持久的渴望。持续的培训,能满足这一期望,从而激发法务人员的积极性,对一些未得到满足的期望能起到弥补作用。

对法务人员的培训,与法学院的教育是不同的。法学院传授的是基础法学理论知识,要求体系性地掌握法律原理、法律条文等。法务人员培训属于技能方面的培训、技巧方面的提升。持续且频繁的培训,能促进法务人员能力的提升,从而起到一种金钱难以取代的激励作用。

落地的激励措施

激励原则是针对法务人员的普遍需求,激励手段是明确原则之后的操作组合。要真正执行这些原则和手段,还需配套一些激励措施。

构建一个平等、民主的法务部门。法务部是法务人员微观的工作环境。法务人员看中专业上的肯定,喜欢独立完成任务,更大程度上地受专业权威的影响等这些特点,决定了法务部应当是一个平等交流、民主管理的企业部门。这是落实法务激励机制的基础。

充分授权、及时反馈、自主管理,应成为法务人员的日常工作模式。法务人员的特点,决定法务人员偏好独立、自主的工作,喜欢被充分授权。企业管理者应发挥这种工作特性的优势,对法务人员进行适宜的鼓励、合理的授权,充分的信任。

研究表明,自主管理其实可促使员工自己发现工作中的问题,自己选择伙伴组成团队,自己选定进取的目标,自己进行现状调查和分析原因,自己制定对策,并能自己组织实施且进行评定总结。自主管理,最适合对专业知识工作者的激励。如运用得到,既能降低成本、激励员工,又可鼓励创新。

引进案件提成制。与执业律师相比,法务人员的薪酬偏低。偏低的原因,在于法务人员不能以其处理的案件或项目的金额大小,作为衡量自己贡献的依据。

法务人员的薪酬,可谓"打包价",即每月固定薪酬,不考虑处理事项的金额,法律问题的复杂性等因素。这导致法务人员处理一些涉及金额的公司内部法律事项时,如诉讼,缺乏数字标准来衡量其工作成效,从而产生激励缺失问题。

引进案件提成制,能有效解决该问题。参照律师事务所对授薪律师的考核,将法务参与诉讼或仲裁案件的标的额,与法务人员的绩效工资挂钩,让法务人员也能在案件处理结果上享受合理的预期物质回报。这将大大增加法务人员处理案件的积极性。

落实对培训资源的支持。很多企业仅在规划层面强调培训的重要性,但对于培训内容、培训经费、培训时间等的投入却明显不足。培训内容方面，不能以一些"心灵鸡汤""教条式"的培训来替代专业培训。培训经费方面，应列入预算，包括图书经费、参加讲座经费、参加课程经费等。

如经费确实不足的，可以采用一种"交叉培训"的方式，用更少的资源做更多的事，请法务人员相互培训。在某领域有经验、有特长的法务人员，可为同事提供他所擅长领域的培训；而接受培训的法务人员，也可主动申请某一专题而对他人进行培训。

培训时间方面，公司予以统一支持。如每月固定一天或半天，支持法务人员进行专业知识学习与培训。这一天的时间里，法务人员可以专门用于培训，不须像平常工作日，受公司行政管理方面的限制。

鼓励家庭与事业的平衡。现代社会工作与生活的压力都越来越大，很多企业员工在重压下疲于奔命，造成各种生理或精神疾病。这也和传统的组织管理方式是分不开的。很多公司管理者为完成目标，将员工个人目标完全排除在组织的外部，将员工视为完成目标的机器。这种理念完全不能适应现代企业竞争的需要，无法满足知识型社会里的专业人士发展的需要，也无法有效地激励员工。

在法务人员当中，应鼓励家庭与事业的平衡。法务总监也已应当亲力亲为地去倡导如下这样一种理念："法律只是人生的一部分。生命其实很短，还有很多其他有意义的事，大家最好平和地对待工作。"如此，无疑会大大激励法务人员，从而带来他们的卓越贡献。

公司律师参与重大决策的机制构建

新出台的《关于推行法律顾问制度和公职律师公司律师制度的意见》对公司律师参与重大决策的要求非常清晰，对排斥公司律师参与重大决策的问责也非常明确。可是，实践中公司律师参与重大决策的状况非常不理想，公司律师如何参与重大决策活动仍需从机制层面全面构建。

■ 文 / 杨关善

决策在公司经营管理活动中无疑是最为重要的环节。决策的失误将直接导致执行过程风险的不可控，最终将面临失败的结局。在决策尤其是重大决策过程中，公司律师（包含企业法律顾问等从事法律管理工作的公司内部人员，为叙述方便，本文统称公司律师）的参与将不容忽视。诸如投资并购、重组上市、资产转让、知识产权保护等重大决策事项，我们能否经常看到公司律师的身影，能否经常听到公司律师的声音？公司律师参与重大决策的程度，既反映了法律管理价值的体现程度和认可程度，也是对公司律师法律管理能力的最有效的检验。

近期，中共中央办公厅、国务院办公厅印发了《关于推行法律顾问制度和公职律师公司律师制度的意见》（中办发〔2016〕30号，以下简称30号文），对公司律师制度进行了顶层设计，对国有企业的公司律师参与重大决策提出了明确要求，这是对《关于印发〈关于全面推进法治央企建设的意见〉的通知》（国资发法规〔2015〕166号，以下简称166号文）相关规定的进一步确认和提升，对外资企业、民营企业的法律管理也具有指导作用。

本文试图结合作者自身经验，对公司律师如何参与重大决策活动进行分析，提出相关建议，以助推公司律师参与重大决策机制的构建。

杨关善

北京大成律师事务所高级顾问、专职律师，房地产和建设工程专业委员会常委，天津仲裁委员会仲裁员，对外经济贸易大学法学院专业学位硕士研究生校外导师，中国企业联合会第五届维护企业和企业家合法权益工作委员会委员。1995年、2003年先后毕业于西北政法大学、中国政法大学，取得法学学士和硕士学位。曾任中铁资源集团有限公司副总法律顾问，拥有国有大型央企12年法律顾问经历。

参与重大决策对公司律师既是责任亦是机会

公司的本质属性决定了其重大决策几乎无一例外地直接或间接体现着对商业目的的追求,即便审议通过一份社会责任报告也是如此。因此,重大决策首先是商业判断,决策层要考虑决策的战略符合性、财务承受能力、技术可行性等重大问题,然而,还必须考虑决策的合法合规性,也即进行法律判断。不做法律判断的商业决策是危险的,是没有保障的,最终将难以实现其商业目的,甚至会造成严重损失。重大决策的法律判断,往往涉及复杂的法律法规和政策的理解和适用。尽管需要培养和提高公司领导或决策层法律意识,但不能因此就认为公司领导或决策层的法律意识提高了就自然可以排除作为专业法律人士的公司律师的参与。领导法律意识无非是敬畏法律、遵守法律的意识,但真正保障重大决策的合法合规,仍需要公司律师的专业支撑。我极不赞成实践中的一种现象,个别领导自认为接受过普法教育和培训,于是自以为是,听不进公司律师的意见,这是非常可怕的倾向,这实际是经验主义在作怪。

其实,每一项重大决策事项,均需要公司律师围绕商业目的对涉及的法律法规和政策进行专门研究,提出专业意见,甚至不时地需要外聘社会律师提出支持意见,从而才能保障适用法律更为准确、全面、客观,使商业方案更为可行。从公司律师发展历史来看,公司律师已从法律咨询、合同管理、法律纠纷处理等日常法律业务逐步延伸其职能和触角,不同程度地参与到公司的重大决策中去。一方面,正是基于其大量日常法律业务的处理,公司律师比其他员工更为全面、集中地掌握和熟悉公司经营管理中各项风险细节、风险分布、风险表现形式、风险的危害性及其产生的原因和应对措施,同时对造成此类风险的决策会给出更准确的评价;另一方面,公司律师因所具备的法律背景和知识、经验,最善于厘清各类法律关系、抓住问题的本质和要害,因此具有独特的专业优势。这些都为公司律师参与重大决策并发挥作用创造了条件。

30号文第31条规定:国有企业"讨论、决定企业经营管理重大事项之前,应当听取法律顾问、公司律师的法律意见"。"对应当听取法律顾问、公司律师的法律意见而未听取,应当交由法律顾问、公司律师进行法律审核而未落实,应当采纳法律顾问、公司律师的法律意见而未采纳,造成重大损失或者严重不良影响的,依法依规追究国有企业主要负责人、负有责任的其他领导人员和相关责任人员的责任。"应当说,对公司律师参与重大决策的要求已非常清晰,对排斥公司律师参与重大决策的问责已非常明确。

可是,实践中公司律师参与重大决策的状况非常不理想。除受制于各种主客观因素外,公司律师自身的能力、经验和参与意识也是主要原因之一,公司律师应更多地查找自身原因。如果认为决策是公司领导的事,与己无关,或者认为自身位卑言轻,对决策结果起不到作用,因此就退避三舍,只顾处理一些事务性工作,就大错特错了。只有不断地参与重大决策,在决策程序中发声,才能提高法律工作层次,并最终实现公司律师事业的发展。公司律师如游离于决策程序之外,不利于保障决策的合法合规性,也不利于公司律师的成长和进步。如今,30号文为公司律师参与重大决策提供了政策支持,公司律师更应该培养参与重大决策的意识,把握有利时机,积极创造条件,研究和推动参与重大决策机制的构建。

公司律师参与重大决策的环节和方式

既然参与重大决策对公司律师来讲既是责任,又是机会,那么随之而来的问题就是,公司律师如何参与重大决策,到底参与重大决策哪些环节和以什么方式参与。也许,很多公司律师对此感到困惑,无所适从。其实，重大决策体现为一个逐步深入的递进过程，往往包括若干个环节，并不是简单的董事会或股东会（股东大会）决策或审批。许多重大决策事项在前期论证过程中因不具可行性即被否决，而无法进入董事会或股东会（股东大会）的决策或审批环节。因此，只有对决策过程和步骤有清晰的了解，公司律师才可以有效地参与。

（一）参与重大决策的环节

1. 专题会、总经理（总裁）办公会、董事会会议审议环节。

一般来讲，重大决策事项须经过公司专题会、总经理（总裁）办公会、董事会会议等程序。对集团公司而言，子公司的重大决策事项一般需要报请母公司研究，履行母公司的重大决策程序。规模较小、法人治理简单的公司，尤其是中小型民营企业，重大决策程序相对简化。不管怎样，重大决策程序应体现在公司章程以及相关规章制度。每一具体环节均为公司律师提供了参与机会，公司律师介入越早，越能体现其作用和价值。

2. 征求工会和职工意见环节。

根据《中华人民共和国公司法》规定，公司研究决定改制以及经营方面的重大问题、制定重要的规章制度时，应当听取公司工会的意见，并通过职工代表大会或者其他形式听取职工的意见和建议。《中华人民共和国工会法》和《中华人民共和国劳动合同法》等法律也有类似规定。由于重大事项一般涉及复杂的法律专业问题，工会组织有可能向公司律师征求意见。不分公司性质，此环节普遍存在。

3. 党组织研究环节。

根据中共中央办公厅、国务院办公厅印发的《关于进一步推进国有企业贯彻落实"三重一大"决策制度的意见》，尤其是中共中央办公厅印发的《关于在深化国有企业改革中坚持党的领导加强党的建设的若干意见》，国有企业重大决策必须先由党委（党组）研究提出意见建议，涉及国家宏观调控、国家战略、国家安全等重大经营管理事项，必须经党委（党组）研究讨论后，再由董事会、经理班子作出决定。尽管党组织在研究涉及国家宏观调控、国家战略、国家安全等重大经营管理事项时，其责任是把握政治方向，保障重大决策不违背党和国家的路线、方针和政策，但由于重大事项一般涉及复杂的法律专业问题，党组织在讨论之前同样有可能向公司律师征求意见。此环节只存在于国有企业。

（二）参与重大决策的方式

1. 起草或修改议案。

关于重大决策事项的议案一般由业务部门起草，公司律师负责审查。遇以下两种情况时，公司律师将起草或修改议案：一是关于法律战略和管理的重大决策事项，如编制依法治企战略发展规划、制定法律事务管理办法、合同管理办法等法律业务重要规章制度等，公司律师必然要承担起草议案的责任；二是其他业务部门起草的议案，涉及重大复杂的法律问题，业务部门没有能力完成起草或虽已起草但明显违反法律法规的规定或对法律风险披露不充分、防范和控制法律风险的措施不得力，公司律师应与业务部门沟通，指导或亲自起草、修改相关议案内容。

2. 参加或列席会议。

如上文所述，重大决策事项将履行一系列的会议程序。在上会研究之前，公司律师应围绕议题对相关法律法规和政策进行充分的、深入的研究，与相关业务部门进行必要的沟通，甚至咨询社会律师的意见，切不可一知半解，草率上阵。开会讨论时，在发言之前尽量多倾听参会人员的意见，多发现和提出问题，随时调整和修正拟提出的意见，并不失时机地阐述自己的观点。

3. 出具法律意见书。

公司业务中出具法律意见书的情况较为常见，也是公司律师参与重大决策的有效方式之一。法律意见书何时出具、如何出具才能够体现对重大决策的价值，需要在出具的时机、方式和程序等方面予以把握。

（1）关于出具法律意见书的程序性要求。

为了实现公司律师对重大决策程序的强制性介入，改变公司律师游离于决策程序之外的尴尬局面，国资监管机构和国有企业逐步要求将法律论证作为总经理（总裁）办公会、董事会会议的前置性程序，将法律意见书作为议案材料的附件，议案材料没有法律意见书作为支持性文件的不得安排上会讨论。这就从制度和流程层面上为公司律师参与重大决策提供了保障。

（2）关于出具法律意见书的方式。

公司律师可以自行就重大决策事项出具法律意见书，对于专业强度已超出公司律师能力范畴或涉事敏感、内部争议较大的重大决策事项，应委托社会律师出具法律意见书。由于社会律师一般对公司业务和管理不熟悉，公司律师须与社会律师进行充分沟通，以确保法律意见书满足决策需要。公司律师甚至可以考虑，在社会律师出具的法律意见书基础上结合公司商业目的撰写法律审查意见或评价意见，将其一并提交，以利于决策层理解和接受。

4.担任本公司或子公司董事、监事。

公司律师从普通员工发展成为本公司董事、监事，或兼任子公司董事、监事，则可直接进入决策层和监督层，享有一票表决权，这就不同于以普通的公司律师身份参与重大决策的情况，其意见将很大程度上影响决策结果。这是公司律师参与重大决策的特殊方式。

公司律师对重大决策事项审查的角度和重点

无论是起草、修改议案，列席或参加相关会议，还是出具法律意见书，公司律师须掌握对重大决策事项进行审查的角度和重点，否则就会感觉无从下手，不能发现问题，不能提出有价值的意见。作为一名法律专业人员，如果不能提出专业意见，不能提出独到的见解，那么参与重大决策的意义也就不复存在。公司律师在决策程序中地位一定是不可或缺、不可替代，这是公司法务存续和发展的生命力所在。

归纳起来，公司律师应从以下几个方面审查并提出意见：

1.议案材料是否完整齐备，包括议案描述的内容、附件材料和其他支持性文件是否符合公司规章制度对议案格式和内容的要求；

2.会议程序是否正当，有无遗漏相关程序，如根据公司法、工会法和劳动合同法相关规定，应当提交工会、职工代表大会讨论的事项是否已提交讨论；

3.决策事项是否符合法律法规、规章和政策的要求；

4.决策事项是否存在法律风险，存在哪些法律风险，有何风险防范和控制措施，风险防范和控制措施是否有效；

5.决策涉及的投资并购、重组或破产清算等方案是否具有法律可行性，是否具有可操作性，有无优化或调整措施。

公司律师否决权的界定和行使

（一）关于否定意见和否决权

公司律师的首要职责就是判断重大决策事项的合法合规性，其逻辑必然是，如果不合法、不合规，公司律师就要提出否定意见。但否定意见和否决权是两个不同的概念。公司律师在遇决策事项时提出否定意见早已成为常态，而公司决策层无视此否定意见也早已成为常态，出现问题之后再交由公司律师解决也是不争的事实。因此，法律判断在商业判断面前乏力，公司律师的否定意见对决策常常起不到根本性作用。公司领导对公司律师的期待是什么？很多领导经常对公司律师讲，不能简单地说"不"，要提出可行的替代方案。应当说，公司律师不是决策的绊脚石，而是防火墙。公司律师否定现有方案，并提出可行的替代方案，这是最为理想的结果，但前提是替代方案须不违法不违规，更不可触碰"红线"。决策违法违规，直接导致的后果就是法律风险。

30号文第31条规定："依照有关规定应当听取法律顾问、公司律师的法律意见而未听取的事项,或者法律顾问、公司律师认为不合法不合规的事项,不得提交讨论、做出决定。"这实际是赋予了国有企业的公司律师以否决权。所谓否决权,与其说是权力,还不如说是责任,首先应理解为公司律师承担的一种责任。30号文第20条规定："国有企业法律顾问对企业经营管理行为的合法合规性负有监督职责,对企业违法违规行为提出意见,督促整改。法律顾问明知企业存在违法违规行为,不警示、不制止的,承担相应的责任。"公司律师有义务提出否决意见,对违法违规行为说"不"。当然,公司律师不仅要勇于说"不",还要善于说"不"。说"不"是一种责任,更是一种能力和技巧。

（二）关于否决权的行使

公司律师或因不受重视被边缘化而感到孤独和自卑,反之,如果公司律师被赋予了否决权,则公司律师又该如何接招？重大决策事项的实施与否对公司可能造成很大的影响,而能否得以顺利、有效实施具有很大的不确定性,而只要不予实施,则难以判断公司律师的否决意见是否正确。实践才是检验真理的唯一标准。在提交讨论或决策之前,如某重大事项因公司律师的否定意见而终止或搁浅,则会给公司律师带来很大的压力。因此,否决权如何行使,还需要在公司规章制度中予以明确和细化。

构建公司律师参与重大决策机制的难点和保障措施

公司律师参与重大决策,从源头上发现和防范法律风险,保障重大决策的合法合规性至关重要。为此,须针对实践中公司律师参与重大决策的难点,需要采取以下相应的保障措施。

（一）制度保障

公司律师不能有效地参与重大决策,主要原因之一是没有制度保障。实践中,某些公司律师参与重大决策,完全凭借领导的好恶和随机安排。对于国有企业,已有30号文和166号文明确要求的情况下,应该尽快完善相关制度予以落实,其他类型的企业亦有必要参照文件要求完善相关制度,在公司章程以及董事会议事规则、总经理（总裁）办公会议、专题会议议事规则、投资管理办法、法律事务管理办法等相关规章制度和流程中予以明确,详细规定公司律师参与重大决策的时点、范围、方式、权限和责任等,做到有章可循,有据可依。

（二）时间保障

某些重大决策事项往往以情况紧急为由临时安排会议,突破了制度关于提前通知并送达会议材料的程序性规定,给公司律师预留的时间非常短暂,没有时间进行法律论证。如果没有充分的时间保障,公司律师很难提出有价值的法律意见,出具高水准的法律意见书更是难上加难。参与不是陪衬,重大决策不需要公司律师做陪衬。因此,公司律师参与重大决策,不仅需要制度保障,还需要制度真正得以落实,为法律论证留出足够的时间。违反此程序性要求的不合规行为,须有相应的制裁措施以及对公司律师责任的豁免。

（三）人才保障

参与重大决策对公司律师的能力是严峻的考验,如果没有对公司业务的深入了解、扎实的专业知识、丰富的实践经验和较强的分析判断能力,即使参与决策,也只能浮于表面,走走过场而已,起不到法律把关的作用。因此,实现公司律师参与重大决策,须有相应的公司律师人才队伍做保障。而现实情况是,由于薪酬待遇不高、职业发展限制等因素,各类公司普遍存在法律人才匮乏的情况。没有人才保障,一切制度规定将虚置,重大决策的法律保障无从谈起。在内部人才不济的情况下,社会律师作为补充力量不失为一条可选择的路径。如何选聘社会律师担任常年法律顾问,或组建律师库,这将是法务管理的另一项课题。

国有企业重要决策法律审核的路径选择

重要决策的法律审核，是企业法务的一项核心业务，但是很多企业法务人员在开展重要决策的法律审核工作时，仍然感到存在很多问题，有很多的困惑，其中最为突出的问题就是重要决策的法律审核到底审什么？应该怎么审？法律审核意见该怎么出？

■ 文 / 檀中文*

重要决策的法律审核，是企业法务的一项核心业务，在国务院国资委的法制工作三年目标中，把重要决策的法律审核率达到100%作为中央企业及其所属重点成员单位的一项重要目标提出来。重要决策法律审核，已经在各级中央企业中普遍开展，为各级中央企业依法合规决策起到了非常重要的作用。

但是很多企业法务人员在开展重要决策的法律审核工作时，仍然感到存在很多问题，有很多的困惑，其中最为突出的问题就是重要决策的法律审核到底审什么？应该怎么审？法律审核意见该怎么出？也就是涉及重要决策法律审核的审核内容、审核方式、审核结果等方面。

本人在国企担任总法律顾问、董事会秘书、办公室主任多年，长期负责组织董事会监事会会议、总经理办公会等重要的经营决策会议，对如何开展企业重要决策的法律审核工作，以及如何处理好重要决策的法律审核与其他工作之间的关系具有丰富的经验。本文就针对国有企业重要决策法律审核中的几个关键问题，提出一些基本的分析思路。

国有企业重要决策法律审核，审什么？

提到重要决策的法律审核，首先要解决的问题就是审什么？有没有一个针对重要决策法律审核内容的全面而系统的描述？

一般来说，重要决策法律审核内容包括形式审核和实质审核两方面。实质审核又包括合法合规性审核、法律风险审核。

（一）形式审核

所谓形式审核，是指对待审的重要决策事项的材料、送审程序、决策事项的内容等进行形式上的一个审核，目的是审查送审程序是否符合要求、送审的材料是否齐全完整、对待审决策事项的表述是否清晰。程序合规、材料齐全、

---

* 檀中文，中航工业旗下中航勘察设计研究院有限公司总法律顾问兼董事会秘书。

内容清晰是对决策事项开展法律审核的基本前提条件，只有符合这三个条件的待审决策事项，法律部门也才具备提出法律意见的基础。

具体来讲，重要决策的形式审核，主要审核如下内容：

1. 审核提出部门提交与待审决策事项相关的资料的种类和形式是否齐全、完整，是否缺失审核所必需的关键资料，是否列明了附件清单且与实际送审附件内容一致。

承办部门在送审重要决策事项时，一般应提交下列材料：

（1）重要决策事项经单位主管领导初步同意的批示或开展重要决策事项的请示、报告等；

（2）被审核事项的相关法律材料，包括但不限于决策方案、合同草案、意向书、框架协议、备忘录等；

（3）与被审核事项相关的背景情况说明、调研报告、可研报告、尽职调查报告等；

（4）重要决策事项涉及目标企业或相对方的，应提供目标企业或相对方的工商登记资料、资质证明资料等资信材料；

（5）向上级单位报送审批的重要决策事项，应同时报送总法律顾问签署的法律审核意见；

（6）法律事务机构认为应当提交的其他材料。

送审材料是开展法律审核的基础，因此对送审资料的审核不仅在进入实质审核之前，还要贯穿于实质审核的全过程。如果在实质审核的过程中，发现资料不充分需要再行补充相关资料的，可以根据审核的情况和审核的需要，随时可以要求送审部门补充，也可以自行组织补充相关材料。

2. 审核送审部门提交的相关资料的内容是否与待审的重要决策事项一致。这里要求对送审的材料进行一个初步审核，核实一下材料内容与待审的重要决策事项是否一致，并可视情况剔除一些不一致或与审核事项无关的材料。

3. 审核重要决策事项的内容是否表述清楚、行文逻辑是否前后一致、结构是否清晰。这里就是要求看清楚、弄明白送审决策事项是什么？对决策事项的表述是否清楚，这是进入下一步实质审核的最重要的步骤，只有这样你的法律审核才具有针对性和有效性。

4. 审核相关审批表的填写是否规范、完整，审批流程、签字盖章是否符合要求。这是对重要决策事项送审的程序要求，这类要求主要是指是否符合企业内部对重要决策事项管理的程序性要求。重要决策事项不同于一般的企业经营管理事项，法律事务部门是否能在没有送审部门明确提出要求或企业的主管领导明确指示的情况下，主动对知晓的重要决策事项开展法律审核工作目前还是一个有争议的问题。

对于形式审核不符合要求的，法律部门可根据不同的情况要求送审部门进行更正，对于资料不完整的，可要求送审部门补充，法律部门也可以根据实际情况自行补充；对于送审程序不符合要求的，可要求送审部门完善程序；对于待审核决策事项表述不清的，要与送审部门进行沟通，理解决策事项的真实内容和含义，协助送审部门修改完善对重要决策事项内容的描述。

（二）实质审核

所谓实质审核，是指对重要决策事项是否合法合规，决策事项是否存在法律风险等进行实质性的审核，并提出法律审核意见。实质性审核包括两方面：一是合法合规性审核；二是法律风险审核。

1. 合法合规性审核。

关于重要决策事项的合法合规性审核，主要审核以下一些内容：

（1）审核重要决策的内容是否符合法律法规规定。这是对一项重要决策开展法律审核最核心的地方，决策的内容符合法律法规的规定是一条底线，也是法务人员必须要做出明确判断的。

这里的法律法规，除了通常意义上所说的法律、行政法规、地方性法规、部门规章、地方性规章等，还应当包括行业和地方的规范性文件等。

（2）审核重要决策的内容是否符合上级单位和本单位规章制度等有关规定。中央企业都在本企业管理的范围内，制定下发了相当多的规章制度文件，国有企业的重要决策还应当符合上级和本单位规章制度的规定。

（3）审核重要决策的内容是否具有法律上的可行性。法律上的可行性也是开展重要决策法律审核应当关注的内容，决策事项除了要合法合规之外，还应当具备法律上的可行性。而这恰恰是许多企业法务人员比较容易忽视的地方。

2. 法律风险审核

对重要决策开展法律审核，不但要审查决策事项是否合法合规，法律上是否可行，更应当关注决策事项中可能蕴含的法律风险。大部分决策事项不是合法不合法或者合规不合规的问题，而是一个风险与利益的考量问题，国有企业领导班子对重要事项进行决策时，要充分研究和衡量各种风险，其中法律风险是需要重点考量的风险之一。

关于重要决策事项的法律风险审核，可参照企业法律风险管理的思路，按照风险识别、风险测评、风险态度、控制措施的要求提出法律审核意见，并在之后决策事项实施过程中关注、跟踪法律风险控制措施的实施情况及实施效果，并把对单项决策事项的法律风险管理纳入企业法律风险管理体系之中。

国有企业重要决策法律审核，怎么审？

一项重要决策事项被送到法务部门后，法务部门该如何开展工作？各家的做法也各有不同。通常来讲，重要决策的法律审核可分为会议审核、书面审核、委托审核、其他审核方式四种形式。

（一）会议审核

会议审核是指企业的总法律顾问或经总法律顾问授权的法律顾问通过组织重要决策法律审核专项会议或参加相关决策会议的方式，对会议上讨论研究的重要决策事项发表法律审核意见，并将法律审核意见记载于会议记录或会议纪要的一种审核形式。

会议审核，是一种非常重要也非常常见的审核方式。很多情况下，都是企业的总法律顾问通过参加或列席重要的决策会议，如董事会、总经理办公会的形式，对重要决策发表审核意见。国务院国资委也通过各种文件和制度来保障总法律顾问能够参加各种决策会议，并对会上审议的事项发表法律意见。

由于会议审核是一种即时审核即时发表意见的形式，有时给予参会总法律顾问思考的时间非常短，常常会出现发表的意见不全面、不充分，甚至出现错误的情况，因此总法律顾问要对会议审核给予十分重视。

对于会议审核要注意以下几点：一是事先要认真阅读会议材料，做好充分准备。对于材料不齐，或事先未看到材料的，要慎重发表法律意见；二是对于较复杂的决策事项，可以事先组织法务人员进行内部研讨，查阅相关资料，必要时咨询专业律师或外部专家；三是对于会议上临时提出的决策事项，虽然不符合程序，也没有充分的时间去思考研究，但是也不宜直接拒绝发表意见，而是要经过适当的考虑之后，先发表初步的法律意见，并声明事后要整理书面的法律意见，作为会议补充材料提交，并以事后书面的意见为准。

（二）书面审核

书面审核是指以书面形式对重要决策事项进行法律审核，并提出法律审核意见的一种审核方式。这也是最为常见的一种方式。法务部门对待审决策事项的材料进行书面审核后，提出书面法律意见。书面审核也常常与其他的审核方式结合使用。

书面审核一般采用二级或三级审核制度，对于重要决策的法律审核意见，一般应当经过总法律顾问审批后提交承办部门。

（三）委托审核

委托审核是指委托外部法律中介机构对重要决策事项进行法律审核的一种审核方式。委托审核适用于法律法规规定或上级单位要求必须有外部法律中介机构出具法律意见书的重要决策事项或本单位法律事务机构认为需要由外部中介机构出具法律意见书的重要决策事项。

委托审核由法律事务机构提出审核需求及拟聘的法律中介机构，报总法律顾问审批。审核需求报告中应当列明委托审核的事项范围、具体要求等。

当然企业的法律事务机构对于委托审核也不应是大甩手，而是要主动参与法律中介机构的审核工作，做好内外沟通和协调工作。另外，对于法律中介机构出具的法律意见书也不应当直接提交决策使用，而是应当经单位总法律顾问审批后方可作为正式的法律意见书采用。

（四）其他审核方式

法律事务机构在对重要决策事项进行法律审核时，根据具体情况还可以采用专家论证、专家研讨会等辅助形式开展法律审核。

至于具体采取何种审核方式，要根据决策事项的具体情况，选择一种或多种审核方式。对于重要决策事项法律审核工作的组织，要注意以下几点：

首先，要评估决策事项的复杂程度以确定审核方式或组织方式，如是否需要组成工作小组，是否要事先制定审核方案和工作计划。

其次，要根据决策事项涉及的内容以及企业法务人员的专业背景和业务分工，确定该决策事项的主审法务人员。

最后，确定是否需要寻求外部资源的支持，如聘请专业律师提供支持，或通过高校、研究机构等提供专业咨询等。

国有企业重要决策法律审核的意见怎么出？

（一）法律审核意见的形式

重要决策法律审核的法律意见一般有两种形式：一是法律意见书形式。对于必须采用法律意见书或总法律顾问认为应当采用法律意见书的，应当采用法律意见书形式为重要决策事项出具法律意见。例如，对于报送上级单位审批的决策事项，上级单位要求附送法律意见的，此时就应当采用法律意见书形式作为文件的附件。二是对于不是必须采用法律意见书的，可以在法律审核表中提出法律审核意见。也可以在会议上发表法律意见，并记载于会议记录、纪要中。对于记载于会议记录或纪要中的法律意见，要经过参会法律顾问的审核会签方可存档，因为会议记录人员对于法律意见中的一些专业术语和意见很难弄明白，记录时会经常出错而不自知，而法律意见往往是差之毫厘失之千里。因此需要会后对记录予以审核。这一点之前也往往被法务人员忽视。

（二）法律审核意见的内容

法律审核意见一般包含以下内容：

1. 重大决策事项涉及的当事人及问题缘由；

2. 基本事实，审核项目的基本情况说明，包括尽职调查情况及相关证据材料；

3. 法律依据，包括适用的法律法规、规章制度及有关文件；

4. 法律分析论证，包括对重点问题的法律分析及相关论证；

5. 解决方案，根据上述对事实和法律依据进行的法律分析和论证，提炼关键性问题，提出处理问题的建议性措施；

6. 结论性意见或建议，包括对现有状况及可能状况的判断分析，存在的法律风险分析，审核意见及处理建议等。

（三）法律审核结论

关于重要决策的法律审核结论，一般有以下几种情况：

1. 决策的依据、程序和内容均符合规定的，作出通过法律审核、可以提交决策的建议；

2. 决策事项主体超越权限的，作出终止决策或按有关规定办理审批手续的建议；

3. 决策程序存在违法或违规情形的，做出纠正相关程序性错误的建议；

4. 决策事项内容有法律规定的，应提醒承办部门按照法律规定执行；决策事项内容不符合法律规定，但可以纠正的，做出修改决策方案的建议；

5. 决策事项内容涉嫌重大违法的，做出废止、终止决策的建议；

6. 对于存在法律风险的决策事项，要提示承办部门按照法律风险控制措施的要求采取相应的控制措施。

（四）法律审核意见的跟踪

重要决策法律审核意见作出后，对于出具的有保留意见的法律意见，要主动采取跟踪措施，督促法律审核意见的落实。落实过程中需要法律事务部门协助处理的，法律事务部门要积极予以协助支持。对于承办部门未按法律审核意见执行的，要及时向总法律顾问报告，并视情况采取必要的措施，对于可能会导致出现严重法律后果的，要及时向企业法定代表人或上级单位报告。

重要决策的法律审核工作，既是法务部门提升在企业内部地位作用的一项重要工作，也是对企业法务人员能力水平责任担当意识的一项考验。勇于担当，积极发挥法律在企业重要决策中的作用，是每一位企业法务人员，特别是总法律顾问不可推卸的责任和义务。

内外部律师合作的道与术

在与外部律师合作的过程中，我们推崇和欣赏的外部律师是在项目的早期跟客户包括内部律师、业务部门进行多方沟通，了解客户需求的律师；在交易执行过程中或完成后，给客户提供建议性的、增值性的服务的律师。

罗奇志
中粮集团(香港)有限公司法律部主管。拥有中国及纽约律师资格，并持有史丹福法学院及中国厦门大学法学院法学硕士学位。香港中国企业协会法律专业委员会常务委员。

■ 文 / 罗奇志

关于内部与外部律师沟通与合作的道与术，各人见仁见智。我理解的道，是指大方向、大策略，一些宏观性、原则性的认识和判断；术，是指技巧性的，一些很具体的手段、措施和方法。

在此，希望与各位分享过去十多年做公司律师的一些观察和看法。

风险管控适度

公司内部律师的客户是公司本身，具体而言，包括业务部门、职能部门、公司的合作伙伴等。对我们来说，除了要了解公司的政策、战略、方向，还要关注我们所处的行业环境。

作为公司内部律师，我们对公司的风险认识比较高，工作主要涉及法律风险管理及合规管理，在建构法律管理体系的基础上，制定政策流程制度、指引、规范，设置风险控制措施和程序等。

但要留意的是，我们的客户期望我们所进行的控制和管控应该是适当的。

有时候客户抱怨有些管控措施如同"穿着雨衣打雨伞"。有位律师从外部律师角度看公司内部律师的工作，提到有的企业合同审批控制节点和流程过于形式化，看似严谨严密，实质上经过十几个控制节点批准后，合同最根本的问题却没顾及。

作为内部律师，我们确实要考虑我们关注的是不是公司真正需要的风险控制节点和管控。

公司内部律师的风险管控不仅体现在对客户，也体现在对自己。

犹记得十多年前我开始做公司内部律师的时候，《华尔街日报》报道了很多纽约上市公司凑巧都在公司股价低谷时授予期权，后来这些公司的高管包括财务总监甚至法律总监都遭离职或解雇。

如同外部律师会强调律师的做人之道和操守，内部律师有更为复杂的问题需要慎重处理。

假如公司当初在授予期权的时候，有人要求你回头把股价的最低点定为授予期权的时间，你是不是守得住底线？

公司内部律师要做业务的促进者，但我们作为律师，应该有职业操守，保持一定的独立性，不能因压力而做违法违规的事情。

外部律师的费用控制

公司内部法律顾问的一项重要工作是控制和管理外部律师费用，这也是我经常头痛的问题。

我们都有与外部律师就律师费讨价还价的经历，但有一个问题是，我们的律师费有没有过度打折？

有时候外部律师经过不断的砍价拿到一个聘用函，但其中附加了一大堆假设条件。在执行项目时，很多时候不能完全按照时间表推进或交易发生变化，律师费难免超过预期，此时再申请费用也很困难。

对此，我认为应该在工作开始前应与外部律师有充分的沟通和讨论，商定一个比较可行的项目预期和费用安排。

另外，有时外部律师通过一个较低的报价拿到一项工作，但其中包含了很多假设条件，期望在条件未能满足或工作不能按时完成的情况下，再跟客户重新谈判价格。这同样是不可取的。

内部和外部律师都有责任对律师费用的控制和管理有合理的判断和认识。公司内部律师应对自己公司业务和政策有深入了解和认识，对公司未来战略和方向有所理解或把握。股东协议或贷款协议中一般包括控制权变更限制以及公司股权转让限制等条款。如何争取最大的灵活性？我们不仅要看条款眼下没问题，也要预计未来可能会有的变化。这需要我们对公司业务、未来战略有一个了解和认识，才可能把这些条款做得尽量灵活，不至于以后发生变更时，产生一些尽职调查问题，以及不必要的时间和费用。

重视沟通

在日常工作中，我们也应把对公司业务和预期发展方向的了解和认识告知给外部律师，例如通过将公司业务要求、政策或风险接受程度制成指引清单，提供给外部律师（有时清单可由外部律师协助准备），以期外部律师所做的事情是我们想要的，工作符合我们的要求。

举例来说，在公司总部层面准备一份银行贷款条款指引，供总部、各经营中心及内部、外部律师参考，有助于总部控制交叉违约风险，也使集团整体银行贷款条款大致保持一致。虽然准备指引需要时间，还要不时更新，但从风险控制和费用控制角度看是值得的。

跟外部律师合作过程中，我们推崇和欣赏的外部律师是在项目的早期跟客户包括内部律师、业务部门进行多方沟通，了解客户需求的律师；在交易执行过程中或完成后，给客户提供建议性的，增值性的服务的律师。如果你观察到客户内部的合同审批控制节点繁复，你能给客户提供建设性优化建议，会受到客户的赞赏。

关于沟通的工具，早些年大家用邮件比较多，这几年开始用智能电话和即时通讯软件传递业务信息和保密资料。问题是，这些信息和资料能不能得到法律保护？这对公司内部记录的保留、证据的保存提出了挑战。公司如何解决或应对也是需要我们思考与探讨的问题。

公司法务的内外兼修

对外要诚，叫精诚所至，对内要以终为始

王宇
中国国际海运集装箱集团股份有限公司总法律顾问，从事公司法务20年，组织和处理事数十起重大法律纠纷，在处理和解决国际法律争议有丰富的实战经验。

■ 文 / 王宇

法律争议和诉讼案件的解决，这是法律从业人员最重要的职能之一，也是最基本的法律工作。一旦发现了双方商事纠纷，法律从业人员需要通过基本的法律观点和法律途径，把争议焦点最后确定下来，进而判断谁对谁错、赔偿多少。

我认为作为法律从业人员来讲，在解决纠纷中的价值比较容易予以量化。这时候管理层的眼睛都在关注你是否能拿下这个案子，拿下来了，未来对公司的影响力会越来越大；输了，也难免会有负面影响。当然，这与上级和同事对案子结果的预期值也关系密切。

诉讼有很多的技巧、技能，可能看起来有一点点投机取巧的地方，甚至可能游走在法律的灰色地带。而这就是作为法律专业人员的职能之所在，但是又要有个度。

这里我想从对外和对内两个维度来分享经验：对外要诚，叫精诚所至，对内要以终为始。

一招棋错满盘皆输

对外要诚，什么叫诚？诚即诚信，我的建议是，不可以将你明明知道是假的东西或者不真实的证据，提供给法院或者是仲裁机构。

2008年经济危机之后，一家从事别墅开发和销售业务的公司就有过相关的经验教训。

由于当时市场经济下滑，房价下跌，购房者以各种各样的理由要求退房。

这个案子看起来直接涉及的金额不是很大，总共涉及六户人家的六栋别墅，但是如果这个案子输了，就会影响到整个楼盘。因为已经购房的业主都在观望，是不是也可以找个理由把已买的房子退了，以减少市场价格下滑带来的损失。

这个后果对这家公司是毁灭性的，企业的报表将会是面目全非。

这个案件当时的争议主要是：涉案的别墅是三层错层结构的，但是这个别墅错层高度差得有点大。一般来说70厘米以内的错层才算作同一层，但本案的别墅并非如此。别墅看起来有第1层还有1.5层，2.5层，第1层和1.5层的高度差接近2米，1.5层再到第2层又是1.5米。

买方提出：我买的是三层别墅，合同里也是约定三层，但你现在卖给我一个五层别墅。所以卖方现在构成了虚假陈述，并要求退房。

该公司在一审时完全败诉。从法院判决书中，我能读到法院的怨气。虽然公司聘用了一位很敬业的房地产律师，然而在证据资料方面却不是特别的规范。实际上从法院来看公司提供的证据就是假证据。

卖房当时提供的一项重要证据就是我们在销售处有个别墅沙盘摆在售楼处，模拟了别墅的内部结构，确实是四阶楼梯，所以原告也知道别墅内部是五层结构。

但是实际上，这个被卖方拿出来证明业主对内部结构知情的沙盘，在一期销售时还没有来得及做，是不存在的。

通过此事，法官感觉被愚弄了。尽管后来卖方搜集了案件的相关其他证据提交给法院，包括提供的其他证人证言，甚至包括一些最基本的建筑规范与国家标准，法院对其信任度都不高。

我从二审开始接触案件，下级公司把这个案件移交到了总部，分析后我认为还是有较大的机会可以彻底翻盘，主要就是因为在最初没有尊重相关的审判机关，所以他们也不尊重你，这是很正常的情况。

在二审中，我们承认了这个证据是过失的，没有核实这个沙盘是什么时间制作的，但是我们强调这一项证据不应该影响整个环节。

首先，关于国家标准，我们找到了国家质量监督检验检疫总局在2011年公布一个国家标准《住宅设计规范》，其中规定，层高系指"上下相邻两层楼面或楼面与地面之间的垂直距离"。在设计中，层高的底与顶需能形成一个可以依据规定计算面积的空间，否则不能称之为一层，而依据前述标准5.5米"层高和室内净高"的规定，层高最低不能低于2.80米。在本案中，同层错开的高度只有1.4米，其楼梯仍包含其楼层空间，所以仍为同层概念，不能视为两层。

第二，表面证据上看来，房地产、销售合同是三层，老百姓的认知是五层，这就要看法律规定、强制性标准。此外，我们也做了其他的辅助性工作。通过潜移默化的方式影响法官，取得信任，再用合理的证据点，一条一条组织成体系。

公司法务的尽责引导

后来我与涉案公司的公司法务进一步地沟通了当时情况，我理解公司法务还是有失职的地方，使得当事人和外部律师在沟通过程中发生了重大误解，当事人没有跟律师讲清楚，这一部分沙盘什么时候做出来的，而律师看到了沙盘，觉得是很好的证据，案子搞定了。所以当问题暴露出来的时候，整个一审就完全出现问题。

因为我们坦诚承认了在一审中犯的错误，尤其是假的证据，我们重新获得了法官的信任。我相信英美法院的自由心证在国内也非常重要，证人的盘问有相当部分是盘问其资信情况，如果你的资信出了问题，就会影响证言的可信度。如果信任基础打破了，可能整个案子就是输的，这跟为人之道也是一样，跟同事相处愉快，信是基础。

一个错误的东西要用十个错误来掩盖，也掩盖不了，特别是在资讯已经非常发达的时代，许多事实都有迹可循。而在商事争议中，有邮件、书面文件的往来，还有证人证言，现在还有微信、短信等各种各样的数字化载体。这种错误或者说虚假的证据，有些时候是当事人不小心，或者不那么认真造成的。由于你没有提供足够多的关注度，最终可能提供了错误的东西。

更为关键的是，不论主观故意是否存在，这都会导致法官和仲裁员对你所提供的其他证据将持否定态度。

虽然中国没有普通法系里的"证据开示 discovery"的制度，但是这是作为公司法务或者外部律师都应有的对外提供证据的心态。

如果说公司法务在与外聘律师合作时工作态度不认真，反过来律师也会糊弄你。公司法务没有提出明确要求，人没有到现场，也不提供一些业内常识，不把公司的要求和想法明确指出来，只是在最后埋怨律师不负责不专业，这是推卸责任的行为。在管理层看来，律师是公司法务选聘的，律师不好就是公司法务不合格、不专业。

对内要以终为始

公司法务同时也是公司的管理人，就要承担相应的责任。公司经营的目的是赚钱盈利，而不是只拿回一纸判决，这张纸背后所带来的经济利益才是最主要的。

有一个关于海工建造船合同的案子就很好地体现了这个问题。这个案子自2011年4月开始，我们经过了四年的努力，成功把本金2.08亿美元和利息5400万美元追回。

由于诉讼等解决争议的机制不一样，合同关系也比较复杂，整个案件的处理其实非常艰难。律师们在案件处理过程中的紧密合作也起到了重要的作用。这其中就需要公司法务有一个通盘的管控，最终是要延伸到每一个域外律师身上。律师也都有各自的压力，但是作为整个公司的法务，要有总协调总控制的概念，作为在公司法务你要知道你需要什么、公司需要什么。

在2015年1月，当时本案涉及的最后一个关于误述的仲裁中，对方提出了反诉。在此之前，我们本诉已经赢了几个案子，但是执行情况非常糟糕，因为对方只有租金收入，扣除掉优先受偿的融资款，以及为获得租金所必需的运营费后，该租金收入就所称无几，每个月拿回来的钱不到100万元，2.04亿元还清要多少年？

对方在最后一个仲裁中还反诉我方2个亿，但是最终他输了。我收到反诉裁决的时候，如释重负。但随之而来的，最难的执行问题也摆在了眼前。

这时候出现了一家机构，要给对方进行融资，是我们拿回款项的好机会。同时，我们发现在反诉裁决里出现计算错误，如果改过来又可以为公司节省两百万美元，而因为在很多的法律点上是对方输了的，然而仲裁员没有把律师费用放在裁决中。

要不要继续争这笔钱？其实在案件的执行过程中，董事会已经连续三年问我情况怎么样，我表示执行情况非常不乐观，很难。争取这两百万，实际上又会是一个不轻松的过程，算下来双方都投入了不少律师费，为了这几百万美元还要继续投入吗？

时不我待，最终我决定迅速和解，不会为了一两百万美元的事情，错过利用对方融资而彻底解决执行的大好时机。就在我们收到胜诉案件的判决全款后两个月，这家巴西公司申请破产。

所以，公司法务要知道你的目的是什么，公司法务要懂得商务决断，要清楚知道案子在财务上有多大影响，再做出一个聪明的决定来。

对内要以终为始，你要像一个商务人员一样，知道一个案子动和不动，知道应该在什么时间做出重要决定。

对外要有诚信，可能有些时候下属、同事会为了获取胜诉结果试图走捷径，会出现一些"越界"的行为，但作为公司的总法律顾问来讲，要有自己的操守和底线。只有这样，你才能走得通、走得远，在公司法务的角色上发展得越来越漂亮。

（本文根据王宇在第五届中国公司法务年会华南会场上的发言整理而成）

法务主战场：合同管理

企业法务多面临工作忙、地位却不高的窘境，改变这种状态，需要法务人员以合同管理为主攻方向，做好合同洽谈、合同签订到合同履行和监督的相关工作。做好企业法律风险防范，法务需要完成从"服务员""消防员"到"管理员""侦查员"的角色转换。

付希业

德衡律师集团副总裁，北京德和衡律师事务所副主任、高级合伙人。付希业曾在电力系统工作近十年，熟悉电力系统工作流程以及专业分工，参与中国大唐电力、中国华电电力的地热、热电、风能、太阳能等大量项目收购、资本投资模式设计、商务谈判等法律事务。

■ 文 / 付希业

去年我出版了《企业合同管理33讲》一书，曾对企业法务的现状进行过一些调研。今天到会的朋友来自于不同的企业，有央企，也有民企，上午嘉宾谈到法务在海外投资领域的重大作用，但我的观点是，更多的企业法务没有那么多的高大上业务，企业法务人员应该回到主战场上，搞好合同管理。

我有个朋友是企业法务的老总，他总在忙，指导或参与全国多地的案件开庭，有小案子，也有大案子；忙着给总经理汇报工作，每天开几个会，特别是央企"三重一大"，除了不管人事变动、资金筹措，其他的大事都要管。

有统计，近3年法务作为诉讼案件代理人的案件大致有4万件，从这个数字也看得出企业法务的繁忙程度。总之，法务总在忙碌一些跟法律沾边但又不直接相关的事情，企业老总发现不了法务的价值，在企业中的地位不受重视。

企业法务没有得到应有重视的原因有很多。我觉得主要原因是，法务承担了企业过多的繁杂事务，没有将主要精力放到合同管理上，并通过合同管理为企业创造价值，彰显自己优势。

合同管理是企业发展的主线

合同管理是企业发展的主线，法务就是这个主线上的一点，而这个点的重要程度决定了法务的地位。很多法务抱怨，自己所在部门地位不高，难入企业主流，满身技艺难以施展。

本人认为，法务要提升自身地位，首先要让企业认识到自己的才能。前几天我问一个央企的法务老总在忙什么。他说他最近想通了，要提高自己的地位，就要进行全员法律培训。他说，公司这个案子结束了，那个案子就出来了，神一样的对手不可怕，关键是猪一样的队友太多了，单靠法务部门去防范风险难见成效。

法务部毕竟是一个部门，很多纠纷不是发生在企业的法务部，而是业务部门，业务部门不懂法律，风险就防不胜防。一出事领导就将问题按在法务头上，他觉得头疼。法务是公司里最强的，是企业的法律雄狮，但却带了一群羊在战斗。为什么要通过员工培训提升法务地位呢？他拿打乒乓球给我举了一个例子，说一个人会打乒乓球，其他人都不懂，大家就不会对乒乓球和打球的人感兴趣，不会知道打球人的技艺，也不会重视打球人，只有会打乒乓球的人才会知道打好乒乓球有多难。

对于法律事务也是这样，企业其他部门不懂法，就不知道法律是一门技艺，就不知道法律对于企业的重要性。所以，法务地位要提升，关键是让企业全员认识到法务的力量和不易。我觉得这个朋友的做法值得推荐。

法务人员需转换角色

要做好企业法律风险的防范，就需要法务转换角色，很多企业认为法务就是法律事务的"服务员""消防员"。业务部门需要你，帮着审审他们谈好的合同，陪着去谈谈一些棘手的事情。一旦发生诉讼案件，就让法务去"救火"。只此而已。

作为外部律师，从我的角度来看法务。我觉得法务的优势有两个，对比外部律师，他懂管理；对比企业其他部门，他懂法律。两者结合，即合同管理，就是企业法务的大有作为的主战场。法务应该由"服务员""消防员"的角色转变为管理员、监督员的角色，在流程管理的控制点上发挥作用，提出问题，设定监控方法，这才是法务的价值所在。律师就好比外科医生，企业有问题，律师帮助消除病症，为什么企业出现这种情况，他不会问病因，只会直接解决病症。而我们的法务，知道企业的病因是什么，如果再找到消除病因的方法，法务的价值也就随之提升了。

合同风险主要有三种，第一种是来自法律之外的，在目前国度里大家都懂，不是法律本身的风险，而是诚信的风险，比如，假合同、假公章、假诉讼等，但这些诚信问题给企业带来了巨大的风险。

第二种是合同本身因考虑不周而存在重大漏洞造成的风险。

第三种是合同履行监管不到位而带来的风险。很多企业签合同、谈合同的时候非常重视，签订合同前要层层会审。后来却发现，签了这么好的合同，最后没有得到很好的实施，关键是因为合同缺乏履行的衔接和监督。举个案例，我的一个客户，中标上海某超星级酒店项目，公司为此举办庆功会，但最终他们为工程支付的违约金超乎我们想象，不但没有挣钱，反而赔了。为什么？市场部签订的合同，生产部门不知道合同对逾期交货约定了重大的违约责任，只知道按部就班地生产产品，部门之间缺乏衔接，也没有人在整个流程中督促，最终因为产品交付逾期而承担重大违约责任。

另外一点，流程再造是法务部可以有所作为的地方。从合同洽谈、合同履行，只要法务抽出一份进行测试就会发现企业的痛点（海尔叫流程诊断）。有些企业出现重复付款、过了诉讼时效的情况。还有，部门与部门之间缺乏衔接，货没交，钱付了，主要原因是流程中存在断点。如果法务向老总提出，我相信会有价值，但现在的问题是，法务们都在忙，忙的时候没有人关心这些，所以，企业看不到法务在这方面发挥的作用。

合同管理的三个要点

合同管理如何做？

第一，合同洽谈。许多企业特别重视合同的签订，很多时候是业务部门谈完了，领导说你们看合同有没有问题。这样是很难看出问题的，因为合同跟照相一样，把双方的意思固化到那一刻，想通过照片很难发现立体的当事人形象的。所以我们的法务应回到企业管理的过程中，从洽谈开始就提前介入，而不是人家谈完定稿再让你看一下，那样很难看出问题。

第二，合同签订，会签审批。现在很多企业特别是央企，签合同要通过经办人、部门主任、各级老总的层层会签审批，法务要考虑好会签流程的科学性。这种会签形式，容易让签字因彼此的背书而流于形式，这个人看到前面有人签字，因为信赖而签字，根本不去审查合同条款，那个人看到这么多人签字，更不需要看，也签字了。会签的人越多，往往忽略的问题也越多，这一点，应该引起大家的注意。

第三，合同的履行和监督。很多部门把合同签完了就束之高阁，很少有主导部门去统领、关注合同的履行，合同履行则易出现失控状态。特别是信息化发展的今天，我建议，应该通过 OA 系统还是其他管理系统对合同全程进行监管和督导，就像网络购物似的可以看到合同履行的状态，用科技手段帮助企业发现潜在问题，发挥法务自身优势。

（本文根据付希业在第五届中国公司法务年会华南会议上的演讲整理而成）

3D打印法律问题探讨

3D打印产业，包含了从数据到打印的全流程。3D打印产业化最关键的要素就是数据，这就涉及互联网时代数据利用和数据保护的法律问题。3D扫描打印技术是一把"双刃剑"，方便了数据采集、物品复制的同时，也为"造假"提供了便利，数据安全问题更是隐患。

■ 文 / 许志斌

2015年国家提出"中国制造2025"发展规划，把3D打印作为短道超车"工业4.0"的重要议题写进计划里。一年多过去了，3D打印在中国给大家的印象仍集中在一些夺人眼球的噱头。3D打印在美国的情况同样不乐观，根据普华永道在美国制造业的最新调查，只有2.5%用户开始使用3D打印技术制造一些使用传统技术无法制造出来的产品。

的确，3D打印目前存在精度、打印速度、打印材料机械强度、材料种类、材料昂贵性、机器无法通用等缺陷，加上中国国情缺乏对基础材料领域的研究，喜欢做短平快的科研，我们只能做低级技术的材料，由此导致在3D打印端一直不能取得突破进展，但情况是不是像数据展示的那么悲观呢？

许志斌
深圳市易尚展示股份有限公司监事会主席、董事长助理。
许志斌毕业于华东政法学院（现华东政法大学）、香港城市大学法学院。曾任职于深圳市司法局、深圳市东方远见资产管理有限公司。深圳市易尚展示股份有限公司（股票代码：002751）是国内3D扫描打印、低碳循环会展、品牌终端展示领域居领先地位的上市公司。

数据是3D打印产业的关键要素

从法律人的观点来看，我们要了解一

个领域，首先要对这个领域涉及的基本概念进行定义，基本事实进行归类。

3D 打印的概念，根据我国《增材制造 2015~2016 发展规划》和维基百科较为统一的定义，是以数字模型为基础，将材料逐层堆积制造出实体物品的新兴制造技术。实际产业中的 3D 打印包含了 3D 打印从数据到打印的全流程，而大家日常认识的"3D 打印"只是 3D 打印全流程其中一个输出端。

从实体产业的角度，3D 打印技术在产业化应用上已经有一些进展。比如，我们制造的 3D 打印人体扫描仪是数据采集的设备，可以在两秒钟采集全身人体数据，可以用于人体打印，当然不是生物材料的打印。还有小型化的桌面型扫描仪，它可以采集小型商品、日常生活的物品，把三维数据完全采集下来。

美国共和党总统候选人川普在真人秀里说过一句话，"房地产最要紧的是三要素，Location、Location、Location"。对应到 3D 打印，我认为，3D 打印产业化最关键的要素是：数据、数据、数据。从这个角度，我们又回到论坛一直探讨的"互联网时代数据利用和数据保护的法律问题"。

3D 扫描打印技术是把"双刃剑"

实际上，我今天主要是来抛出问题的，接下来我简单说一下我认为近期值得关注的重点应用领域。首先是文物保护领域。

近几年来，习近平总书记多次就文物保护工作发表讲话，体现了政策导向对相关领域的重视程度。文物和博物馆行业大家可能不太熟悉。根据最新数据，全国国有博物馆有 3000 多家，文物藏品有 4000 多万件，实际建立数字化档案尤其是 3D 档案的不到千分之一。大家可以想象在政策层面的引导下，文物和博物馆行业对建设数字化博物馆的热诚和投入程度。

3D 扫描打印技术在文物数据采集、文物修复、文物复制、文物展示方面能起到关键作用。但 3D 扫描打印技术也是把"双刃剑"，与传统文物造假技术结合后辨识真伪难度会加大。如果文物高清 3D 数据被不法分子获取，可能制作出根本无人识别真伪的文物；如果数据被国外机构、个人获取，也将损害文物所有人的相应权益。

然而，《文物保护法》（含新草案），《文物复制管理办法》对文物复制几乎不存在约束，只要不造成文物损毁，通常处罚的主体和形式是"文物主管部门责令改正"，即单位主管对责任人员进行批评或者处分。我认为，在全国文保单位积极建设文物数字化档案的大背景下，文物数据安全是一个非常值得注意的问题。

在现实领域，与文物关联的犯罪非常普遍，比如以文物赝品的虚假评估，向金融机构进行贷款的行为；以文物赝品假冒真品进入拍卖领域，用于诈骗、洗钱等不法活动。比较明显的一个例子是广汇能源以 70 件"字画"作价 35 亿元人民币用于虚增资产。但《刑法》中相关罪名对文物伪造的犯罪基本没有监管；《反洗钱法》要求特定非金融机构履行反洗钱义务，但目前立法尚未明确将文物艺术品拍卖机构纳入特定非金融机构的范围，我觉得这是一个非常大的缺陷。

信息保护相关法律亟须完善

目前数据采集技术、带宽和数据压缩技术已经不是瓶颈。包括在线试衣已经是可实现的技术，我认为电商应用也差不多该开花结果了。阿里今年宣布了"造物神"计划，目标是联合商家建立世界上最大的 3D 商品库，加速实现虚拟世界的购物体验。资本市场近期对这个领域也是非常追捧,"互联网领域下的数据安全、如何保证隐私"是这个领域比较热门的讨论话题。

技术和应用突飞猛进的同时,大家却还是在讨论类似层面的话题,而且走不出类似的语境,某种程度上说明我们的法律、我们的法律观念已经跟不上技术的发展了。

我认为,在新技术的背景下,互联网信息安全的形式是非常严峻的。据中国互联网协会发布的《中国网民权益保护调查报告(2015)》,63.4%的网民的通话记录、网上购物记录等网上活动信息遭泄露;78.2%的网民个人身份信息曾被泄露,包括姓名、家庭住址、身份证号及工作单位等。

但是,我们的法律法规层面对于信息保护是滞后和缺位的。工信部《电信和互联网用户个人信息保护规定》中提出了几条很礼貌的"倡议"。《网络安全法(草案)》则至今没有落地。《最高人民法院关于审理利用信息网络侵害人身权益民事纠纷案件适用法律若干问题的规定》也只针对有限的领域。

我们现在逛超市不用带钱包,手机微信、支付宝一刷就可以埋单,很方便快捷,但在后台维系支付安全,抵御不法攻击,靠的不是政府的技术安全保障。我们政府的网络信息安全主要体现在对敏感词、不良信息的"定向清除"。个人用户互联网信息安全依赖的主要是大型网络企业的技术安全部门在后台的防御和控制,而这样的防御和控制在互联网爆发性发展的大背景下,可能是非常脆弱的。

我们经常在网上购物会发现,填写的资料太多。比如海淘要交身份证资料,去医院验血留下DNA信息。我们的个人数据、个人隐私在网上暴露的广度、深度和可能性不断增加;另外,网络大提速,电信公司推广的带宽速度也已经从十多年前的28k提升到今年的1000M甚至2000M,超过五万倍;智能终端也朝着高集成、高配置、多功能、低价格的方向发展。比如这个月我已经看到市场上出现了6G内存的平价民用手机。

我们现在采集人体3D数据用的是立式扫描仪和桌面扫描仪。按照现在硬件的发展速度,不久的将来,使用者可以使用智能手机随时随地扫描他人人体数据,进行数据分析、储存。然而,从设备端对高精度采集设备进行管控几乎不可能,同时我们储存在智能终端中的个人数据也可能瞬间被他人获取。

以人体3D打印为例,我们的身体扫描数据加上身份信息、DNA信息等所有的数据聚集在前端,越聚越多。这些爆发性增长的数据需要一个出口,而出口唯一的瓶颈在于3D打印技术一直得不到突破,特别是有机生物体打印。但是,一旦技术获得突破,一旦这些数据找到一个出口,我们的技术、法律、伦理将如何应对,我们的合法权益该如何得到有效的保护,这是值得大家深思的问题。

(本文根据许志斌在第五届中国公司法务年会华南会场上的发言整理而成)

司法改革应
慧眼识拙、化拙为巧、积巧为功

——公司法务人员不是司法改革的旁观者

> 在司法改革过程中，只有具备"慧眼识拙、化拙为巧、积巧为功"这个本事，司法改革才能进展得更加顺利，而要练就这个硬本领，不但要培育"识拙"的勇气、责任和担当，具备"化拙"的智慧、能力和方法，还要运用好"积巧"的意识、思维和策略。

■文 / 郭卫华

法院是我的"出身"，离开了法院，也依然牵挂，正像我曾经讲过的一个人离开自己的家乡，仍然会关心家乡的发展一样，我也有着这样的"情结"，因此对法院、对司法改革就会相当关心、相当关注。

中国公司法务研究院举办的第五届中国公司法务年会非常好，借此机会，把我们这些热爱法治事业、愿意为法治建设贡献力量的人聚集在一起，我们"法律人"要借助这样好的平台，既要为企业贡献我们的法律智慧，也要为法治进程贡献企业法务的力量。一段时间以来，国家倡导建设法律职业共同体，律师、法官、检察官是法律职业共同体的成员，我们企业法务同样是法律职业共同体的成员，无论你是"大企业"的法务，还是"小企业"的法务，无一例外，都是法律职业共同体的重要组成部分。作为法律职业共同体的"要员"，我们不仅要讲企业法务的工作，还要讲企业法务的社会责任，讲社会普遍关注的重

郭卫华

北京大学法学博士、中国人民大学博士后，原汉江中院法官、院长，现为中国华融资产管理股份有限公司法务总监。1999年获"首届北京研究生学术十杰"优胜奖。2005年被评为"湖北省优秀青年卫士"。著有《性自主权研究——兼论对性侵犯之受害人的法律保护》《"找法"与"造法"：法官适用法律的方法》《新闻侵权热点问题研究》《网络中的法律问题及其对策》等。

要法治问题、司法改革问题。

国家为何推进司法改革

自党的十八大以来，我就在进一步思考国家为什么要进行司法改革，我想其中比较重要的一个原因大概是社会公众对我们的司法效率不太满意，法院一直是个"慢郎中"，一个老百姓到法院打官司，案件要经过一审、二审，有的还要经过再审，期限很长，他们直观的感觉自己的事被法院"拖着"，尽管这"错"不全在法院。

我们做金融的，讲求的就是效率，如果一个纠纷到法院几年才判下来，这个官司即使胜诉意义也大打折扣了，正所谓"迟到的正义非正义"讲的就是这个道理。比如一些近几年进入公众视野的引起广泛关注的刑事案件，有人分析这些刑事案件从冤案的铸成到纠正整整需要8~10年，有的还需要更长的时间，人生能有几个8年、10年？这样的话，一个刑事错案需要那么久才能得以纠正，若是一个年轻的小伙被"冤枉入狱"，十几年甚至二十年才被"纠错"，从监狱里放出来，人过半百了，一辈子最好的年华都被"搭进去"了，你说遭遇这样事情的当事人还有家属怎能对司法没有怨气！

客观地讲，法院一直以民为本，确实为百姓做了数不清的好事，可有时几件本来从法律上看或从统计学意义上看并不能算是"可怕"的错案，如果不能及时得到纠正就可能会坏大事、损形象。应该说，刚才提到的刑事错案的纠正效率确实差强人意，毕竟不管是当事人还是老百姓都希望能把案件处理得快一点，希望能以较高的效率得到公正的处理结果。

此外，我想国家大力推进司法改革的另一个比较重要的原因之一大概是司法效果不能令人满意（一些案件办得不公不正）。还有司法机制不健全的问题，像是大家都很清楚最近发生的一个引起社会广泛关注的"雷洋案"，在"雷洋案"的事实真相未调查清楚之前，我不对事实做任何评论和假定，因此，前不久，我写了一篇题目为《"法界大侠"华哥对"雷洋事件"之"说三道四"》的文章，对与"雷洋事件"可能相关的四个重要问题谈了自己的一点想法。事实上，这些天我还一直在关注和思考"雷洋事件"，围绕"雷洋事件"可能存在或引发的问题还有很多，其中就有关于司法介入的机制的问题，为什么警察在"雷洋案"的执法中造成了当事人死亡的结果引发了群众对警察执法的强烈担忧？我一直在想，雷洋是不幸的，但也是幸运的。为什么说是"幸运的"？因为他的不幸引起了舆论的强烈关注。但同样的事情发生在另一个"雷洋"身上，另一个"雷洋"未必能幸运地得到关注，很可能就被几个警察"悄悄地忽悠过去了"！雷洋身上有"人大高才生""环境专家"等一系列耀眼的光环，可一般人未必有，因此你被抓了，甚至因此"丧命"了，也未必有人会关注你，你可能就自此消失在茫茫人海中，根本没人关注你，甚至没人知道你死了。对于这样的事，若司法机制健全，有法庭去独立调查为什么这个人会不明不白地死去，不论死者是"有身份"的人，还是"无身份"的人，都有专门法庭来调查警察执法是否过当，不需媒体强烈关注，也会启动，可见，我们的司法机制还有不太完善的地方。因此，要不断改革，我们仍有很多事情要做，借用中央有关"改革只有进行时，没有完成时"的说法，司法改革也"没有完成时"，司法改革永远都在前进和越来越好的路上。

推进司法改革需要"慧眼识拙、化拙为巧、积巧为功"

2016年年初我发表《法律职业流动

之殇：两重门（"证书门"和"实习门"）阻拦退休（或辞职）资深司法官走向律师之路》的文章，提出司法部"木僵思维"，对"卡"在资深司法官转型律师之路的"两重门"视而不见，对导致资深司法官向律师职业"流转"的"巨大障碍"未能进行有效识别，导致有"拙"未"化"，所以，我在文章结尾处呼吁司法部要能"慧眼识拙、化拙为巧、积巧为功"。

在司法改革过程中，只有具备"慧眼识拙、化拙为巧、积巧为功"这个本事，司法改革才能进展得更加顺利，回顾这些年司法改革的历程，我们的司法改革"领路人"也展现出了特别好的"慧眼识拙"的本事、"化拙为巧"的能力，打造了许许多多"积巧为功"的创举，从关涉司法改革的宏观大计到具体个案都是最好的证明。

先来说说最高人民法院近些年来"慧眼识拙、化拙为巧、积巧为功"的一些例子。举例而言，一直以来，"保留死刑，严格控制死刑"是我国一贯坚持的政策，过去基于特定情况的考量长期把死刑核准权下放给高级法院行使，实际上使死刑案件的复核程序与二审程序"合二为一"，对保证死刑案件的质量不是最佳选择，后来，最高人民法院肖扬院长"慧眼识拙"，为统一死刑案件的裁量尺度，经过充分论证、深入调研、认真分析，最终决定将"死刑复核"权限上收，事实证明，这一重大措施体现了惩罚犯罪与保障人权并重的司法理念，体现了实体公正与程序公正的统一、法律效果和社会效果的统一，实乃真正做到了"化拙为巧、积巧为功"。

再比如，周强任最高法院院长以来，最高法院也进行了一系列"大刀阔斧"的改革，许多措施都取得了很好的效果，如最高法院联合最高检察院等单位出台的《关于依法切实保障律师诉讼权利的规定》就开出了一剂维护律师合法权益、促进律师更好地代理案件的"良方"，其中很多措施都"可圈可点"。就比如过去律师在案件代理中的辩论、辩护权在一些地区得不到有效的保障，针对这个问题，最高法院明确提出要依法保障律师辩论、辩护权，要求法官在庭审过程中应合理分配诉讼各方发问、质证、陈述和辩论、辩护的时间，充分听取律师意见，除律师发言过于重复、与案件无关或者相关问题已在庭前达成一致等情况外，不应打断律师发言。这不仅是时代进步的标志，更是法律职业共同体之间相互尊重的必然要求。

这样的例子还有很多。又如，周强院长一直高度重视法院信息化建设，借助现代化的技术做好法院工作，服务百姓，服务司法审判，最近推出的"法信——中国法律应用数字网络服务平台"正式上线，将"智慧法院"建设之路向前大大地推进了一步，这将从技术层面有力地推进司法改革。

再来说说最高法院的"好邻居"最高人民检察院"慧眼识拙、化拙为巧、积巧为功"的一些例子。举例而言，最高人民检察院特别注重依靠社会力量来"慧眼识拙"，经常举办法学专家座谈会，包括民主党派、无党派人士等在内的座谈会及社会各界的座谈会，以广泛征求关于司法改革等方面的工作建议和意见，既听"台面上的声音"，也听"台面下的声音"，很好地做到了"识真去假""化拙为巧"！再比如，最高人民检察院还积极推进司法体制改革，在这个领域采取了很多卓有成效的措施，最高人民检察院积极探索了检察机关提起公益诉讼的机制，以生态环境和资源保护、国有资产保护、国有土地使用权出让、食品药品安全等领域为重点，在13个省区市开展提起公益诉讼试点，改变了过去这些关系国计民生的重点领域里很多事情"无人管"的"拙"。

像上面那样的例子还非常之多，可谓"不胜枚举"，最高法院、最高检察院敢于直面问题，以智慧化解问题，积极推动在我国司法界"潜在问题"的解决彰显的是智慧、勇气、责任和担当，定能"拙"变"巧"、"巧"变"功"，为推动我国司法事业的长远发展做出卓越的贡献。

事实上，不仅是司法部在设计促进法律职业流动方面的制度架构时需要"慧眼识拙、化拙为巧、积巧为功"，想来从国家大政方针到司法体制改革甚至政治、经济、文化、社会乃至生活中的很多事情都循着这个理。

改革开放三十多年，国家在政治、经济、文化、社会等各个领域里改革成就显著，发展日新月异。新一届党中央更是夙夜在公、披肝沥胆，一直强调问题意识、问题导向，强调发现问题，解决问题，方能推动国家发展、社会进步更上层楼。在我看来，这些伟大成就的取得展现的是我党"慧眼识拙"的能力，依靠的是我党"化拙为巧"的本事，凭借的是我党"积巧为功"的神奇，可谓环环相扣、层层相连、步步递进，这些远见卓识值得深思、值得总结、值得推广、值得被认真学习，以适用于各个领域。

如何"修炼""慧眼识拙、化拙为巧、积巧为功"的"硬本事"

可以说，"慧眼识拙、化拙为巧、积巧为功"是个"硬本事"，就像孙悟空的金箍棒一样，是个"狠家伙"，具备这个能力特别重要。司法机关之所以能不断地解决好前进中的问题，实现包括上面提到的一系列"创新举措"在内的众多成就，就在于领导人具备了不凡的"慧眼识拙、化拙为巧、积巧为功"的"硬本事"。那么，这个本事怎样才能被"修炼"出来呢？

（一）培育"识拙"的勇气、责任和担当

"慧眼识拙、化拙为巧、积巧为功"是个"硬本事"，如何才能更好"修炼"这个本事，首先是要培育"识拙"的勇气、责任和担当。大家千万别小瞧了这个"识拙"的勇气、责任和担当，有的人确实具备"识拙"的能力，能看出问题所在，但他们却不具备"识拙"的勇气、责任和担当。中国自古强调"中庸"之道，一些人喜欢"明哲保身"，办事更倾向"循规蹈矩"，以致培育了很多人"不敢讲""不敢说"的性格，当然让这部分人讲"官话""马屁话"是"一套一套"的，可但凡让他们讲些"针砭时弊"的话、给政策部门提提建议就"低头不语"或"溜之大吉"或还是讲些"恭维话"，让想听"真话"的领导听不到"真知灼见"，也难以通过"交流""座谈"等方式来"识拙"，着实可惜！

关于上述现象，我曾借"台面上的声音"和"台面下的声音"来比喻，并撰写了《两院的司法改革应俯下身去听那些"台面下的声音"》《司法改革既要听"热的声音"，也要听"冷的声音"——谏议最高法院巡回法庭2016年之新设》的文章，有兴趣的朋友可以回过头去读读我的这两篇文章。当然，具备"识拙"的能力并发现了"拙"，畏于"权威"、碍于"情面"等因素不敢讲是缺乏勇气、责任和担当的表现，还有些人干脆连把"拙"识别出来的勇气、责任和担当都没有，或者干脆"懒得"去"识拙"，这个情况就更加令人痛惜！历史上，推动社会进步、国家发展的任何一次改革都需要点"识拙"的勇气、责任和担当。从滚滚历史长河的发展来看，从"商鞅变法"到"王安石变法"再到"辛亥革命""解放战争""改革开放""科学发展""一带一路"，哪个不需要领袖们"慧眼识拙"！也许历史上及现当代的领袖们

"识"的是社会发展中的"大拙",跟他们比,不需要我们具备这等的"豪气"和"勇气",但针对相对具体的问题则的的确确需要我们去"识拙",需要去养成"识拙"的勇气、责任和担当,否则,政策如何完善,社会如何进步,到头来,获利的或吃亏的都还是我们自己。

我经常为我们的司法改革鼓与呼,去凭借着自己的一些司法经验尽可能发现"拙",并凭着自己"敢想、敢说、敢写"的一些勇气把"拙"识出来、讲出来。比如,"证书门"和"实习门"牢牢地"卡"住了许多资深司法官转型律师的路,妨碍了法律职业共同体之间的有序稳妥流动,对此,司法部作为全国律师工作主管单位一直没有采取有效措施,司法部未能有效"识拙",我就"大胆地"把我发现的这个"拙"识出来、写出来、讲出来,于2016年年初发表了《法律职业流动之殇:两重门("证书门"和"实习门")阻拦退休(或辞职)资深司法官走向律师之路》;再比如,2016年3月初我发表了《司法部可尽快牵头成立中华企业法务工作者协会——一支绝不应被忽视的社会主义法律队伍和不可小视的重要法治力量》,再一次就司法改革领域在当下非常重要的事进行"识拙",把司法部"忽略"了的建立企业法务工作者协会的大事给讲一讲,毕竟企业法务工作者中有着很多的"白、骨、精",他们已经成长为社会主义法治事业可以依靠的重要力量。像这样的大事,国家有关部门也许未能"识拙",也许已经"识拙",但碍于各方面因素未能及时跟进、推进相关改革,作为我们法律人,有责任、有义务去积极地"识拙",并把发现的"拙"讲出来,这是责任、这是担当,这需要我们有点勇气。

(二)具备"化拙"的智慧、能力和方法

我们还要有"化拙"的智慧、能力和方法。"兵来将挡,水来土掩",办事总要讲究个方法,"化拙"要讲办法、要有规划,有能"识拙"的担当,还要有能"化拙"的智慧。但"化拙"的智慧和方法从哪里来呢?我想如果"闭门造车",还期待"出门合辙"这显然不是科学的思维。常言讲:"没有调查就没有发言权。"所以"化拙"的智慧和方法还要"从调研中来""从实践中来"。在这方面,中央政法委、最高人民法院就做得非常好,最高人民检察院也做得非常不错。前不久,中央政法委还邀请法律界特别是在法律实务领域有一定影响力的人士走进政法委大院,共商共议"法治大计";最高法院于不久前还邀请多位调出和退休人员"回家"座谈,听取他们关于法院工作、司法改革等方面的建议和意见,这说明法律界的"高层"是很重视从"调研"中积累智慧、寻找方法,以"化拙""排拙"的。我2015年11月曾发表了一篇文章,谈的是东交民巷27号院改革"可以多听一听院外的声音",提出要"内脑"+"外脑",不愁想不出金点子、好点子,司法改革之路漫漫,为了避免少出差池,就是要多"识拙",多"化拙",通过"广开言路""广纳各方智慧",深入调研、深入实践,多积累"化拙"的经验,多提升"化拙"的能力,多增长"化拙"的智慧,司法改革的前景自然"柳暗花明""大鹏展翅"。

在此,要特别强调的是,要特别多听听来自实务领域的人士的意见和建议,他们的智慧源自"本土"、思考的问题更"接地气"、提出的解决思路更"务实",比个别"死读书""读死书""认死理"的理论研究者(并非所有理论研究者都这样,但确实有个别人如此)"又大又空"的"高谈阔论"要管用得多、实用得多!唯有如此,方能积累出"化拙"的智慧、能力,找到更多、更好的"化拙"的方法。

（三）运用好"积巧"的意识、思维和策略

成就"慧眼识拙、化拙为巧、积巧为功"的本事，还要有"积巧"的意识、思维和策略。司法改革任重道远，改革的成功并非一日之功，"急不得""躁不得""慌不得"，需要我们稳扎稳打、踏石留痕，方能"久久为功"，这也正像我在《从律师中选法官的"未来"和"当下"》一文中所提到的，对待司法改革，不能"大火猛烧"，而应"文火慢炖"，这就是"积巧"的策略。无论是员额制改革、选拔律师当法官，还是司法改革其他任何方面，在"识拙""化拙"后，要想"积巧为功"，就要"稳""准""有力"，这样才能让司法改革取得更大的成功，也才能像一些全国人大代表所说的那样让司法改革给人民群众带来"获得感"。这几年，在周强院长领导下，最高人民法院在司法改革方面不断"推陈出新"，同时绝大多数措施都"稳""准""有力"。再比如，最高法院针对跨行政区划案件容易受地方因素影响等的问题，在北京市、上海市分别设立了跨行政区划的人民法院，从试点开始，成功了就继续推广，虽然这在解决公平、公正审理跨行政区划案件等问题方面只是一个"起步"，但这个"起步"却是实质性的一步，让我们法律人看到了迈向更大成功的希望和力量，这就是"积巧为功"的最好见证！

结语

育慧眼，能识拙；勇化拙，方为巧；多积巧，久为功。但，知易行难，一直遗憾的是有一小部分人，包括一些知识分子、政界人士、法律界人士等，要么习惯于"拍马屁"，要么习惯于"发牢骚"，很少提出"有见地"的"真知灼见"（当然这不是要"全盘否定"，也确实还有很多很有思想、很有担当的人），真心期待这样的人、这样的事越少越好，真心期待越来越多的贤达才俊练就"识拙"的"慧眼"，培育"识拙"的"勇气"，掌握"化拙"的方法，善用"积巧"的策略，共同为推动司法改革迈上更高台阶贡献智慧和力量！

2015~2016中国反商业贿赂调研报告（上）

■发布方 / 中国公司法务研究院　方达律师事务所

继"2014~2015中国反商业贿赂调研报告"发布并在海内外引起巨大反响后，中国法律权威机构法制日报社旗下"中国公司法务研究院"再次携手中国知名律所方达律师事务所，发起2016年度针对中国企业的反商业贿赂调研。报告共分为三个部分。第一部分介绍中国反商业贿赂立法新动态，探讨立法变化对企业产生的影响；第二部分探讨中国反商业贿赂执法趋势和企业相应的合规举措；第三部分就企业应如何进一步完善合规制度提出意见建议。本辑《公司法务》刊登报告的第一、第二部分以飨读者，第三部分将在下一辑《公司法务》中与读者见面。

综述

中国从以纪律检查机关为主的"权力反腐"向以司法机关为主的"制度反腐"转变是根治腐败的方向和希望。高效迅猛的"权力反腐"为反腐治标为主向治本为主转变争取了时间，同时在"依法治国"的政策下快速发展的"制度反腐"是反腐败走向常态化的重要布局。"把权力关到制度的牢笼中"是人心所向，但改变从来都来之不易。而"把反腐倡廉作为关系到国计民生及党的生死存亡的重要任务来抓"，更需要有刮骨疗伤、壮士断腕的勇气。在十八届中央纪委第二次全会上，习近平总书记明确指出："要善于用法治思维和法治方式反对腐败，加强反腐败国家立法，加强反腐倡廉党内法规制度建设，让法律制度刚性运行。"过去几年，中国政府简政放权、减少腐败源头，同时不断加大立法和执法力度：《刑法》《反不正当竞争法》《刑事诉讼法》和《行政诉讼法》先后开始修订，推动机制反腐；全面推广黑名单制度，建设社会信用体系；增加举报奖励和反报复保护，发动社会力量反腐等一系列的行动，反腐败逐渐显露出向"制度反腐"过渡的趋势。

2016年，大刀阔斧的反腐进入第四个年头，社会舆论中就有人质疑反腐是否要歇一歇了？继续反腐是否会影响中国经济发展？2016年年初，习近平总书记在十八届中央纪委六次全会上明确指出："党中央坚定不移反对腐败的决心没有变，坚决遏制腐败现象蔓延势头的目标没有变。"

风起云涌的反腐败大趋势，给中国的企业和企业家带来了一系列的挑战，也带来期许和盼望。随着大量贪腐官员的落马，牵涉其中的企业家与企业也受到巨大影响，企业家沦为阶下囚，企业一蹶不振，代价巨大。反腐大趋势也在瓦解旧的政商关系，以贿赂官员来取得竞争优势的情形"风光不再"，守不住底线的企业家随时可能身败名裂。企业要想长期取胜，需要凭借核心竞争力在市场大潮中立于不败之地。

中国持续的反腐败浪潮，是否真的能创造公平公正的商业竞争环境？政府的执法是否会跟上不断修订的反腐败立法？《刑法》修订对行贿犯罪的处罚力度加大，是否会波及企业和高管，令他们因商业贿赂而面临重罚，甚至是牢狱之灾？《反不正当竞争法》修订如果通过，是否会带来新的执法高潮？新的立法和执法趋势，对不同行业的影响如何？企业现有的合规制度能否适应新的反商业贿赂执法要求？

围绕这些问题，中国法律权威机构法制日报社旗下的"中国公司法务研究院"再次携手中国知名律所方达律师事务所，发起2016年度针对中国企业的反商业贿赂调研。本次调研主要以调查问卷、深入访谈、大数据分析等方式进行，共回收有效问卷277份。从企业所有制类型（国企、外企、民企）、企业所属行业以及企业规模（人数多于500人的大中型企业、少于等于500人的中小型企业）三个维度，对企业或其员工遭遇的反商业贿赂执法情况、企业反商业贿赂合规现状和执法变化趋势与漏洞进行了分析。

本报告共分为三个部分。第一部分介绍中国反商业贿赂立法新动态，探讨立法变化对企业产生的影响；第二部分探讨中国反商业贿赂执法趋势和企业相应的合规举措；第三部分就企业应如何进一步完善合规制度提出意见建议。

立法迈向制度反腐

2015年以来，中国政府相继出台了《刑法修正案（九）》《反不正当竞争法（修订草案送审稿）》《最高人民法院、最高人民检察院关于办理贪污贿赂刑事案件适用法律若干问题的解释》等重量级的法律和司法解释。当前的立法趋势体现出，随着向制度性反腐的转变，除了继续对腐败官员的高压打击之外，政府开始着手铲除腐败产生的根源，其中重要的措施之一就是加大反商业贿赂的处罚，改变以往"重受贿、轻行贿"的观念，通过对行贿、商业贿赂的打击，创造更加清洁公正的商业竞争环境。

《刑法修正案（九）》中，对有关贿赂犯罪的条文进行了多处修改，其中，突出的地方是改变了以往"重受贿、轻行贿"处罚的法治理念，加大了对行贿罪的处罚力度。提高了对行贿人免除处罚的条件，对可以从宽处罚的条件进行了严格限制；增加了对行贿人并处财产刑的处罚；同时增加了"对有影响力的人行贿罪"的新罪名，扩大了对行贿的打击范围，解决了以往大量存在的对领导身边人行贿的问题，以期从源头上遏制和预防贿赂犯罪。最高检进一步加强行贿犯罪查询工作，尤其在招投标和工程建设领域，对行贿犯罪记录人作出多种限制，一方面加强社会监督，另一方面提高行贿犯罪违法成本。最高检、公安部、财政部联合下发了《关于保护、奖励职务犯罪举报人的若干规定》，从保密措施、反报复、奖励金额三个方面加强对举报人的保护和鼓励，发动社会力量参与反腐败行动。

对于新出台的《刑法修正案（九）》，64%的企业都认为刑法修正案有积极影响。不同类型、规模、行业的企业普遍认为刑法修正案有利于促进企业重视合规、促进公平竞争环境、降低海外投资风险。不同规模、各个行业的国企、外企和民企都非常重视对于反商业贿赂的修订，70%的受访企业表示据此做出了合规调整，其中最普遍的措施包括完善内控与合规政策、进行相关培训和合规调查。一些已经走出国门的国有企业，还对海外子公司进行了反腐败调查，这是可喜的进步。

在行政立法领域，《反不正当竞争法（修订草案送审稿）》（以下简称送审稿）中，明确了商业贿赂的概念；赋予执法机关更加明确的执法管辖权和监督检查手段；强化了执法机关的执法权力；加大了对商业贿赂行为的处罚幅度；将第三方协助违法的行为纳入打击范围等。同时，行政执法领域的反商业贿赂档案制度，包括失信企业黑名单，医药购销领域黑名单等制度不断完善和加强。现在，部分地区的工商部门与食药部门、质量监督等其他部门的监督执法职能进行合并，组成市场监督管理局，未来对于商业贿赂的行政执法力度必然进一步加强。

对于送审稿，约74%的受访企业认为需要相应建立或者完善合规制度，以适应送审稿的要求。其中，约64%的外企表示需要建立或者完善合规制度，而表示需要建立或者完善合规制度的国企及民企高达约85%。可见，《反不正当竞争法》的修正，有利于促使企业加强合规建设。

执法倒逼企业合规

从最新执法与司法审结数据看，司法机关针对行贿的刑事执法不断加强，行政处罚案件数量虽有下降但行政执法力度蓄势待发。从最高检公布的2013年、2014年、2015年查处贪污贿赂等犯罪案件数据看，被查处行贿人数逐年有明显上升，这与国家加大对行贿人打击力度的方向一致。近年来，体制调整和机构改革对工商机关执法造成了一定影响，工商机关2015年商业贿赂案件查处数量下降明显，但个案平均案值及平均罚没款数均呈上升趋势。在机构改革结束后，特别是《反不正当竞争法》送审稿通过后，随着立法上对商业贿赂的处罚力度加大，预计将迎来新的一波执法高潮。

从执法变化趋势与漏洞看，企业欢迎《行政诉讼法》的修订，越来越多的企业反映行政执法情况有了一定的改进，但也有约半数受访企业反映反商业贿赂执法仍存在自由裁量权过于宽泛、执法不透明和缺乏实际有效的救济途径等问题，反商业贿赂执法有待进一步改善。

从企业或其员工在2015~2016年遇到反商业贿赂执法情况看，医疗与健康、快消品与食品、房地产与建筑、制造业、金融与投资行业仍然是反商业贿赂执法涉及最多的高风险行业。国企、民企、外企均有相关人员因商业贿赂承担个人刑事责任。其中，医疗与健康、房地产与建筑、金融与投资行业中的相关个人受到刑事处罚的比例最高。关于企业遭受调查或处罚的原因，第三方违规、不当折扣及现金返利、未准确入账位居榜首。另外，突击检查（Dawn Raid）已成为中国政府执法的重要方式，医疗与健康企业经历的调查中有近一半为突击检查，外企经历过的调查中有近四成为突击检查。从调研情况看，仅有约30%的企业有适应中国的危机处理机制。中国的商业贿赂执法有其独特性，建立适用于中国的危机管理政策和制度流程，是企业亟待完成的要务。

从企业反商业贿赂合规现状看，约80%的企业认为领导层是重视合规的。国企和民企在合规方面的固定资源和预算投入上明显少于外企，制度建设上也相对落后。国企、民企在合规建设上的投入亟须加强。同时，与其他行业相比，金融与投资行业对反商业贿赂合规工作的重视程度有待进一步提高。

防控风险完善合规

本报告第三部分介绍了企业如何完善合规管理的四个热点话题：进行"进入市场的风险评估和管控（Go-to Market Analysis and Risk Controls）"、建立有效的第三方管理机制、建立有效的危机管理体系，以及合法有效地开展内部调查四个方面，为企业提供全面提升反商业贿赂风险管控的制度化和实操性合规建议。

我国的反商业贿赂立法，既处罚传统的腐败性贿赂（比如给予政府官员好处，换取利益），也打击竞争性贿赂（比如通过不当的排他安排，得到竞争优势）。实务中，竞争性贿赂认定较为复杂，一些行业惯例，比如陈列费、搭送设备等，也可能被认定为商业贿赂。缺乏适当的合规管控，会使企业暴露在商业贿赂的风险之下，甚至出现"走钢丝"的高危经营。

因此，企业应通过"进入市场的风险评估和管控"，形成"事前防范、事中控制、事后处理"的全流程管控机制，管控营销中的商业贿赂风险。实践中常常存在一种误解，认为以深度定制的方式建立合规管控是一项耗时耗力的巨大工程，但事实并非如此。许多企业已经具备了比较系统的管理流程，在此基础上植入合规管控机制不是从无到有，而是一个高效的"加码"过程。

合规管控的一个难点是第三方管控。因第三方的违规行为而遭受查处的案例越来越多，遭受中国最高商业贿赂处罚的葛兰素史克案件中，就涉及大量第三方实施的行贿受贿行为。通过第三方进行的行贿、舞弊，比企业内部舞弊更加难以监督查处。所以第三方的管控，防患于未然，就尤其重要。事实上，第三方管理体系的建立并不复杂，有成熟科学的途径。这些机制落地到位，能显著降低第三方违规的风险。

另外，突击检查（Dawn Raid）已成为中国政府执法的重要方式，但仅有30%的受访企业有适应中国的危机处理机制。面对执法机构的突击检查，许多企业往往惊慌失措，甚至出现与执法人员发生冲突、藏匿损毁文件、提供虚假信息等阻碍执法的做法，导致严重的法律后果。不懂得如何有礼有节地配合政府执法，往往是由于企业缺乏完善的危机处理机制。合理合法的危机处理机制可以有效降低企业在政府执法中的违法风险，缩短调查时间、促成高效执法。

内部调查是企业了解违规事件、打击违规行为最为核心的途径，也是合规管理的有力抓手，越来越多的企业开始开展反腐败的内部调查。开展内部调查一定要做到合法、有效，要充分考虑到调查结果和证据收集在诉讼仲裁中的效力和效果。避免出现证据污染、调查结果遭到质疑、甚至因调查而侵犯合法权益的情况。笔者结合多年经验，在第三部分论述了如何在内部调查中合法地收集证据，希望对企业开展内部调查有所助益。

本报告覆盖的内容面较广，不可避免地存有疏漏之处，请大家斧正。最后，报告声明本报告的内容仅供参考，不构成对任何机构或者个人的法律意见，也不代表报告发布人及主笔所在单位的观点。

第一部分　中国反商业贿赂立法新动态

商业贿赂在腐蚀政府领导体制的同时破坏了社会商业诚信体系，它无疑比一般的暴力型犯罪对社会的危害程度更大。十八大，十八届三中、四中全会提出要建设统一开放、竞争有序的市场体系，建立公平开放透明的市场规则，反对垄断和不正当竞争。商业贿赂不正当地排挤竞争对手，损害竞争秩序，破坏了市场在资源配置中的决定作用，妨碍了市场机制的健康运行。2016年两会[1]也将反腐和打击商业贿赂议程提到了新的高度。

中国主要是通过公安、检察院、法院为主的刑事司法活动以及工商局为主的行政执法行为打击商业贿赂行为。

2015年，全国人大常委会通过了万众瞩目的《中华人民共和国刑法修正案（九）》[2]（以下简称《刑法修正案（九）》），对于贪污行贿等职务犯罪进行了细致的分类，加大了打击力度。2016年4月18日，最高人民法院（以下简称最高法）和最高人民检察院（以下简称最高检）颁布《最高人民法院、最高人民检察院关于办理贪污贿赂刑事案件适用法律若干问题的解释》[3]（以下简称《刑九司法解释》），明确了行受贿等职务犯罪的入罪量刑具体标准，并对执法实践中长期存在的一些争议问题进行了统一，如正常履职后收受"感谢费"等问题的认定等。与此同时，中央办公厅、国务院进一步落实治理商业贿赂的专项工作，要求每一年各级执法机关进行及时的总结与汇报。

最高检在2015年进一步完善了行贿犯罪档案查询制度，针对高危的工程建设领域以及招标投标活动进行了特别通知。

最高法在过去一年也在积极推动中国司法体制改革，全面实施立案登记制改革，推进最高院巡回法庭建设，推进跨行政区划法院建设，推进知识产权法院建设，加大知识产权司法保护力度，推进司法责任制改革，深化执行体制机制改革，完善法律统一适用机制，提高司法公信力，推进人员分类管理改革，进一步提升法院队伍专业水平，推进人民陪审员制度改革，深化司法公开等。

2014年，国家工商行政管理总局组织高校专家、从事法律实务的律师和部分地方工商局组成8个课题组，对《中华人民共和国反不正当竞争法》[4]（以下简称《反不正当竞争法》）修订中的重要问题进行了深入研究。2015年，工商行政管理总局召开多次修订工作研讨会和座谈会听取专家学者、地方工商和市场监管部门等各方意见，书面征求了发展改革委、商务部等38个国务院部委意见。在深入调研和广泛征求意见的基础上，综合各方意见形成了目前的《反不正当竞争法（修订草案送审稿）》（以下简称送审稿），并向社会征求意见。送审稿修改内容涉及现行法33条中的30条，其中删除7条，新增9条，

---

[1] 两会是指中华人民共和国全国人民代表大会和中国人民政治协商会议，2016年3月2日~3月16日第十二届全国人民代表大会第四次会议和中国人民政治协商会议第十二届全国委员会第四次会议在北京召开。

[2] 详情请参见：《中华人民共和国刑法》，发布部门：全国人民代表大会，发布日期：1997年3月14日，实施日期：1997年10月1日，截至目前已被修订九次。第九次修订时间为2015年8月29日，由全国人大常委会发布。

[3] 详情请参见：《最高人民法院、最高人民检察院关于办理贪污贿赂刑事案件适用法律若干问题的解释》，发布部门：最高人民法院、最高人民检察院，发布时间：2016年4月18日，实施时间：2016年4月18日。

[4] 详情请参见：《中华人民共和国反不正当竞争法》，发布部门：全国人大常委会，发布日期：1993年9月2日，实施日期：1993年12月1日，现行有效。

共35条[1]。修改了"经营者"的范围，第一次明确了"商业贿赂行为"，并且将罚款与没收违法所得处罚方式变更为以违法经营额作为计量标准的罚款方式。

同时，国家工商行政管理总局对《关于在我国传统产业领域开展商业贿赂专项治理的提案》进行了答复，2015年工商行政管理总局部署开展了为期三年的集中整治不正当竞争突出问题的专项执法行动，以互联网领域、汽车及配件销售维修、家具建材装修装饰、公用企业等行业和领域为重点，集中整治社会关注度高、反映强烈的不正当竞争突出问题。对传统领域行业商业贿赂行为的查处是这次专项执法行动的一个重点。[2]

另外，中华人民共和国国家卫生和计划生育委员会（以下简称卫计委）督促各级的卫生系统整治医药购销领域的不正之风，进一步落实建立各级的医药购销领域的商业贿赂不良记录（"黑名单"），在2015年5月印发了《2015纠正医药购销和医疗服务中不正之风专项治理工作》[3]，对行受贿双方不偏不倚，地毯式审查各级医疗机构以及医药企业等。

一、反商业贿赂立法进一步完善

（一）《刑法修正案（九）》：加强对于行贿的处罚，量刑标准改变

《刑法修正案（九）》对有关商业贿赂的犯罪做了前所未有的修改，直接涉及商业贿赂犯罪的修改多达七条，延续了从严惩处贿赂犯罪的大趋势，同时在完善惩处贿赂犯罪体系、打破"重受贿、轻行贿"打击模式方面，体现出立法精神的重大变化，未来无论对商业贿赂犯罪执法还是犯罪预防都将产生深远的影响。

1. 行贿篇。

（1）减少行贿者免于刑法的可能。

行贿罪中对主动交代犯罪从宽处罚的（尤其免除处罚）条件做了更为严格的限定。新修正案将原规定"行贿人在被追诉之前主动交代行贿行为的，可以减轻或免除处罚"改为"可以从轻或减轻处罚。其中，犯罪较轻的，对侦破重大案件起关键作用的，或者有重大立功表现的，可以减轻或者免除处罚"。该条款的修改，是为改变以往"重受贿、轻行贿"执法理念，防止再出现为了达到追究受贿人刑事责任的目的，而与行贿人进行"辩诉交易"，导致对于行贿几百万元、甚至几千万元的行贿人不追诉的不正常情况，防止对行贿人从宽处理的政策被滥用。

（2）增加对于行贿罪及其他各类行贿罪的处罚。

为各类行贿犯罪普遍增设了"罚金刑"，体现经济性制裁。对非国家工作人员行贿罪、行贿罪、单位行贿罪、介绍贿赂罪均增加规定了"并处罚金"，即在对行贿犯罪处以自由刑的基础上，增加了经济处罚，加大了对行贿犯罪的处罚力度。需注意的是，刑法规定的是"并处罚金"而非"可以并处"或者"单处罚金"，不存在以罚代刑的情况。即判处主刑的同时，必须依法判处罚金。

在行贿罪"情节严重"及"情节特别严重的"两级量刑档后增加了符合的条件，体现从严打击行贿犯罪的立法精神。在行贿罪"情节严重"和"情节特别严重的"增加"或者使国家利益遭受特别重大损失的"，使这一档行贿犯罪的规定增加了量

---

[1] 详情请参见:《中华人民共和国反不正当竞争法》（修订草案送审稿），发布部门：国务院法制办，发布日期：2016年2月25日。

[2] 详情请参见：《工商行政管理总局对政协十二届全国委员会第三次会议关于在我国传统产业领域开展商业贿赂专项治理的提案的答复》，发布部门：工商行政管理总局办公厅，发布日期：2016年3月8日。

[3] 详情请参见：《关于印发2015纠正医药购销和医疗服务中不正之风专项治理工作要点的通知》，发布部门：卫计委，发布日期：2015年5月22日。

刑标准，衡量依据也进一步明确。

（3）增加"对有影响力的人行贿罪"。

增加了"对有影响力的人行贿罪"，切断一切腐败犯罪的源头。2009年《刑法修正案（七）》增加了利用影响力受贿罪，但是考虑到利用影响力受贿是一种新的犯罪，对于是否需要追究对应的行贿行为还有争议，故没有对利用影响力的行贿行为作出规定。近年来，通过向国家工作人员的身边人行贿，谋取不正当利益的现象愈发普遍，已经形成了行受贿犯罪的常用手段，放任利用影响力行贿一方不予处罚，显然不利于打击贿赂犯罪。

《刑法修正案（九）》增加一条"对有影响力的人行贿罪"，作为第390条之一[①]：禁止"为谋取不正当利益，向国家工作人员的近亲属或者其他与该国家工作人员关系密切的人，或者向离职的国家工作人员或者其近亲属以及其他与其关系密切的人行贿"。

从法条来看，该罪的打击面非常宽，刑法还具体列举了五种人属于与国家工作人员"关系密切的人"：①国家工作人员的近亲属；②其他与该国家工作人员关系密切的人，如同学、战友、老乡、同事，或者有着某种共同利益关系的人，或者与其关系非常密切，交往不同于一般关系、对其具有足够的影响力的人；③离职的国家工作人员；④离职的国家工作人员的近亲属；⑤其他与离职国家工作人员关系密切的人。

增加对"有影响力的人行贿罪"也体现了与《联合国反腐败公约》进一步衔接的精神。我国作为《联合国反腐败公约》的缔约国，增加"对有影响力的人行贿罪"，符合《联合国反腐败公约》第18条将"影响力交易"行为入罪的要求，也有利于进一步提高国际联合执法打击腐败犯罪的能力。

（4）提高了行贿罪的入罪量刑标准。

在严密行贿罪处罚体系的同时，提高了行贿罪的入罪量刑标准，以保证刑法适用的合理性。由于社会进步以及货币贬值等原因，原行贿1万元的入罪标准与当前的经济发展不相匹配，实践中对于行贿1万元的行为也极少定罪处罚。故在《刑法修正案（九）》对受贿罪的量刑标准进行修改后，两高根据立法精神在《刑九司法解释》中提高受贿罪的入罪量刑标准的同时，也相应地提高了行贿罪的入罪量刑标准，规定行贿罪的一般标准为3万元，但是如果同时具有其他严重情节，最低可以适用1万元的标准。

2. 受贿篇。

受贿犯罪的定罪量刑引入创设性的新标准，将原来刚性数额标准，调整为概括性数额加情节的弹性定罪量刑标准，并通过司法解释明确了统一的入罪量刑标准。原受贿罪的具体数额标准由全国常委会在1997年根据当时惩治贪污贿赂犯罪的实际需要而做出的[②]，入罪的一般标准为人民币5000元，而5万元、10万元分别为5年以上、10年以上有期徒刑的量刑档起算点。随着改革开放的深入和我国经济社会的快速发展，受贿10万元以上被判10年以上有期徒刑，受贿5万元以上被判5年以上有期徒刑，显然与经济社会发展不相适应，尤其是在盗窃罪、抢夺罪、敲诈

---

① "对有影响力的人行贿罪"：为谋取不正当利益，向国家工作人员的近亲属或者其他与该国家工作人员关系密切的人，或者向离职的国家工作人员或者其近亲属以及其他与其关系密切的人行贿的，处三年以下有期徒刑或者拘役，并处罚金；情节严重的，或者使国家利益遭受重大损失的，处三年以上七年以下有期徒刑，并处罚金；情节特别严重的，或者使国家利益遭受特别重大损失的，处七年以上十年以下有期徒刑，并处罚金。

② 详情请参见：《中华人民共和国刑法》第383条，发布部门：全国人民代表大会，发布日期：1997年3月14日，实施日期：1997年10月1日。

勒索罪等立案标准及法定刑升格数额标准都已大幅度提高的形势下。受贿上千万元与受贿10万元，犯罪数额相差悬殊，在原确定的量刑上无法拉开档次，无法体现量刑公正。

《刑法修正案（九）》第44条规定将原刑法第383条修改为数额加情节定罪量刑标准[1]，分为贪污数额较大、数额巨大、数额特别巨大三类。而后，《刑九司法解释》对受贿罪的具体数额及情节认定标准予以了明确，规定了受贿罪中数额较大、数额巨大、数额特别巨大的一般标准分别为3万元、20万元、300万元，但对于同时具有其他严重情节的，相应的标准降低为1万元、10万元、150万元。

对受贿罪犯罪既遂后悔改表现予以肯定，将酌定从轻升格为法定从轻，对从宽处罚做出了更为明确、严格的规定，体现出对严重贪污受贿犯罪的从宽幅度严格控制。对重特大受贿犯罪被判处死刑缓期执行的犯罪分子，增加可以终身监禁的规定。终身监禁是一种非常严厉的刑罚，仅次于死刑，可以说是让人看不到希望，体现出在慎用死刑的原则下加强对严重受贿犯罪的打击力度。

（二）送审稿：加大对商业贿赂行为的处罚

商业贿赂是典型的不正当竞争行为。《反不正当竞争法》是我国规范商业贿赂的重要法律之一。随着社会经济的飞速发展，不正当竞争的方式也变得复杂多样，于1993年制定实施的《反不正当竞争法》难免有过时和落后的地方。2016年2月25日，国务院法制办公布了《反不正当竞争法（修订送审稿）》。送审稿共35条，对现行法30条进行了修改，解决了现行法与《反垄断法》《商标法》《广告法》的衔接问题，完善了对六种不正当竞争行为的认定，新增了两类不正当竞争行为，加重了对不正当竞争行为的处罚力度，引起广泛关注。

本次修订与反商业贿赂息息相关的重点是：（1）明确执法主体，（2）明确商业贿赂概念及典型行为，（3）修改对商业贿赂行为的处罚方式，（4）强化关于监督检查的手段，以及（5）明确了协助违法行为的责任。

1. 赋予工商行政管理部门一般管辖权。

根据现行《反不正当竞争法》第3条，"县级以上人民政府工商行政管理部门对不正当竞争行为进行监督检查；法律、行政法规规定由其他部门监督检查的，依照其规定"。这条规定导致现实生活中商业贿赂的执法主体不明确，长期存在着多头执法或者无人执法的问题，或者不同行政部门均对商业贿赂行为有管辖权，造成管辖冲突；或者一旦工商机关不管，其他行政部门也不会进行管理和干预，出现管辖空缺。商业贿赂执法主体不明的现状使不同行业对于不正当竞争行为的认定标准和处罚尺度存在差异，影响了法律的权威性和公平性，广为诟病。

送审稿解决了以上问题，规定"县级以上人民政府工商行政管理部门对不正当竞争行为进行监督检查；其他法律、行政法规另有规定的，相关部门也可以依照其规定进行监督检查"。[2]送审稿赋予了工商行政管理部门对不正当竞争行为的一般管

---

[1] 详情请参见《刑法修正案（九）》第44条："对犯贪污罪的，根据情节轻重，分别依照下列规定处罚（受贿罪的处罚是比照贪污罪处理的）：贪污数额较大或者有其他较重情节的，处三年以下有期徒刑或者拘役，并处罚金；贪污数额巨大或者有其他严重情节的，处三年以上十年以下有期徒刑，并处罚金或者没收财产；贪污数额特别巨大或者有其他特别严重情节的，处十年以上有期徒刑或者无期徒刑，并处罚金或者没收财产；数额特别巨大，并使国家和人民利益遭受特别重大损失的，处无期徒刑或者死刑，并处没收财产。"

[2] 详情请参见：送审稿第3条。

辖权，明确了法律适用主体和监管责任，这在一定程度上有利于统一执法尺度和执法标准。

2. 明确商业贿赂概念及典型行为。

笔者在《2014～2015中国反商业贿赂调研报告》中详细澄清了商业贿赂的概念，其中重要的一点就是在中国的法律法规框架下，没有专门的商业贿赂法案，现行的《反不正当竞争法》虽对商业贿赂行为进行了定义，[①]但陷入了循环定义的怪圈。此定义即没有明确商业贿赂的实质，也没有明确界定商业贿赂与正常经营行为的界限，导致现实生活中一些正当的商业行为也被当作商业贿赂定性处罚，使得一些情况下经营者无所适从。

送审稿第7条对商业贿赂行为进行了专门规定，[②]明确了商业贿赂的概念，"商业贿赂是指经营者向交易对方或者可能影响交易的第三方，给付或者承诺给付经济利益，诱使其为经营者谋取交易机会或者竞争优势"。与现行法下的概念相比有所改进。

首先，从法律层面上正式纳入了"第三方"的概念。工商机关查处的案例中，不乏通过向可能影响交易的第三方给付经济利益、诱使其为经营者谋取交易机会的情况。"可能影响交易的第三方"意味着向交易决策者关系密切的第三方，如决策者的配偶、子女、可以影响决策者的中介、经销商等第三方，给付或者承诺给付经济利益，损害其他经营者或者消费者的合法权益的，也属商业贿赂。

其次，送审稿借鉴了美国《海外反腐败法案》的类似认定原则，将"承诺"这一行为也认定为商业贿赂，扩大了商业贿赂行为的范围。但何种行为构成"承诺"有待进一步明确。

再次，将原商业贿赂的"财物和其他手段"，修改为"经济利益"，明确了商业贿赂是给付或者承诺给付"经济利益"的行为。根据国家工商行政管理总局《关于禁止商业贿赂行为的暂行规定》（以下简称《暂行规定》），经营者为销售或者购买商品，假借促销费、宣传费、赞助费、科研费、劳务费、咨询费、佣金等名义，或者以报销各种费用等方式，给付对方单位或者个人以财物，或者以其他手段提供给对方单位或个人国内外各种名义的旅游、考察等，都属商业贿赂。"经济利益"点明了财物与其他手段的经济属性。但实践中为相关人员获取继续教育学分、帮助出版学术论文获得学术成就、帮助受贿对象子女安排出国留学或提供工作机会等，会严重影响决策者，但是否是经济利益仍存疑问。

最后，明确商业贿赂不仅仅局限于销售或者购买商品，只要行为人主观上是为了在经营活动中争取交易机会或竞争优势，排斥竞争，客观上向对方单位或个人给付或承诺给付经济利益，就应被认为是商业贿赂。

此外，送审稿还列举了典型的商业贿赂行为：（1）在公共服务中或者依靠公共服务谋取本单位、部门或个人经济利益；（2）经营者之间未在合同及会计凭证中如

---

① 详情请参见：现行《反不正当竞争法》第8条。
② 详情请参见：送审稿第7条规定，经营者不得实施下列商业贿赂行为：

"（一）在公共服务中或者依靠公共服务谋取本单位、部门或个人经济利益；

（二）经营者之间未在合同及会计凭证中如实记载而给付经济利益；

（三）给付或者承诺给付对交易有影响的第三方以经济利益，损害其他经营者或消费者合法权益。

商业贿赂是指经营者向交易对方或者可能影响交易的第三方，给付或者承诺给付经济利益，诱使其为经营者谋取交易机会或者竞争优势。给付或者承诺给付经济利益的，是商业行贿；收受或者同意收受经济利益的，是商业受贿。

员工利用商业贿赂为经营者争取交易机会或竞争优势的，应当认定为经营者的行为。有证据证明员工违背经营者利益收受贿赂的，不视为经营者的行为。"

实记载而给付经济利益；(3)给付或者承诺给付对交易有影响的第三方以经济利益，损害其他经营者或消费者合法权益。这一修改是对工商行政管理机关执法经验的总结，值得企业特别注意。不管送审稿最后是否得以通过，对于企业的合规工作都有重要的指导意义。以经营者之间未在合同及会计凭证中如实记载而给付经济利益的行为为例，实践中常存在合同和会计凭证不一致、会计凭证与事实不一致的情况，送审稿突破了现行法仅对折扣和佣金如实入账的明确要求，要求所有经济利益的给付都应如实入账，否则有被认定为商业贿赂的风险。

总体而言，送审稿此条的规定与现行法第8条相比有很大的进步，但也存在一些问题。例如，送审稿明确员工利用商业贿赂为经营者争取交易机会或竞争优势的，应当认定为经营者的行为。《暂行规定》里早有经营者为员工行为负责的规定。[①] 这个规定在实践中带来了一些问题，如有些员工为了自己的业绩与奖金进行行贿，客观上是给企业带来了竞争优势或者好处，但是企业并没有命令或者纵容其进行该行为，员工行为认定由企业负责貌似有所不公，尤其是在企业已经或者正在建立完善的合规制度与机制，并且对员工进行培训与定期监督，但是员工仍然暗箱操作的情况下。送审稿对此进一步规定："但有证据证明员工违背经营者利益收受贿赂的，不视为经营者的行为。"该款仅规定了员工违背经营者利益收受贿赂的行为可以免责，对于员工违背经营者利益行贿的行为是否可以免责，规定不清。

3. 修改对商业贿赂行为处罚的计算方式。

现行的《反不正当竞争法》规定，"经营者采用财物或者其他手段进行贿赂以销售或者购买商品，构成犯罪的，依法追究刑事责任；不构成犯罪的，监督检查部门可以根据情节处以一万元以上二十万元以下的罚款，有违法所得的，予以没收"。[②] 根据国家工商行政管理总局《工商行政管理机关行政处罚案件违法所得认定办法》的有关规定，"以当事人违法生产、销售商品或者提供服务所获得的全部收入扣除当事人直接用于经营活动的适当的合理支出，为违法所得"。在认定违法所得时，对于已支付的税费，应予扣除。[③]

送审稿对商业贿赂行为的处罚方式进行了修改，规定对于经营者构成商业贿赂行为的，"监督检查部门应当责令停止违法行为，根据情节处以违法经营额百分之十以上百分之三十以下的罚款；构成犯罪的，依法追究刑事责任"。[④] 此处删去了"没收违法所得"，而直接规定以违法经营额为基础进行处罚。这种修改是对工商机关执法实践中遇到问题的一种回应。执法实践中对"违法所得"的认定和取证存在很多困难，如有些案件行贿方账面没有记录或记录不全，无法确认其全部收入；有些案件成本和费用无法确定，导致合理支出无法计算；有些案件行贿方的合同或货款尚未履行结算完毕，违法所得如何计算存在疑问等。

规定以违法经营额为处罚基础从一定程度上可以解决以上问题。对于违法经营额的计算，可以参照国家工商行政管理总局《工商行政管理机关行政处罚案件违法

---

① 详情请参见：《关于禁止商业贿赂行为的暂行规定》第3条："经营者的职工采用商业贿赂手段为经营者销售或者购买商品的行为，应当认定为经营者的行为。"发布部门：国家工商行政管理总局，发布日期：1996年11月15日。

② 详情请参见：《反不正当竞争法》第22条。
③ 详情请参见：《工商行政管理机关行政处罚案件违法所得认定办法》第9条。发布部门：国家工商行政管理总局，发布日期：2008年11月21日。
④ 详情请参见：送审稿第20条。

所得认定办法》的有关规定，"违法经营额"即为当事人违法生产、销售商品或者提供服务所获得的全部收入扣除当事人直接用于经营活动的适当的合理支出，①但具体还需有权机关做出进一步的解释。

对违法经营额具体如何认定也有待进一步的明确。例如，如何认定违法经营额与商业贿赂行为之间的因果关系问题。实践中，与商业贿赂行为直接关联的经营额的认定会相对容易，如因为一个商业贿赂行为达成了一笔交易，经营额的认定只需围绕这笔交易进行判定。但对于长期实施商业贿赂，与对方发生常态化交易并产生所得额，无法具体判断某笔交易与某一笔商业贿赂存在具体关联的情况下，如何认定违法经营额就比较困难。比如，某公司长期向交易对方提供旅游、礼品卡等财务和利益，以获得交易对方常年的不定期订单。此时，给予的财物和利益并不能与具体的某一笔订单相关联，是否该公司全年所有交易收入均会被认定为违法经营额。

违法经营额的计算不需要扣除合理支出，可以预计，一旦送审稿得以通过，商业贿赂案件处罚金额将大幅提高。

4. 强化了关于监督检查的手段。

现行《反不正当竞争法》监督检查手段不足、力度较弱。②由于执法机关不能直接采取查封、扣押等强制措施，执法中常常出现当事人转移、销毁证据等情况。虽然部分省市通过颁布地方性法规等方式赋予了工商机关查封、扣押的职权，但法理上总是不顺。送审稿完善了执法机关的监督检查权限和职责，规定了监督检查部门在调查不正当竞争行为时，有权对涉嫌不正当竞争行为的财物实施查封、扣押。送审稿还增加了当事人配合调查的义务以及对拒不配合、拒绝接受调查的当事人的责任追究。规定监督检查部门在调查不正当竞争行为时，被调查的经营者、利害关系人或者其他有关单位、个人应当如实提供有关资料或者情况，配合监督检查部门依法履行职责，不得拒绝、阻碍监督检查。如对监督检查部门依法实施的调查，非因法定事由拒绝提供有关资料、情况，提供虚假资料、情况，隐匿、销毁、转移证据，或者有其他拒绝、阻碍调查行为的，监督检查部门可以责令其改正，并处以2万元以上20万元以下的罚款。③强化了行政执法机关监督检查的手段。

5. 明确了协助违法行为的责任。

还需要注意的是，送审稿第28条对为不正当竞争行为提供便利条件的情况进行了规定："明知或者应知有违反本法规定的不正当竞争行为，仍为其提供生产、销售、仓储、运输、网络服务、技术支持、广告推广、支付结算等便利条件的，根据情节处以10万元以上100万元以下的罚款。"实践中，多有企业通过第三方实施商业贿赂。该条规定将协助实施商业贿赂的第三方纳入了法律规制的范畴。"应知"使得提供生产、销售、仓储等条件的企业不能把头埋在沙子里，对于可能的问题故意回避不去了解。企业要想做到合法合规，避免牵扯进商业贿赂行为，需要了解自己的合作方。

（三）反商业贿赂档案制度

中国政府近几年一直致力于社会信用体系建设。随着对商业贿赂加大打击力度，司法部门和行政部门分别在司法和行政领域推出了黑名单制度。随着统一社会信用代码制度和相关实名登记制度的建立和完善，流通领域、医疗购销领域、招投标工程领域、检察系统、法院系统等黑名单有望实现信息共享，黑名单制度对企业的威慑作用将越来越大。

---

① 详情请参见：《工商行政管理机关行政处罚案件违法所得认定办法》第2条。

② 详情请参见：《反不正当竞争法》第17条。

③ 详情请参见：送审稿第30条。

1. 失信企业黑名单制度。

中国正在逐步建立以信用监管为核心的新型市场监管制度，力图达到企业"一处违法、处处受限"的威慑力。2016年4月，国家工商行政管理总局颁布的"失信企业黑名单制度"落地实施。[1] 因不正当竞争行为（包括商业贿赂行为）两年内受到三次以上行政处罚的，将被列入"黑名单"。工商机关将通过企业信用信息公示系统将失信"黑名单"上的企业对外公示。在五年的公示期限内，企业将被列为工商重点监督管理对象。被列入严重违法失信企业名单的企业的法定代表人、负责人，三年内不得担任其他企业的法定代表人、负责人。

据了解，2016年年底前，国家企业信用信息公示系统将基本建成使用。截至目前，全国31个省级工商、市场监管部门已经建立了区域性企业信用信息公示系统，有17个省份依托工商部门建立了企业信用信息共享平台，收集的企业信息总量已超过2亿条。[2]

2. 进一步开展行贿犯罪查询工作。

最高检于2006年颁布并开始实施行贿犯罪档案查询[3]，于2013年部署检察机关将个人和单位构成行贿犯罪的信息整合集中起来，建立信息查询系统并对外提供查询。[4] 在行贿多发的工程建设领域和招投标环节中，查询行贿档案系统成了必要条件。在招投标领域，依法必须招标的工程建设项目应当在中标通知书发出前对投标人进行行贿犯罪档案查询，对有行贿犯罪记录的单位或个人做出一定时期内限制进入市场、取消投标资格、降低资质等级、不予聘用或者注册等处置[5]。

在工程建设领域，在工程项目招投标、设备物资采购、建筑企业资质许可、个人执业资格认定、企业信用等级评定与管理等事项中，要求对行贿犯罪记录进行查询。对经查询有行贿犯罪记录的单位或者个人，根据不同情况做出限制其在一定时期内进入本地区本行业建设市场、取消投标资格、从供应商目录中删除、扣减信誉分、不予（暂缓）许可、责令停业整顿、降低资质等级、吊销资质证书等处置。[6]

3. 医药购销领域黑名单制度。

医疗购销领域是商业贿赂的重灾区。2007年，原卫生部开始建立医药购销领域商业贿赂不良记录，[7] 即俗称的医疗卫生系统黑名单制度。2013年，部门合并后的国家卫生和计划生育委员会完善了该制度，根据医药生产经营企业及其代理人被列入黑名单的频率，限制该企业在一定的时间和区域内参与公立医疗机构或接受财政资金的医疗卫生机构的采购。[8] 2015年，国家卫计委等9部门开

---

[1] 详情请参见：《严重违法失信企业名单管理暂行办法》，发布部门：国家工商行政管理总局，发布时间：2015年12月30日。

[2] 详情请参见：人民网："'全国一张网'是紧箍咒？企业主：有助于遏制违法失信"，2016年3月1日发布。

[3] 详情请参加：《关于受理行贿犯罪档案查询的暂行规定》，发布部门：最高人民检察院，发布日期：2006年3月4日，已失效。

[4] 详情请参见：《关于行贿犯罪档案查询工作的规定》，发布部门：最高人民检察院；发布日期：2013年2月6日，现行有效。

[5] 详情请参见：《关于在招标投标活动中全面开展行贿犯罪档案查询的通知》，发布部门：最高人民检察院，国家发展和改革委员会（含原国家发展计划委员会、原国家计划委员会），发布日期：2015年5月8日。

[6] 详情请参见：《关于在工程建设领域开展行贿犯罪档案查询工作的通知》，发布部门：最高人民检察院、住房和城乡建设部、交通运输部、水利部，发布日期：2015年5月22日。

[7] 详情请参见：《关于建立医药购销领域商业贿赂不良记录的规定》（卫政法发〔2007〕28号），发布部门：卫生部（已撤销），发布日期：2007年1月19日。

[8] 详情请参见：《关于建立医药购销领域商业贿赂不良记录的规定》（国卫法制发〔2013〕50号），发布部门：国家卫生和计划生育委员会，发布日期：2013年12月25日。

展纠正医药购销和医疗服务中不正之风专项治理工作,要求开展行业信用评价、信用建设和信用培训工作,完善医药购销不良信息记录采集平台,加强企业信用信息公开和公示。①

目前来看,各个省已经建立起了商业贿赂不良记录"黑名单",但是公布在"黑名单"上的企业仍很有限,这与商业运行的现状不符。制度的有效性取决于其执行力度,"黑名单"的威慑力,取决于是否有违反商业贿赂法律的企业收到了应有的处罚,受到了处罚的企业是否按照规定被列入了"黑名单"。

（四）鼓励和保护职务犯罪举报的规定

2016年4月9日,最高检、公安部、财政部联合下发了《关于保护、奖励职务犯罪举报人的若干规定》（以下简称规定）,完善了对职务犯罪实名举报人的保护与奖励制度。此前,虽然有最高检发布的《人民检察院举报工作规定》《关于保护公民举报权利的规定》《奖励举报有功人员暂行办法》（已失效）,但是内容过于原则,对举报人的保护工作如何分工、具体的保护措施如何实施等不够明确,对于举报人受到的隐性报复难以认定,奖励金额偏低等均影响了举报人的积极性。为了更好调动和保护人民群众的举报积极性,最高检联合公安部、财政部颁布了新的规定,对以往存在的问题进行了明确,增强了可操作性。

1. 严格保密措施。

对保护、奖励举报人的各个环节都规定了严格的保密措施,将泄密的可能降到最低。《规定》针对受理、录入、存放、报送举报线索和调查核实、答复举报人等环节制定了八项保密措施,强调严禁泄露举报内容以及举报人姓名、住址、电话等个人信息,严禁将举报材料转给被举报人或者被举报单位；对于举报人确有必要在诉讼中作证,可以在文书及资料中使用化名。

2. 加强保护措施。

第一,确定保护机关的分工,规定对举报人的保护主要由检察院负责,但是情况紧急的,公安机关应当先采取措施并及时通知检察院；第二,开展事前保护,规定接到举报后应当根据确定的风险等级制定举报人保护预案；第三,列举了十项打击报复的情形,明确了哪些针对举报人及其近亲属的行为属于打击报复范围；第四,细化对举报人及其近亲属的保护措施,规定了预防性保护、受到报复的纠正、受损害后的救助三类不同的保护措施。

3. 提高奖励金额。

《规定》提高了举报奖励金额的上限,规定每案奖金数额一般不超过20万元；举报人有重大贡献的,经批准可以在20万元以上给予奖励,最高不超过50万元；有特别重大贡献的,经最高检批准,不受上述数额的限制。②

二、反商业贿赂立法影响：调研立法变化对企业的影响

针对《刑法修正案（九）》及送审稿对企业的影响,中国公司法务研究院和方达律师事务所联合进行了调研问卷研究。本次调研共回收316份问卷,其中有效问卷为277份。约82%的受访者为企业中的合规部门、财务部门、内审部门以及法务部门的从业人员（见图A）。

---

① 详情请参见：《2015年纠正医药购销和医疗服务中不正之风专项治理工作要点》。

② 上述奖金额度与最高检2014年修订的《人民检察院举报工作规定》中的奖金额一致,相对于2009年规定的一般奖励不超过10万元,最高奖励不超过20万元的标准有较大提高。需注意的是,本次规定是与财政部联合颁发,对于实践中保证奖励款的及时拨付具有重大意义。

根据调研数据，报告从受访者所在企业的所有制（国企央企、民企和外企（含中外合资））（见图B）、企业规模（人数多于500人的大中型企业、少于等于500人的中小型企业）（见图C）、企业所属行业（包含医疗与健康、能源与环保、金融与投资、快消品与食品、房地产与建筑、TMT（通信、传媒与技术）等15个行业）（见图D）三个维度进行综合分析。

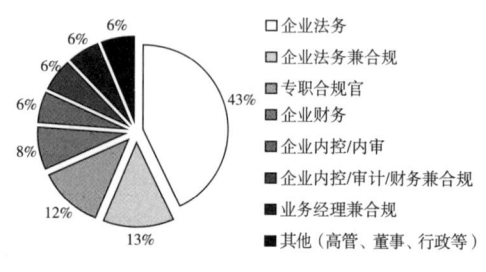

图A 受访人员职位

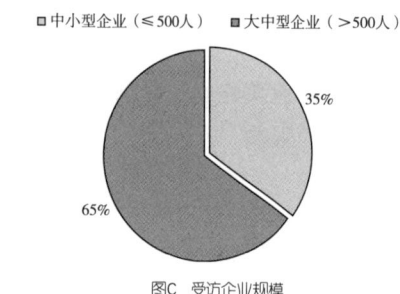

图B 受访企业类型

图C 受访企业规模

图D 受访企业所属行业

（一）《刑法修正案（九）》

1.《刑法修正案（九）》出台后，约70%的企业做出合规调整。

《刑法修正案（九）》出台后，70.1%的受访企业做出了反商业贿赂合规方面的调整，其中最普遍的措施包括完善内控与合规政策、进行相关培训和合规调查（见图1.1）。特别需要指出，由于一些国企已经走出国门，部分国企还增加了对海外子公司的反腐败调查。这是可喜的进步，有部分走出海外的中国企业在过去几年中已经遇到了海外商业贿赂的问题，特别是在经济欠发达地区，被索要贿赂并不是少见的情况。如何处理海外商业贿赂风险，应对索贿，保护公司的合法权益，是一个重要话题。

各行各业、不同规模的企业都较重视《刑法修正案（九）》的出台（见图1.2、图1.3）。针对《刑法修正案（九）》的修订，外企反映最为强烈，77.5%的外企进行了合规举措的调整；63.4%的国企和60%的民企也做出了反应（见图1.4）。外企在完善内控与合规政策、进行相关培训和进行合规调查方面，都较国企和民企更为积极。其中，外企在《刑法修正案（九）》修订出台后，加强培训的比例远高于国企和民企。公司是否合规取决于公司中的每一个人的行为是否合规。合规培训是公司合规政策上传下达的重要途径，是让公司中的每一个员工充分理解、深刻认识合规重要性和商业贿赂对于公司及其个人危害的必要方式。国企和民企在进行有益的合规政策改善的同时，可以考虑增加相应的合规培训。

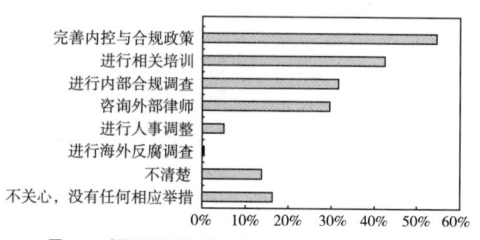

图1.1 《刑法修正案（九）》出台后，企业的合规举措

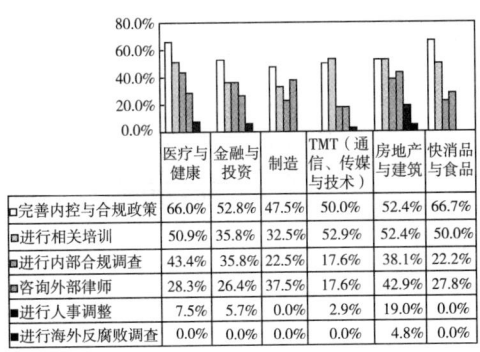

图1.2 《刑法修正案（九）》出台后，不同行业的企业的合规举措

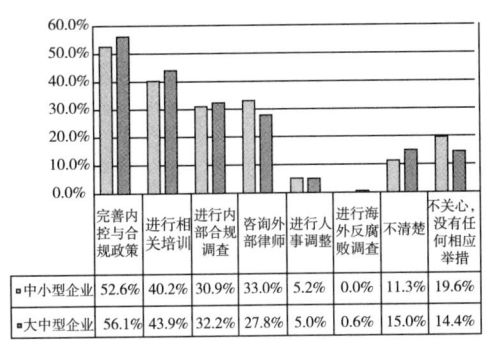

图1.3 《刑法修正案（九）》出台后，不同规模的企业的合规举措

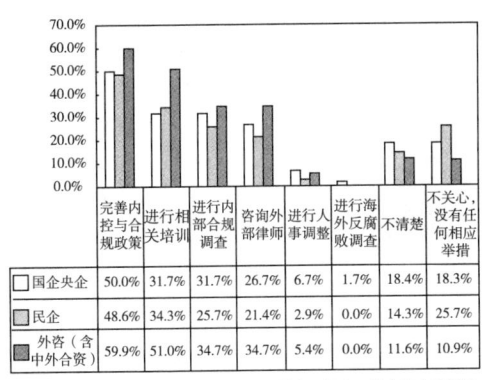

图1.4 《刑法修正案（九）》出台后，国企、民企、外企的合规举措

2. 约64%的企业认为修订有积极影响，约6%的企业认为有消极影响。

约64%的企业认为这次修订有积极的影响，仅有6%的企业认为是有消极影响（见图2.1）。不同的类型、规模、行业的企业都普遍认为这次修订有积极的影响（见图2.2、图2.3、图2.4）。其中，积极影响包括公司领导层对于合规更加重视（63.9%）、有利于促进形成业内公平竞争的商业环境（43.3%）以及公司分配更多的资源给合规工作（22.4%）（见图2.5）。特别有国企指出，修订有利于降低海外投资风险（0.3%）。受访企业反应，修订对于企业的消极影响包括可能面临反商业贿赂调查或处罚的风险（3.6%）、商业机会缩水（2.9%）以及业绩目标难以达成（1.8%）（见图2.6）。

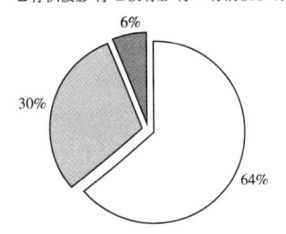

图2.1 与商业贿赂相关的修订对企业的业务和发展的影响

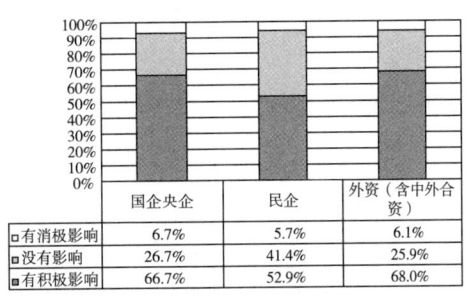

图2.2 与商业贿赂相关的修订对国企、民企、外企的业务和发展的影响

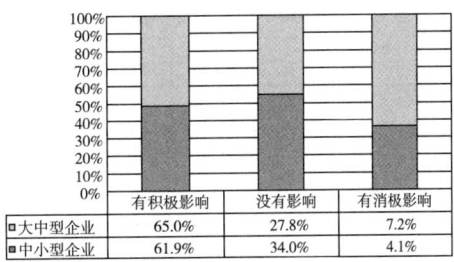

图2.3 与商业贿赂相关的修订对不同规模的企业的业务和发展的影响

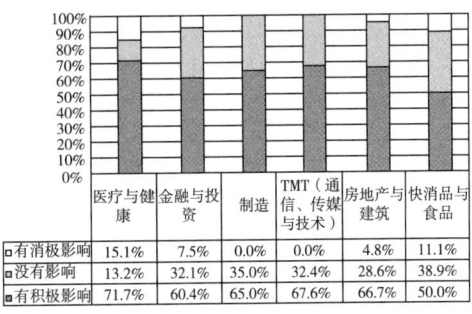

图2.4 与商业贿赂相关的修订对不同行业的企业的业务和发展的影响

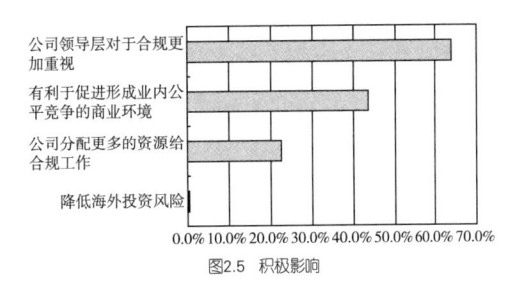

图2.5 积极影响

图2.6 消极影响

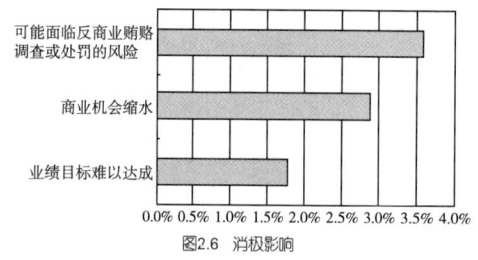

从企业类型上看,约一半的国企和外企均认为,该修订使得企业领导更加重视合规。外企对于该修订可以创造更公平的竞争环境抱有更高的希望(见图2.7)。同时,仅有极少数外企认为修订有消极影响,其中仅0.7%的外企认为修订可能会增加业务达成的难度(见图2.8)。

	公司领导层对于合规更加重视	有利于促进形成业内公平竞争商业环境	公司分配更多的资源给合规工作	降低海外投资风险
国企央企	51.7%	38.3%	20.0%	1.7%
民企	34.3%	35.7%	20.0%	0.0%
外资(含中外合资)	49.0%	49.0%	24.5%	0.0%

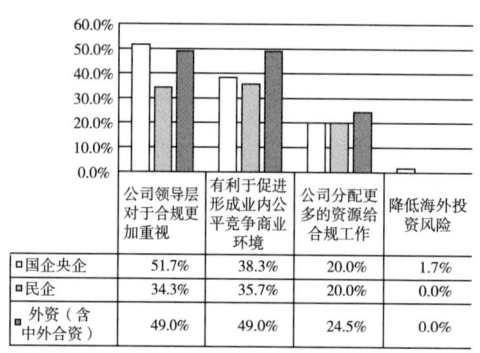

图2.7 对国企、民企、外企的业务和发展的积极影响

	可能面临反商业贿赂调查或处罚的风险	商业机会缩水	业绩目标难以达成
国企央企	5.0%	5.0%	3.3%
民企	4.3%	1.4%	2.9%
外资(含中外合资)	2.7%	2.7%	0.7%

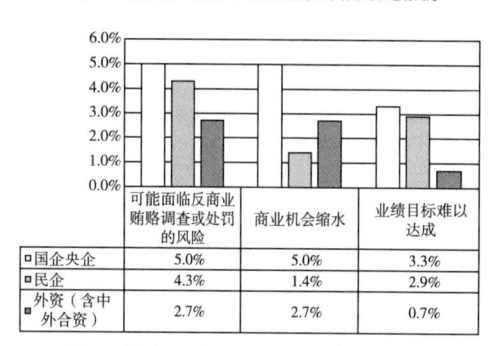

图2.8 对国企、民企、外企的业务和发展的消极影响

从行业角度来说,受访企业中较多的医疗与健康、金融与投资、快消品与食品、房地产与建筑行业的企业认为可能有消极的影响(见图2.9)。

	医疗与健康	金融与投资	房地产与建筑	快消品与食品
可能面临反商业贿赂调查或处罚的风险	11.3%	3.8%	4.8%	0.0%
商业机会缩水	3.8%	3.8%	4.8%	11.1%
业绩目标难以达成	5.7%	1.9%	4.8%	0.0%

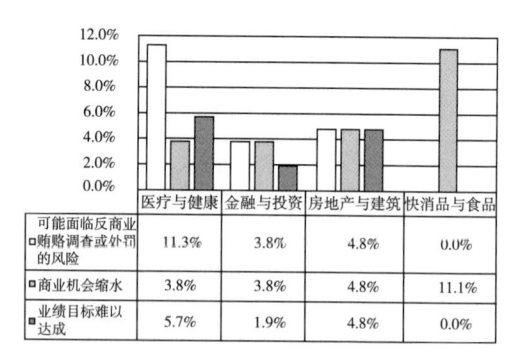

图2.9 对不同行业的企业的消极影响

(二)送审稿

约74%的企业行为。需要建立或者完善合规制度,以适应该修订。

对于送审稿对于反商业贿赂的新规定,约有26%的企业认为自身可适应,其余的企业表示需要建立或者完善合规制度(见图3.1)。其中,约55.1%的外企表示需要建立或者完善合规制度,而表示需要建立或者完善合规制度的国企及民企高达约62%,其中约23%的民企仍然完全没有反商业贿赂的合规体系与机制(见图3.2)。

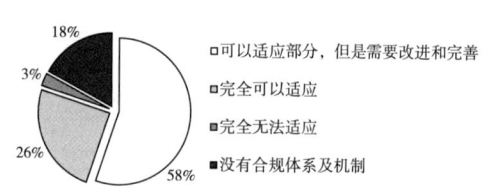

图3.1 企业的合规制度是否足以适应送审稿对于商业贿赂的规定

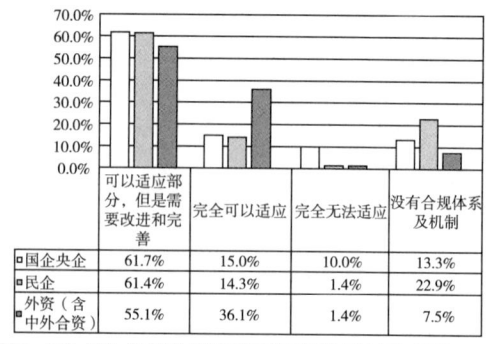

	可以适应部分,但是需要改进和完善	完全可以适应	完全无法适应	没有合规体系及机制
国企央企	61.7%	15.0%	10.0%	13.3%
民企	61.4%	14.3%	1.4%	22.9%
外资(含中外合资)	55.1%	36.1%	1.4%	7.5%

图3.2 国企、民企、外企的合规制度是否足以适应送审稿对于商业贿赂的规定

第二部分　中国反商业贿赂执法趋势

评判立法的效果要看执法的结果。本部分根据大数据和问卷调研结果，结合笔者的从业经验，来分析我国反商业贿赂的执法现状与趋势。

一、最新执法与司法审结数据

（一）加强对行贿的刑事执法

从图E可以看出，根据最高检在两会上的工作报告公布的数据，针对贪污贿赂等职务犯罪立案侦查情况看，2014年、2015年相对于2013年在案件数量以及涉及个人数量上有所增加。查处行贿人数逐年有明显上升趋势，并且查处行贿人员数相对于查处受贿人员数的比例有很大提高：2013年查处的行贿人员数占受贿人数比约为30.5%，而2014年和2015年明显上涨，占比分别约为55.7%和62.2%，可以看出司法机关对行贿行为的打击在不断地加强。

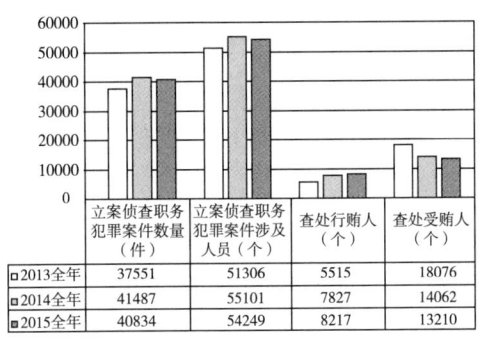

	立案侦查职务犯罪案件数量（件）	立案侦查职务犯罪案件涉及人员（个）	查处行贿人（个）	查处受贿人（个）
2013全年	37551	51306	5515	18076
2014全年	41487	55101	7827	14062
2015全年	40834	54249	8217	13210

图E　最高检关于贪污贿赂等职务犯罪立案侦查统计

	各级法院审结贪污贿赂等犯罪案件（件）	各级法院审结贪污贿赂等犯罪案件涉及人员（个）
2013全年	29000	31000
2014全年	31000	44000
2015全年	34000	49000

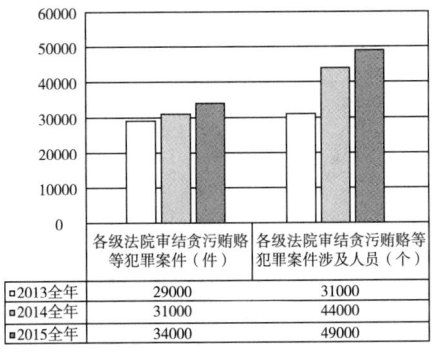

图F　最高法关于贪污贿赂等职务犯罪审结案件统计

相应地，最高法在过去三年发布的两会工作报告也显示出各级法院审结贪污贿赂等犯罪案件的数量以及涉及人员逐年递增（见图F）。但是最高法没有对此类案件进行进一步细分。

（二）行政执法蓄势待发

2016年工商行政管理总局公布了2013全年、2014全年以及2015上半年全国工商行政管理系统商业贿赂案件查处数据。① 2015年全年的执法数据还没有公布。从图G.1可以看出，2015年上半年工商系统商业贿赂案件查处数量下降明显。虽然2013年以来全国案件查处数量有所下降，但个案平均案值及平均罚没款数均呈上升趋势（见图G.2）。

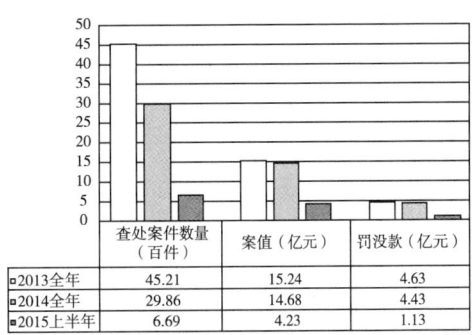

	查处案件数量（百件）	案值（亿元）	罚没款（亿元）
2013全年	45.21	15.24	4.63
2014全年	29.86	14.68	4.43
2015上半年	6.69	4.23	1.13

图G.1　全国工商系统查处商业贿赂案件统计

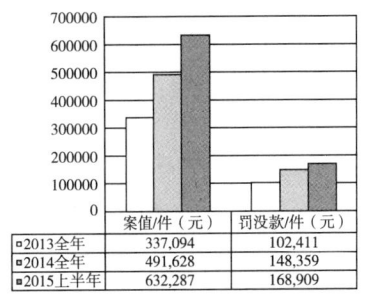

	案值/件（元）	罚没款/件（元）
2013全年	337,094	102,411
2014全年	491,628	148,359
2015上半年	632,287	168,909

图G.2　全国工商系统查处商业贿赂案件平均案值与平均罚没款统计

当前工商系统面临深化改革、体制调整和机构合并。一些地方对省以下工商行

---

① 详情请参见：《工商行政管理总局对政协十二届全国委员会第三次会议关于在我国传统产业领域开展商业贿赂专项治理的提案的答复》，发布机构：工商行政管理总局办公厅，发布时间：2016年3月8日。

政管理垂直管理体制进行了调整，实行了属地管理。由以前省级工商机关直管市、县工商机关，变成了由各级地方政府管理，以便于地方政府及时整合不同部门执法力量联合办案。在政府机构改革中，部分地方工商部门与其他一些部门进行了合并，如食药部门、质量监督检查部门，组成了市场监督管理局。在体制调整、机构合并这样的行政改革背景下，工商机关的人权、财权、物权都会进行相应的调整，对工商行政执法造成了一定影响。但是在改革结束后，特别是《反不正当竞争法》修订稿通过后，随着立法上对商业贿赂的处罚力度加大，预计会迎来新的一波执法高潮。

二、问卷调研：执法变化对企业的影响

（一）企业或其员工在 2015~2016 年遇到反商业贿赂执法情况

1. 高风险行业：医疗与健康、快消品与食品、房地产与建筑、制造业、金融与投资。

问卷调查发现，2015~2016 年度，约 13% 的企业或其员工曾因商业贿赂接受过行政调查，近 8% 受过刑事调查（见图 4.1）。问卷调查发现，国企、民企、外企都有曾被刑事调查和行政调查。其中，外企被行政调查的情况最多，国企员工受刑事处罚的情况最多，而民企则是被刑事处罚的情况最多（见图 4.2）。从企业规模来看，仍然是大中型的企业更受政府关注，遇到反商业贿赂执法的情况要比中小型企业更多（见图 4.3）。而从行业的角度来看，医疗与健康、快消品与食品、房地产与建筑、制造业、金融与投资行业仍然是遇到反商业贿赂执法的高风险行业（见图 4.4）。这与多年来，工程建设、产权交易、医药购销、政府采购及资源开发和经销等为执法机关商业贿赂重点监管领域的情况相吻合。

2. 国企、民企、外企均有相关人员承担个人刑事责任。

4.4% 的大中型企业中有相关个人因商业贿赂受到过刑事处罚，比例不小（见图 4.3）。而且，国企、民企、外企均有相关人员因此承担个人刑事责任（见图 4.2）。其中，医疗与健康、房地产与建筑、金融与投资行业中的相关个人受到刑事处罚的比例最高（见图 4.4）。

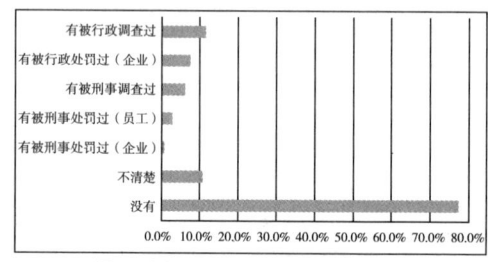

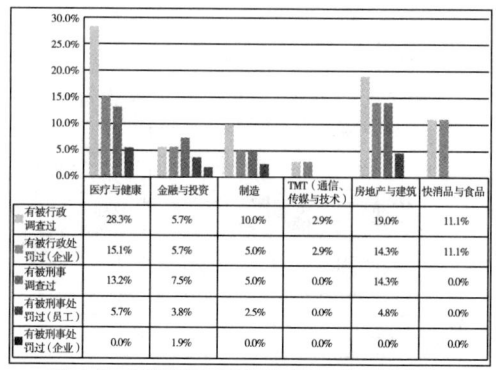

图4.1 企业或其员工遇到反商业贿赂执法情况

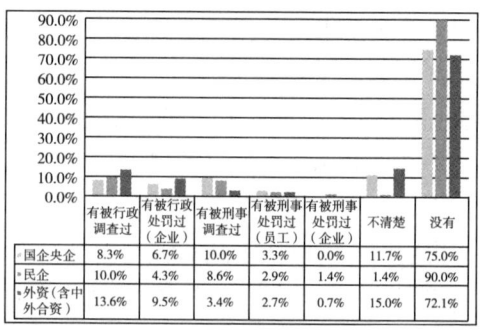

图4.2 国企、民企、外企或其员工遇到反商业贿赂执法情况

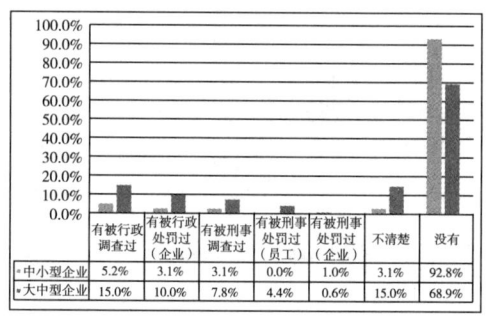

图4.3 不同规模的企业或其员工遇到反商业贿赂执法情况

图4.4 不同行业的企业或其员工遇到反商业贿赂执法情况

3. 企业及其员工面临多方执法。

行政执法方面，工商局是最主要的执法机关，同时卫计委、海关等机关也有积极执法；刑事方面，企业面临的检察院执法要比公安局执法略多一些（见图5.1）。

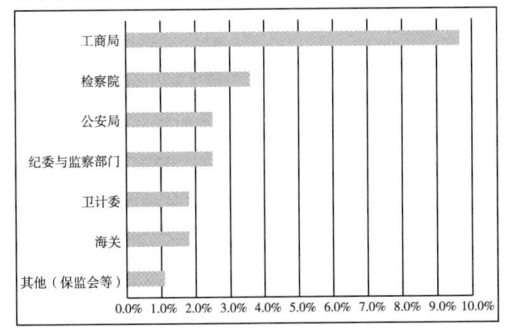

图5.1 企业或其员工遇到反商业贿赂调查时面对的机构

对于国企来说，由于其性质特殊，除了刑法、行政法外，还受党纪、行政纪律的约束，遇到的反商业贿赂执法机构主要是检察院、纪委、监察部门及工商局。外企面临的执法最多来自工商局，但也有检察院和公安的刑事执法（见图5.2）。

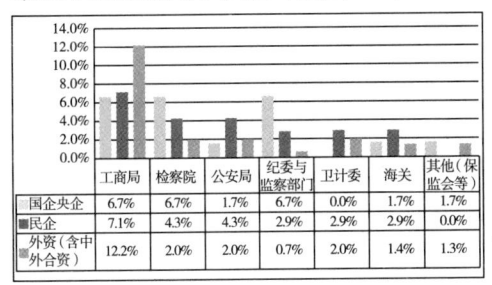

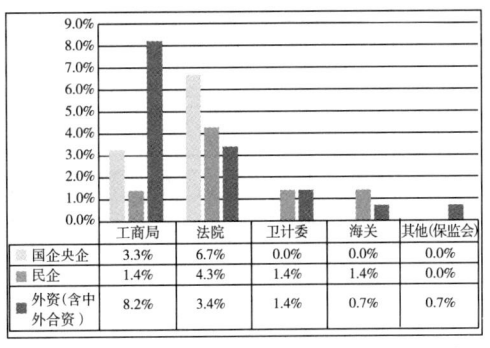

图5.2 国企、民企、外企或其员工遇到反商业贿赂调查时面对的机构

4. 商业贿赂相关的民事诉讼多元化。

企业或其员工遇到反商业贿赂处罚时面临的机构主要是工商局或法院（见图6.1），绝大部分行业都呈现出这个特点（见图6.3）。外企受到工商局的处罚较多，而国企受到法院判处的处罚较多（见图6.2）。这主要是因为工商机关具有较为普遍的商业贿赂案件管辖权，而对于商业贿赂的刑事诉讼及基于商业贿赂提起的民事诉讼最终都会由法院进行判决。问卷调查的企业中，遇到反商业贿赂处罚的机构为法院时，50%的案件涉及刑事诉讼，另50%的案件涉及非刑事诉讼（见图6.4）。据笔者了解，常见的民事诉讼为竞争对手提起的诉讼，例如，在招投标领域，竞标人对中标人在投标过程中的商业贿赂行为提起诉讼；另一种越来越常见的与商业贿赂相关的民事诉讼是，因为第三方（例如，经销商、代理等）违反协议中的反腐败条款，企业要求根据合同解约，双方引发赔偿争议。

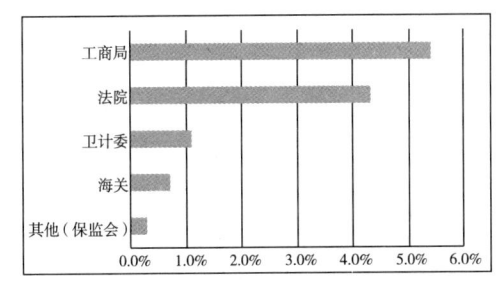

图6.1 企业或其员工遇到反商业贿赂处罚时面对的机构

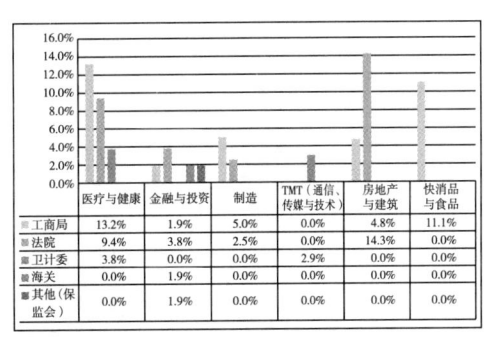

图6.2 不同行业的企业或其员工遇到反商业贿赂处罚时面对的机构

图6.3 国企、民企、外企或其员工遇到反商业贿赂处罚时面对的机构

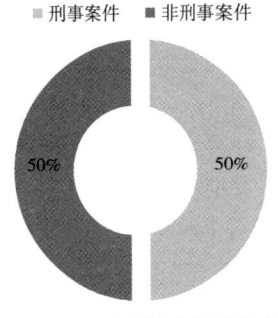

图6.4 企业遇到反商业贿赂处罚的机构为法院时，其案件的属性

5. 医疗与健康企业经历的调查有近一半为突击检查（Dawn Raid）；外企近四成。

医疗与健康企业经历的调查有近一半为突击检查（见图7.3）。外企遇到的执法调查近40%为突击检查（见图7.1）。大中型企业遇到的执法调查约三分之一为突击检查，而被反商业贿赂调查的中小型企业中没有遇到突击检查（见图7.2）。

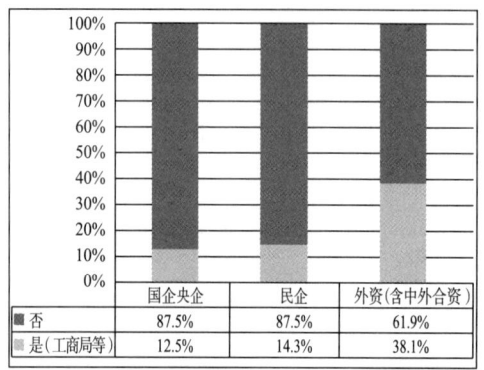

图7.1 被反商业贿赂调查的国企、民企、外企遭遇到突击检查的情况

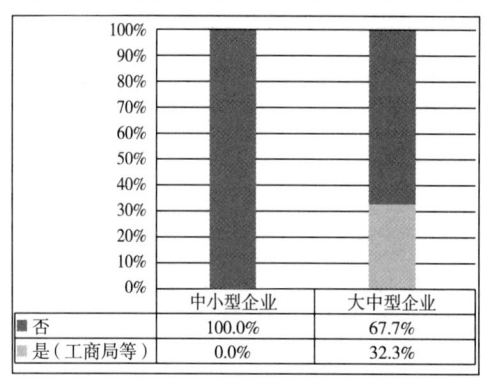

图7.2 被反商业贿赂调查的不同规模的企业遭遇到突击检查的情况

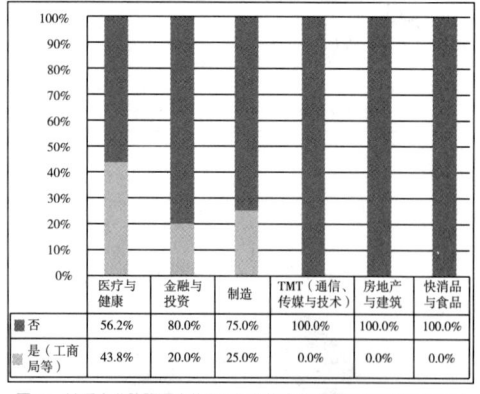

图7.3 被反商业贿赂调查的不同行业的企业遭遇到突击检查的情况

6. 第三方违规、不当折扣及现金返利、未准确入账是企业遭受处罚的首要原因。

调查发现，无论企业规模大小，第三方的违规行为、不当折扣及现金返利和未能准确入账是企业遭受反商业贿赂调查或处罚的主要原因（见图8.1、图8.2）。外企由于第三方的违规行为、不当折扣及现金返利原因遭受执法的情况远高于其他原因；而对于国企央企来说，礼品也是非常主要的一个执法起因；民企则因为第三方违规行为及给予的其他经济利益未能准确入账遇到调查的情况最多（见图8.3）。

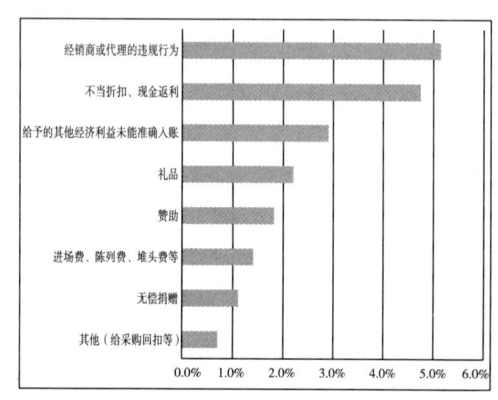

图8.1 反商业贿赂调查或处罚的原因

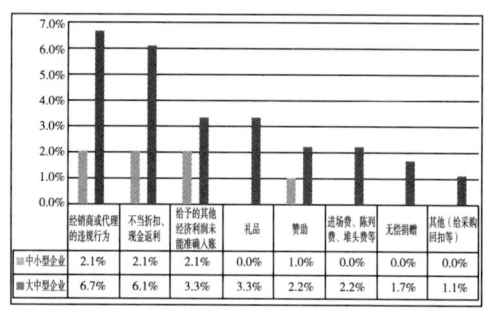

图8.2 不同规模的企业受到反商业贿赂调查或处罚的原因

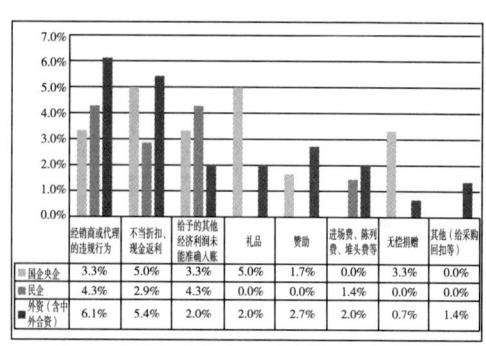

图8.3 国企、民企、外企受到反商业贿赂调查或处罚的原因

从行业来看，对于医疗与健康、金融与投资、快消品与食品三个高危行业而言：医疗和健康行业因经销商或代理的违规行为、不当折扣、现金返利及给予其他经济利益未能准确入账而遭受调查或处罚的现象突出；金融与投资行业因未能准确入账及礼品问题

引起的调查和处罚现象突出；快消品与食品行业因不当折扣、现金返利、第三方违规行为和进场费、陈列费、堆头费等原因遭受调查和处罚的现象突出（见图8.4）。

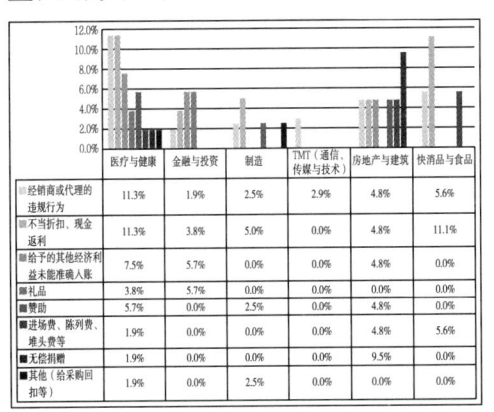

图8.4 不同行业的企业受到反商业贿赂调查或处罚的原因

7. 医疗和健康行业反映执法越来越频繁。

对于2015~2016年度执法频率，近半数的企业认为是保持原状、没有太大的变化，约9%的企业认为执法越来越频繁，约8%的企业认为有所减少，还有近35%的企业不清楚执法频率的变化（见图9.1）。从企业性质、规模角度统计，反映出来的趋势与总体统计的趋势是一样的（见图9.2、图9.3）。但医疗和健康行业反映执法越来越频繁的企业约23%，远高于其他行业（见图9.4）。

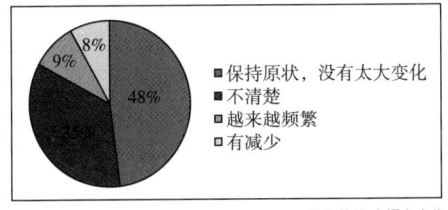

图9.1 2015~2016年度相比之前遇到反商业贿赂的执法频率变化

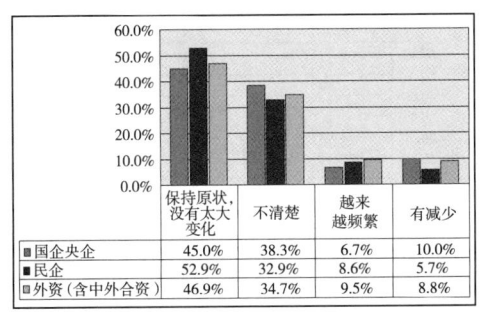

图9.2 国企、民企、外企在2015~2016年度相比之前遇到反商业贿赂的执法频率变化

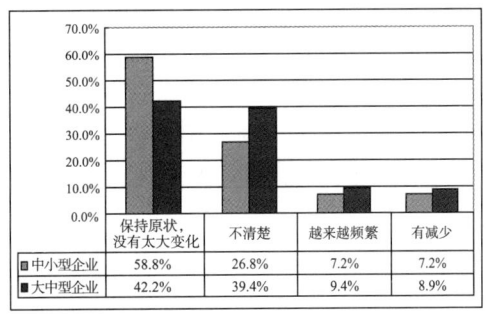

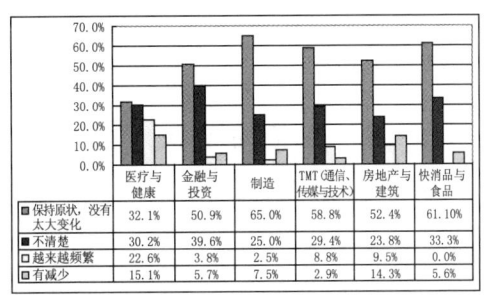

图9.3 不同规模的企业在2015~2016年度相比之前遇到反商业贿赂的执法频率变化

图9.4 不同行业的企业在2015~2016年度相比之前遇到反商业贿赂的执法频率变化

（二）企业反商业贿赂合规现状调查

1. 国企民企在资源投入和制度建设上急需提高。

企业合规离不开领导层的重视，对于此问题，约80%的企业认为领导层是重视的，采取的最普遍的合规管控方式是对员工的培训、设置相关机制以及制定全球的反腐败政策（见图10.1）。外企与国企的领导层的重视程度明显是高于受访的民企，无论是从数量上还是重视的角度来看；国企和民企在合规方面的固定资源和预算投入上明显少于外企，制度建设上也相对落后（见图10.2）。从企业规模上看，大中型企业领导层更重视企业合规建设（见图10.3）。从行业看，与其他行业相比，金融与投资行业反商业贿赂合规工作的重视程度有待进一步加强（见图10.4）。

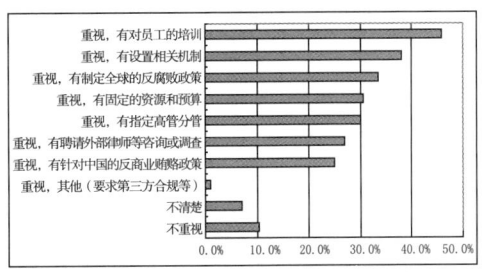

图10.1 企业领导层对反商业贿赂工作的重视程度

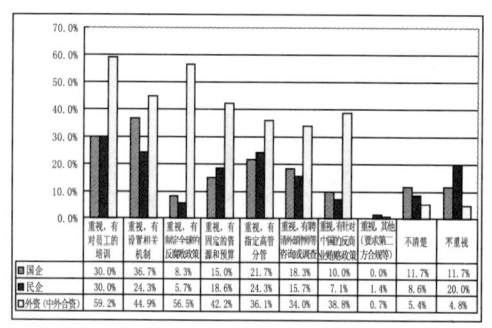

图10.2 国企、民企、外企的领导层对反商业贿赂工作的重视程度

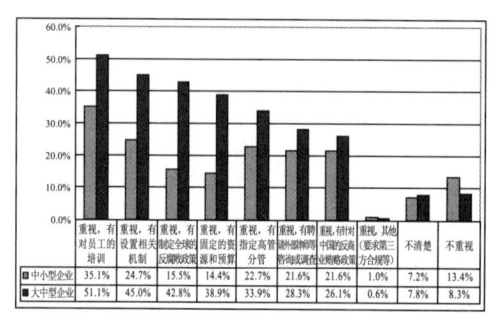

图10.3 不同规模的企业领导层对反商业贿赂工作的重视程度

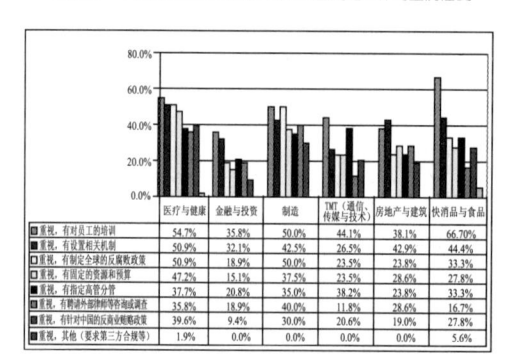

图10.4 不同行业的企业领导层对反商业贿赂工作的重视程度

2. 多部门参与管理反商业贿赂事宜。

成熟的合规体系即需要有独立的合规管理部门作为主导，也需要多部门的参与配合。近85%的受访企业有部门管理反商业贿赂事宜，多部门参与，主要包括法务部、合规部、内审部、纪委与监察部门、财务部；法务部、合规部以及内审部是最主要的管理部门（见图11.1）。不同规模的企业，绝大部分都有部门管理反商业贿赂事宜（见图11.2）。外企中主要是法务部以及合规部两部门负责；而民企是法务部以及内审部负责；国企因体制特殊则由纪委与监察部门负责居多，但现在也有近一半的国企由其他部门（包括法务、合规、内审等）来负责反商业贿赂合规工作（见图11.3）。

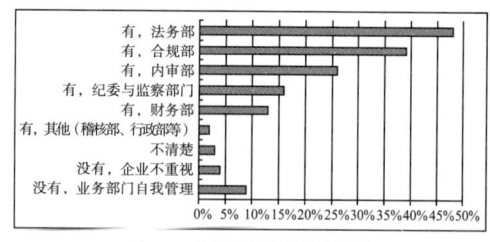

图11.1 企业管理反商业贿赂的部门

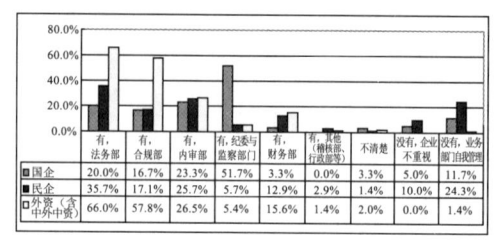

图11.2 国企、民企、外企管理反商业贿赂的部门

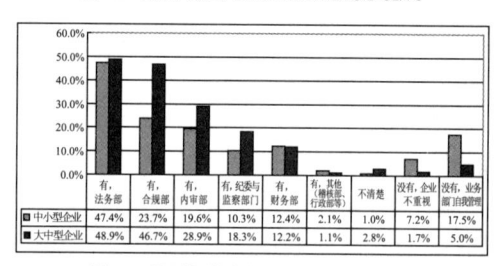

图11.3 不同规模的企业管理反商业贿赂的部门

3. 仅有约1/3的企业有针对中国的危机处理机制。

受访的企业中，仅有约1/3企业有针对中国的危机处理机制（见图12.1）。过半的外企有全球统一机制，但仅有1/3的外企有针对中国的机制；国企和民企只有不到30%的企业有针对中国的危机处理机制（见图12.2）。从行业角度来说，有

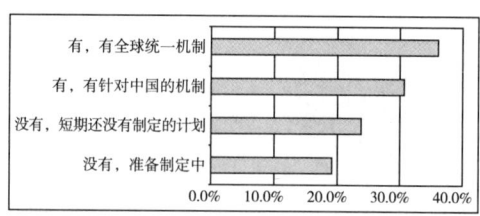

图12.1 企业针对反商业贿赂的危机应对与处理机制的情况

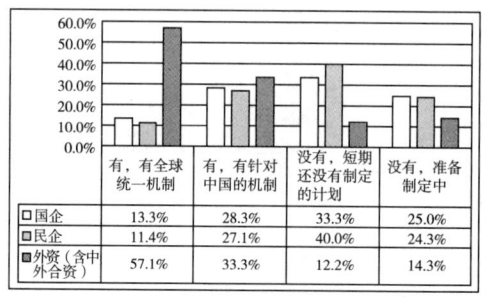

图12.2 国企、民企、外企针对反商业贿赂的危机应对与处理机制的情况

针对中国的危机管理机制的比例最高的为医疗与健康业和快消品及食品行业，但也只有不到40%（见图12.3）。

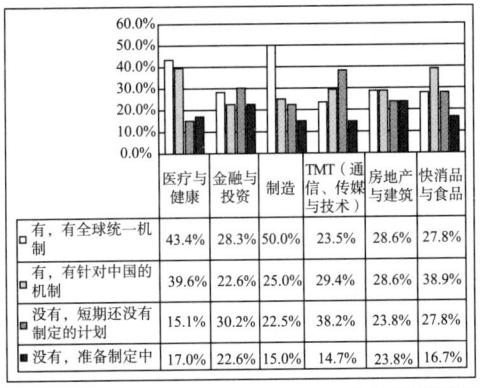

	医疗与健康	金融与投资	制造	TMT（通信、传媒与技术）	房地产与建筑	快消品与食品
有，有全球统一机制	43.4%	28.3%	50.0%	23.5%	28.6%	27.8%
有，有针对中国的机制	39.6%	22.6%	25.0%	29.4%	28.6%	38.9%
没有，短期还没有制定的计划	15.1%	30.2%	22.5%	38.2%	23.8%	27.8%
没有，准备制定中	17.0%	22.6%	15.0%	14.7%	23.8%	16.7%

图12.3 不同行业的企业针对反商业贿赂的危机应对与处理机制的情况

全球危机处理机制通常并不足够处理中国本地的危机事件，特别是有中国特色的突击检查。当有政府执法时，特别是突击检查时，企业是否有适用于中国本土的危机处理机制，使得员工不至于慌乱失措、销毁证据、妨碍执法，能够有礼、有节地配合政府执法，非常重要。对此，建立危机管理政策和流程、形成协调机制、培养适应能力，是企业亟待完成的要务。在第三部分，笔者会具体介绍如何建立有效的适用于中国的危机管理政策和制度流程。

三、执法变化趋势与漏洞

（一）《行政诉讼法》修订后执法情况有了一定的改善

《行政诉讼法》修订后，越来越多的企业反应行政执法情况有了一定的改善。调查发现，约半数的受访企业认为执法程序更加规范，有近1/5的企业认为救济方式更加便捷，并且有近15%的受访企业认为执法结果更加公平（见图13.1）。较多的民企认为在救济方式上以及执法结果上有了很大的进步（见图13.2）。总体而言，大部分企业看好行政执法变化，但也有35%左右的企业认为是纸上谈兵、没有太多的变化（见图13.3），其中快消品与食品行业持这一观点的企业占到55.6%

（见图13.4）。

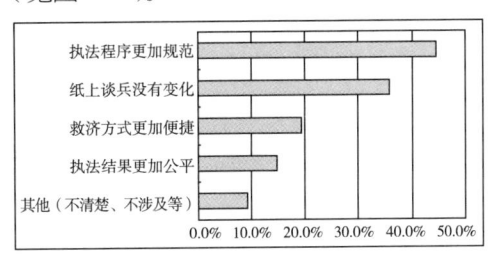

图13.1 企业眼中的执法的变化

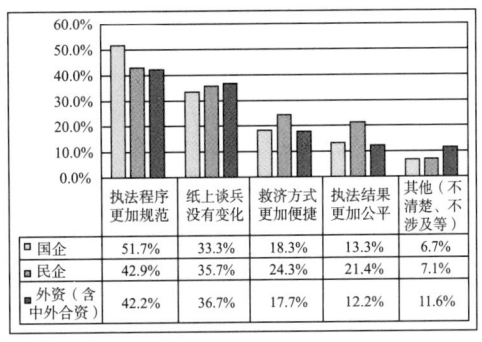

	执法程序更加规范	纸上谈兵没有变化	救济方式更加便捷	执法结果更加公平	其他（不清楚、不涉及等）
国企	51.7%	33.3%	18.3%	13.3%	6.7%
民企	42.9%	35.7%	24.3%	21.4%	7.1%
外资（含中外合资）	42.2%	36.7%	17.7%	12.2%	11.6%

图13.2 国企、民企、外企眼中的执法的变化

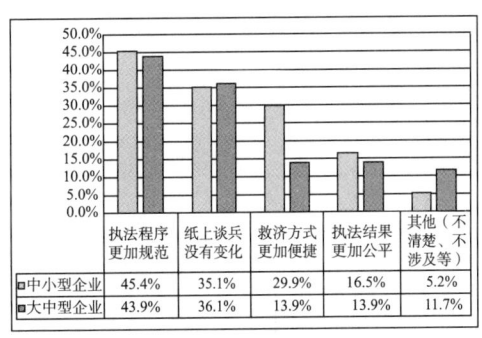

	执法程序更加规范	纸上谈兵没有变化	救济方式更加便捷	执法结果更加公平	其他（不清楚、不涉及等）
中小型企业	45.4%	35.1%	29.9%	16.5%	5.2%
大中型企业	43.9%	36.1%	13.9%	13.9%	11.7%

图13.3 不同规模的企业眼中的执法的变化

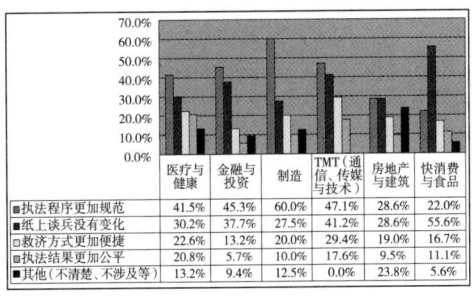

	医疗与健康	金融与投资	制造	TMT（通信、传媒与技术）	房地产与建筑	快消费与食品
执法程序更加规范	41.5%	45.3%	60.0%	47.1%	28.6%	22.0%
纸上谈兵没有变化	30.2%	37.7%	27.5%	41.2%	28.6%	55.6%
救济方式更加便捷	22.6%	13.2%	20.0%	29.4%	19.0%	16.7%
执法结果更加公平	20.8%	5.7%	10.0%	17.6%	9.5%	11.1%
其他（不清楚、不涉及等）	13.2%	9.4%	12.5%	0.0%	23.8%	5.6%

图13.4 不同行业的企业眼中的执法的变化

（二）执法中过于宽泛的执法自由裁量权、执法不透明、缺乏实际有效的救济途径

针对商业贿赂的执法还存在哪些漏洞，约半数的受访企业认为以下三个方面的漏洞最为突出：过于宽泛的执法自由裁量权、执法不透明、缺乏实际有效的救济途径。其次是法律法规不清楚以及执法不一（见图14.1）。不同规模的国企、民企、外企均反映了以上问题，其中超过一半的

受访外企认为存在过于宽泛的执法自由裁量权、执法不透明（见图 14.2、图 14.3）。整体而言，经历过最多的政府执法的医疗与健康行业对这些问题的感受比其他行业更加强烈（见图 14.4）。

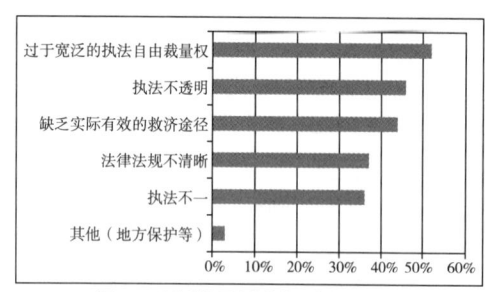

图14.1 企业认为反商业贿赂执法存在的漏洞

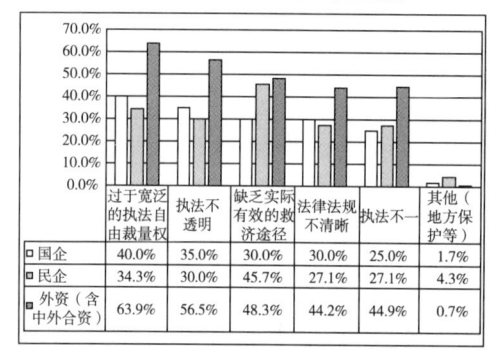

	过于宽泛的执法自由裁量权	执法不透明	缺乏实际有效的救济途径	法律法规不清晰	执法不一	其他（地方保护等）
国企	40.0%	35.0%	30.0%	30.0%	25.0%	1.7%
民企	34.3%	30.0%	45.7%	27.1%	27.1%	4.3%
外资（含中外合资）	63.9%	56.5%	48.3%	44.2%	44.9%	0.7%

图14.2 国企、民企、外企认为反商业贿赂执法存在的漏洞

	过于宽泛的执法自由裁量权	执法不透明	缺乏实际有效的救济途径	法律法规不清晰	执法不一	其他（地方保护等）
中小型企业	45.4%	38.1%	50.5%	26.8%	35.1%	1.0%
大中型企业	54.4%	48.9%	40.0%	42.2%	36.7%	2.2%

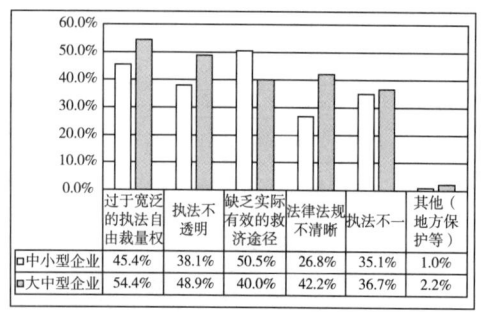

图14.3 不同规模的企业认为反商业贿赂执法存在的漏洞

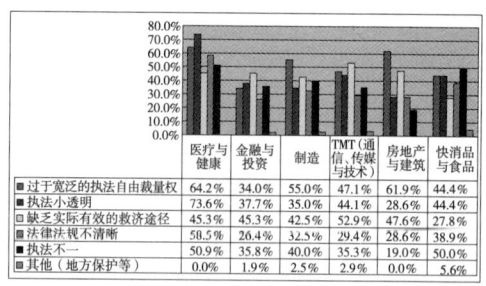

	医疗与健康	金融与投资	制造	TMT（通信、传媒与技术）	房地产与建筑	快消品与食品
过于宽泛的执法自由裁量权	64.2%	34.0%	55.0%	47.1%	61.9%	44.4%
执法不透明	73.6%	37.7%	35.0%	44.1%	28.6%	44.4%
缺乏实际有效的救济途径	45.3%	45.3%	42.5%	52.9%	47.6%	27.8%
法律法规不清晰	58.5%	26.4%	32.5%	29.4%	28.6%	38.9%
执法不一	50.9%	35.8%	40.0%	35.3%	19.0%	50.0%
其他（地方保护等）	0.0%	1.9%	2.5%	2.9%	0.0%	5.6%

图14.4 不同行业的企业认为反商业贿赂执法存在的漏洞

（未完待续）

■ **发布方介绍：**

中国公司法务研究院

中国公司法务研究院是法制日报社设立的、以公司法务研究为核心的平台。中国公司法务研究院旨在搭建中国公司法务界最具影响力的交流母平台、合作微平台及资源整合平台；提升公司法务在企业内部的战略地位，带动公司法务职业群体的成长成熟；整合报社相关资源，充分发挥平台作用，实现采编运营良性互动，提升现有品牌活动价值，实现多元赢利。

方达律师事务所

方达律师事务所创建于 1993 年，中国知名律师事务所，在北京、香港、上海和深圳设有办公室，拥有约 300 名律师，在许多法律领域表现卓越，例如合规、并购、商事诉讼、仲裁、反垄断、知识产权等。方达在多个行业也具备丰富经验（如医药、科技、网络、电子、汽车、金融、商务、餐饮和消费品等），可以应对客户全面的业务需求，为客户提供全方位的优质服务。

法经大势

中办国办要求积极推行法律顾问制度

6月16日,中共中央办公厅、国务院办公厅印发《关于推行法律顾问制度和公职律师公司律师制度的意见》。多位专家指出,该意见是全面依法治国的重要举措,出台后将进一步加强法律顾问、公职律师、公司律师队伍建设,规范其职责、权利和义务,充分发挥他们在制度建设和执行方面的重要作用,更好地把各方面制度优势转化为国家治理和社会治理的效能。

对于建成法治政府意义重大

根据意见,2017年年底前,中央和国家机关各部委,县级以上地方各级党政机关普遍设立法律顾问、公职律师,乡镇党委和政府根据需要设立法律顾问、公职律师,国有企业深入推进法律顾问、公司律师制度,事业单位探索建立法律顾问制度,到2020年全面形成与经济社会发展和法律服务需求相适应的中国特色法律顾问、公职律师、公司律师制度体系。"这对于实现建成职能科学、权责法定、执法严明、公开公正、廉洁高效、守法诚信的法治政府目标,实现规范经营决策、资产保值增值、公平参与竞争、提高效率增强活力、承担社会责任为重点的国有企业改革目标,实现功能明确、治理完善、运行高效、监管有力、结构合理的事业单位改革目标,都具有十分重要的意义。"国务院法制办政府法制研究中心主任李明征说。

已经开展公职律师试点工作

"普遍建立法律顾问制度"是党的十八届三中全会确立的改革任务。党的十八届四中全会进一步明确:"积极推行政府法律顾问制度,建立政府法制机构人员为主体、吸收专家和律师参加的法律顾问队伍,保证法律顾问在制定重大行政决策、推进依法行政中发挥积极作用。"党的十八届四中全会对推行公职律师公司律师制度也提出了要求,"各级党政机关和人民团体普遍设立公职律师,企业可设立公司律师,参与决策论证,提供法律意见,促进依法办事,防范法律风险"。此前,我国已经开展公职律师试点工作。中国证监会法律部副主任、公职律师刘辅华介绍,作为中央国家机关公职律师首批试点单位之一,自2004年起,证监会有3批合计500多名监管干部通过司法部审核成为公职律师。"公职律师制度与证券监管执法工作紧密结合,产生了积极效果。公职律师广泛地参与到制度文件起草审查、涉外法律文件签署、行政决策咨询、日常监管、稽查执法、行政处罚、复议应诉等各项工作中,在监管执法实践中发挥了重要作用,成为证券期货监管的一支重要法治力量。"刘辅华说。

预防和杜绝各类违法违规行为的发生

意见提出建立以党内法规工作机构、政府法制机构人员为主体,吸收法学专家和律师参加的法律顾问队伍,明确党政机关法律顾问履行"为重大决策、重大行政行为提供法律意见"等6项职责,并对党政机关作出"讨论、决定重大事项之前,应当听取法律顾问、公职律师的法律意见"等规定。意见还明确,因违反上述规定造成重大损失或者严重不良影响的,依法依规追究党政机关主要负责人、负有责任的其他领导人员和相关责任人员的责任。"全面依法治国必须抓住领导干部这个'关键少数'。"李明征表示,推行法律顾问制度和公职律师公司律师制度,是领导干部依法决策、依法办事的重要依托。领导干部既要做尊法学法守法用法的模范，也要善于发挥法律顾问、公职律师、公司律师的参谋助手作用，提高科学决策、民主决策、依法决策的水平以及运用法治思维和法治方式深化改革、推动发展、化解矛盾、维护稳定的能力，监督和制约权力，防止权力滥用，预防和杜绝各类违法违规行为的发生。

中华全国律师协会副会长吕红兵认为，意见的出台实施对律师也提出了更高的要求和更明确的任务。"担任政府法律顾问，应当切实服务依法行政、切实服务公共利益、切实服务公平正义；担任国有企业法律顾问，重在防范与化解法律风险，推进公司依法运营，在担任'服务者'的同时当好'把关人'。"

5月起全面推开"营改增"试点

根据财政部、国家税务总局联合下发《关于全面推开营业税改征增值税试点的通知》，自2016年5月1日起，在全国范围内全面推开营业税改征增值税试点，建筑业、房地产业、金融业、生活服务业等全部营业税纳税人，纳入试点范围，由缴纳营业税改为缴纳增值税。

该项政策由财政部、国家税务总局于2016年3月23日联合发布。按照政策规定，今后，居民购房不再缴纳营业税，改为缴纳增值税。个人购房2年以上(含2年)对外销售的，免征增值税。

财政部副部长史耀斌对此表示，全面推开"营改增"改革是本届政府成立以来规模最大的一次减税。

国务院将派出民间投资督查组

5月4日召开的国务院常务会议通过一项决定，将派出督查组对地方推进民间投资进行督查，要求尽快激发中国民间投资活力。

国务院常务会议称，当前民间投资增速有所回落，必须采取有力措施，推动相关政策落地，进一步放宽准入，打造公平营商环境，促进民间投资回稳向好。

分析人士认为，国务院派出民间投资督察组是极为罕见的举动，在一定程度上意味着，当前中国民间投资低迷、活力不够的形势已经相当严峻。

来自国家统计局的数据显示，2016年一季度，全国全社会固定资产投资增速为10.7%，而民间固定资产投资5.3万亿元，同比名义增长仅为5.7%，增速落后全社会固定资产投资5个百分点。而这一民间投资增速跑输全社会投资的现象，最近几年来还是首次出现。预计接下来，监管层面将有更多政策红利释放，以刺激民间投资的增长。

会议与论坛

十佳知识产权创新保护案例在京发布

2016年5月12日,由中国外商投资企业协会优质品牌保护委员会(以下简称品保委)举办的"知识产权保护十佳案例"活动在北京举行。活动现场发布了2015~2016年度10个知识产权创新保护刑事案件、10个非刑事案件和5个知识产权行政执法和刑事司法衔接典型案例。中央有关执法部门负责人、十佳案例和"两法"衔接典型案例获选单位代表、驻华使馆官员、商会、国际组织、学术界、媒体、内资企业嘉宾与品保委会员代表等300多人应邀出席发布会。

品保委自2002年开展年度"十佳案例"评选活动。参评的案例由会员企业提名,分为刑事与非刑事两大类,包括各类知识产权行政执法与司法案件。2012年起品保委又设立了"两法"衔接典型案例。

2015~2016年度评选出的10个最佳刑事案例、10个最佳非刑事案例和5个"两法"衔接典型案例,集中在商标和专利领域,覆盖机械、电气、医药、日用品、服装和安全用材等行业;侵权途径多样化,行邮渠道案件多发,网络成为重要平台;部分行业犯罪团伙家族化、地域化趋势明显;违法犯罪分子反侦查能力强化,假地址、假联系人、假生产者信息充斥。

通过案例的评选可见,刑事和行政执法机关为了保护权利人和消费者的合法利益,促进市场公平竞争,更加紧密联手,运用大数据、云计算等高科技手段,提高办案准确率;垂直管理、联动机制,大大缩短了办案时间,提高了办案效率;司法审判机关,对犯罪分子处以实刑,彰显了法律威慑力;加重处罚金额,对违法侵权行为予以更加严厉的经济制裁。打击侵犯知识产权的违法犯罪行为关乎人民群众的健康安全和安居乐业,关乎权利人的合法权益和市场竞争秩序,关乎国家经济建设安全和社会生活稳定。

本次活动评选出的典型案例,是我国知识产权保护工作的一个剪影,是对团结齐心、并肩战斗在知识产权保护领域工作人员所做出努力的肯定和感谢,是中央和地方政府大力支持和推进知识产权保护工作的真实写照。

品保委主席陈小东在欢迎辞中表示,"中国的知识产权保护虽不完美,但是最重要的变化起步于很小的地方。'创新保护,共享发展'是品保委评选案例的初衷,也是案例发布会的意义。"他呼吁,知识产权应当依法、平等、严格、公正和创新保护。他期望,每一个当选的案例都像投入知识产权大海的一粒石子,荡起涟漪,推起巨浪。

第五届中国公司法务年会(华南会场)召开

5月20~21日,由法制日报社指导,中国公司法务研究院携手中国国际经济贸易仲裁委员会、中国海事仲裁委员会、深圳市律师协会、深圳市蓝海现代法律服务发展中心、香港中国企业协会法律专业委员会联合主办的第五届中国公司法务年会(华南会场)在深圳召开。

此次论坛主题为"交锋:公司法务的力量与愿景"。国务院国资委政策法规局向会议发来贺信。中国国际经济贸易仲裁委员会副主任、秘书长于健龙,深圳市司法局局长蒋溪林,香港中国企业协会法律专业委员会主任委员杜春,法制日报社党委书记、社长邵炳芳先后致开幕词。广东省委政法委专职副书记、省综治办主任杨日华等出席开幕仪式,法制日报社副总编辑李群主持开幕仪式。

会议设置"中国企业'一带一路'法律调研及风险预防""法官、学者、法务三维视角下的司法改革进程"等多个议题，并通过经典案例分析热点、预测趋势。中国公司法务研究院与方达律师事务所还在论坛上联合发布了《2015~2016中国反商业贿赂调研报告》。

第三届中国能源企业法务高峰论坛召开

2016年5月6日，由中国能源法研究会主办的"第三届中国能源企业法务高峰论坛"在北京举行。

本次论坛围绕"中国能源结构调整时期的法律风险管理"进行深入研讨，来自众多能源企业的法务负责人和能源企业所属具体项目单位负责人与会。中国法学会研究部副主任李存捧，中国能源法研究会会长石少华、名誉会长叶荣泗出席了会议。国家应对气候变化战略研究和国际合作中心主任李俊峰、中国海洋石油总公司法律部项目管理处处长张伟华、阳光时代律师事务所文黎照博士、天同律师事务所首席合伙人蒋勇主任分别进行了精彩的主题演讲。

2016中国律师发展论坛举行

5月15日，由瀛和律师机构主办的"2016中国律师发展论坛"在京举行。著名法学家江平、北京市律师协会会长高子程、《民主与法制》总编辑刘桂明、瀛和律师机构总负责人孙在辰等出席会议并致辞。来自法律界的专家学者、各地律所的律师等近400人参加会议。

《律师法》颁布实施以来，随着中国经济社会的发展、法律服务需求的增加，律师需求越来越大，案源增多。同时，在高需求的市场里，也不能忽视危机的存在。律师行业需要在规范执业、诚信执业、精细化办案等方面进一步加强。

与会专家、律师认为，律师行业对互联网等新技术的运用，律师组织形式的创新探索，律师人才的专业化、职业化要求，律师管理人才的培养，法律服务产品的研发、推广，以及国际视野和国际服务能力的提高等，将会有利于中国律师业下一步的大发展。

声音

中国企业家群体总体来讲英文水平一般，但是我们都在不断地探索、不断地努力。中国企业家要走向全球化，不是远征全球，而是融入全球、参与全球。

——阿里巴巴集团董事局主席马云

对于法务人员来说，作为互联网金融平台的一个员工，就要预防平台犯罪，如果作为法务人员对平台资金流动都不太清楚，项目投向不清楚的话，这时候就要考虑到个人风险的问题了。

——国美控股集团法务总监陶光辉

企业及资产公司在处理资产的时候，在向企业界宣传、培育潜在的买售人方面还是远远不够的。其实有些时候通过不良资产买售介入企业发展需求，可能比通过常规的介入效果更好，成本代价更低，甚至效率更高。

——山东省商业集团法务部部长王茂松

中美两国用于法律的投入，中国远远低于美国。这也说明企业对法律服务投入的增长和它的损失是有关系的，投入越多可能间接产生的收益会很大，这是法务人员和律师的价值所在。

——猎律网首席创始人、中律科技集团董事长赵宪明

政策与法规

《首饰贵金属纯度的规定及命名方法》修订

"千足金""万足金"提法被剔除

5月4日起,《首饰贵金属纯度的规定及命名方法》第1号修改单将正式推行,用贵金属(包括黄金、铂金、钯金、银)制成的饰品都不能以"千足""万足"作为宣传,最高纯度只可以称为"足(金、铂、钯、银)"。

今后即使是纯度999.0‰的金饰,也只能标注为"足金",而不能叫"千足金"。

《中华人民共和国人民法院法庭规则》修订

刑事被告人不再着囚服

5月1日起,修改后的《中华人民共和国人民法院法庭规则》正式施行。修改后的《规则》规定,刑事在押被告人或上诉人出庭受审时,着正装或便装,不着监管机构的识别服;一般情况下,人民法院在庭审活动中不得对被告人或上诉人使用戒具。

《流通领域商品质量监督管理办法》实施

六类商品不得销售

5月1日,《流通领域商品质量监督管理办法》施行,其中明确六类商品不得销售。

这六类商品分别是:不符合保障人体健康和人身、财产安全的国家标准、行业标准的商品;不符合在商品或者其包装上标注采用的产品标准的商品,不符合以商品说明、实物样品等方式表明的质量状况的商品,不具备应当具备的使用性能的商品;国家明令淘汰并禁止销售的商品;伪造产地,伪造或者冒用他人的厂名、厂址,伪造或者冒用认证标志等质量标志的商品;失效、变质的商品;篡改生产日期的商品。

最高法发布消费民事公益诉讼司法解释

消协可针对"霸王条款"提起公益诉讼

5月1日,最高人民法院公布的《审理消费民事公益诉讼案件适用法律若干问题的解释》开始施行。

其中明确规定,经营者提供的商品或者服务具有侵害众多不特定消费者合法权益或者具有危及消费者人身、财产安全危险等损害社会公共利益的行为,消费者协会可以提起消费民事公益诉讼。这意味着商家提出的"霸王条款""虚假宣传"等均在可提起公益诉讼范围之内。

大案速览

中兴、联想被美国发起 337 调查

5月5日，美国国际贸易委员会（ITC）宣布，对中兴、联想、索尼、三星等多家全球知名电子企业在美销售的部分便携式电子设备产品发起"337调查"，以确定它们是否存在专利侵权行为。

ITC在一份声明中说，涉案产品是包括智能手机在内的、可播放用户存储媒体文件的便携式电子设备，调查对象包括索尼、三星、LG、HTC、黑莓、摩托罗拉等。中国企业中兴和联想赫然在列。

该调查案由新加坡创新科技有限公司及其美国分公司2016年3月24日提出申诉，指控美国进口及在美国市场销售的上述便携式电子设备产品侵犯了该公司专利，请求美国国际贸易委员会发布有限排除令及禁止令。

目前，该案未出结果。

点评：

中国企业在走向国际市场的时候，首先要做好知识产权布局，积极在海外申请专利，加强对自身知识产权的保护。

（陈莉）

证监会开出3.2亿操纵市场罚单

5月6日，证监会新闻发言人张晓军对外表示，证监会近日就6起证券市场案件作出行政处罚，其中，在操纵市场案中，对投资者黄信铭没收非法所得约3.2亿元，并处以约3.2亿元罚款。

在该起操纵市场案中，投资者黄信铭、谢冠华、陈囡囡、黄正中、朱辉于2013年至2014年，控制多个账户，利用资金优势连续买卖"首旅酒店""劲嘉股份""珠江啤酒"股票，并在实际控制的账户之间交易，影响股价，违反《证券法》相关规定。

黄信铭在上述交易过程中起到了组织、决策作用。依据《证券法》相关规定，证监会决定责令黄信铭依法处理非法持有的证券，没收黄信铭违法所得约3.2亿元，并处以约3.2亿元罚款。其他涉案人员则被处于30万~90万元不等的罚款。

点评：

中国证券市场乱象，不用"重典"，难以根治。

（王悠）

华为"大导演"APP被诉侵权

近日媒体报道，因认为华为公司推出的手机软件"大导演"侵犯了自己的商标专用权，北京睿智高远视频技术有限公司将华为终端有限公司、华为技术有限公司、奇鸟软件（北京）有限公司诉至北京市朝阳法院。

睿智高远公司诉称，2001年7月该公司核准注册了"大导演"商标，核定使用商品包括第9类计算机相关产品。而华为终端公司开发的一款名为"大导演"的软件产品，名称标识与"大导演"商标完全相同，极易导致相关公众混淆误认。且该款产品被安装于华为P8手机上，并进行大量宣传报道。而奇鸟软件公司在其经营的"thinksaas"手机应用网站上，提供华为终端公司"大导演"软件的下载服务。

睿智高远公司认为，相关举动侵害了自己的商标专用权，遂诉至法院，要求3被告停止侵权，华为终端、华为技术两公司道歉并共同赔偿其1000万元。

目前，案件正在进一步审理中。

点评：

看来，老大也有湿鞋的时候。

（腾讯网友）

苹果就 iPhone 商标案申请再审

5月7日媒体报道，在中国终审败诉 iPhone 商标案后，苹果公司表示，不会放弃在中国市场的 iPhone 商标权，并向最高人民法院提出再审申请。

此前的4月底，北京市高级人民法院终审认定美国苹果公司在 iPhone 商标异议复审行政纠纷一案中败诉，一家中国公司新通天地科技有限公司获得 iPhone 第18类商标权归属。新通天地公司在2007年9月29日向商标局提出注册 iPhone 商标申请，申请在国际分类第18类仿皮、牛皮、钱包、小皮夹、皮制绳索等商品上使用。

对于 iPhone 商标的归属，苹果在中国经历了多轮判决。法院的判决认为，苹果2009年才开始在中国大陆市场正式销售 iPhone 产品，无法证明其所用的 iPhone 商标先于新通天地注册之前就为中国大陆消费者所熟悉。

点评：
该案是苹果公司继 iPad 商标案后在中国遭遇的第二起商标困局。

（新浪网友）

乐视网98亿收购乐视影业

5月6日，乐视网发布公告称，乐视网拟向乐视影业股东发行1.65亿股股票，每股41.37元人民币，同时支付现金29.79亿元人民币，共计作价98亿元人民币，购入乐视影业全部股权。

乐视影业成立于2011年，拥有电影制片、宣传发行、版权运营及商务开发等业务，典型作品包括《小时代》系列、《熊出没》等，张艺谋、郭敬明、黄晓明、孙红雷等多位知名艺人也都持有乐视影业的股份。

乐视控股还在公告中承诺，乐视影业2016~2018年度的净利润将分别不低于5.2亿元、7.3亿元、10.4亿元。另外根据公告，自2015年12月停牌的乐视网股票，将继续停牌，何时复牌不详。

点评：
一个名分的改变带来的不仅是身份的改变，还有整体发展战略和方向的改变。

（耿彪）

环保组织诉常州"毒地"污染企业

5月20日，环保组织起诉常州市"毒地"污染企业公益诉讼已得到当地法院受理并立案。

环保组织认为，被告在生产经营过程中，严重污染了原厂址常隆地块离，却均未对该污染场地进行妥善修复。导致污染地下水及周围土壤、大气环境，严重损害社会公众利益，其行为违反了《环保法》《固废法》等法律法规，应承担环境侵权的法律责任。

环保组织要求法院判令原先位于该地块上的三家化工企业消除原厂址污染物对周围环境的影响，并承担生态环境修复费用。同时在国家级、江苏省级和常州市级别向公众赔礼道歉，并承担原告因本诉讼支出的污染检测检验费等相关费用。

点评：
环境公益诉讼值得提倡。

（网易网友）

华为在中美两地起诉三星侵权

5月25日，华为在美国和中国提起对三星公司的知识产权诉讼，诉讼地包括加州北区法院和深圳市中级人民法院。

此前，华为和苹果已经签署了专利

交叉许可协议。而之前，华为曾在美国针对摩托罗拉和T-Mobile提起过相关诉讼。

相关报道显示，华为在诉讼中要求三星公司就其知识产权侵权行为对华为进行赔偿，这些知识产权包括涉及通信技术的高价值专利和三星手机使用的软件。

有观点认为，华为此前多次向国产品牌提出收取专利费用方案，但最终没有效果，现在如果搞定了苹果和三星，下一步收取对象很可能重新转向国产品牌。

点评：

静起来像壁虎，动起来是鳄鱼——这就是近期华为的知识产权策略。

（李迪）

霸王诉《壹周刊》诽谤案宣判

近日，香港高等法院就霸王集团起诉《壹周刊》诽谤一案作出判决，裁定被告壹周刊出版有限公司败诉，须向霸王赔偿300万港元，并须向原告赔偿八成诉讼费。

法官在判词中指出，被告严重破坏原告声誉，令原告难以销售宣传其产品，造成长期影响，但法官又认为，赔偿额不能定得太高，否则妨碍言论自由。

该案源于2010年，香港《壹周刊》以"霸王致癌"为标题，报道消费者投诉霸王洗发水含有二恶烷。尽管国家食药监局通报检测结果称霸王洗发水并无健康问题，但市场误解和恐慌并未消除，霸王损失惨重。

2012年，霸王在香港就此事向《壹周刊》提起诉讼，追究赔偿金额一度高达6.3亿港元。

点评：

由香港《壹周刊》触发的"二恶烷"事件给当时风头正劲的霸王洗发水带来了灭顶之灾。

（叶碧华）

知识产权出版社
《公司法务》
征 订 通 知

　　《公司法务》是国内第一本专注于公司法务发展的高端连续出版物，定位于"一份企业管理的法律方案"，创办于2010年，原随《法人》杂志定向发行，现由法制日报社中国公司法务研究院携手知识产权出版社、全球企业法律顾问协会（ACC）、上海交通大学凯原法学院、中国外商投资企业协会优质品牌保护委员会等机构重新打造，全年出版6辑（定价：240元）。关注公司法务领域的重大趋势、热门议题、实务探究以及公司法务职业群体的成长，是国内媒体关注和研究公司法务领域的先驱者。

▶ **结算办法**

　　购书20套以上（含20套）者，按85%折优惠。

　　本社一律免费寄送。

▶ **注意事项**

　　1. 请用户先将书款汇入我社账户（请不要通过邮局汇款），然后将汇款单和订书单（回执）一同传真至我社，我们收到传真后会尽快给您开票、发货。

　　2. 请用户写明发票抬头单位，发票项目只能为书款。

　　多谢合作！

单位名称：知识产权出版社有限责任公司　　通信地址：北京市海淀区西外太平庄55号
开户银行：中国工商银行北京北太平庄支行　　邮　　编：100081
账　　号：0200010009004601324

联系人	联系方式
知识产权出版社　吴　军	010-82000860-8101　Fax：010-82000097
中国公司法务研究院　季子峰	13811400638　E-mail：jizifeng1415@163.com

知识产权出版社订书单（回执）

订书单位		邮　编	
详细地址（含铁路到站）		联系人	
		电　话	
书　名	定　价（全年6辑）	套　数
《公司法务》	240.00元	
合计金额	万　仟　佰　拾　元　角　分	

知识产权出版社　2016年5月